南阳牛王庙汉墓
考古发掘报告

南阳市文物考古研究所　编著

文物出版社

《南阳牛王庙汉墓考古发掘报告》

主　　编：赫玉建
执行主编：蒋宏杰
副 主 编：杨俊峰　　王凤剑　　乔保同

封面设计：张希广　责任印制：陈　杰　责任编辑：劳　笠

图书在版编目（CIP）数据

南阳牛王庙汉墓考古发掘报告／南阳市文物考古研究所编
著.—北京：文物出版社，2011.12
ISBN 978-7-5010-3330-0

Ⅰ.①南… Ⅱ.①南… Ⅲ.①汉墓-发掘报告-南阳市
Ⅳ.①K878.85

中国版本图书馆CIP数据核字（2011）第231453号

南阳牛王庙汉墓考古发掘报告

南阳市文物考古研究所　编著
文 物 出 版 社 出 版 发 行
北京东直门内北小街2号楼
http://www.wenwu.com
E-mail:web@wenwu.com
北京文博利奥印刷有限公司制版
达利天成印刷装订有限责任公司印刷
新华书店经销
787×1092　1/16　印张：19.75　插页：2
2011年12月第1版　2011年12月第1次印刷
ISBN 978-7-5010-3330-0　定价：180.00元

目　　录

插图目录

彩版、图版目录

第一章　前　言

一　地理位置与历史沿革

　　南阳市地处河南省西南部，属南襄盆地北区，是一个相对独立的自然地理单元。区内北、西、东三面被伏牛山和桐柏山所环绕，中部平坦，向南敞开，构成马蹄形盆地，"南阳盆地"。环绕西北的伏牛山，长达200多公里，是河南省境内四支山脉中的最大一支，气势雄伟，群峰巍峨，不少山峰高度都在海拔1000米以上。山势走向由西向东延伸，至方城东北骤然中断，形成南阳盆地东北角之方城缺口，在历史上成为华北平原、南阳盆地与江汉平原之间的交通要道，即著名的"南襄隘道"。　南阳是河南省面积最大的一个地级市，东西长350公里，南北宽200公里，总面积为2.66万平方公里。南阳东邻信阳和驻马店地区毗连，北与平顶山、洛阳二市接壤，西面和陕西省的商洛地区相接，向南与湖北省的丹江口市、襄樊市、枣阳市、随州市连界，今辖卧龙区、宛城区以及邓州市、西峡县、淅川县、内乡县、镇平县、南召县、方城县、社旗县、新野县、唐河县、桐柏县共13个市县区。

　　南阳市宛城区是1994年南阳撤地设市时在原南阳县的基础上成立的新行政区。地理坐标介于东经112°18′至112°49′，北纬32°38′至33°17′。宛城区东与社旗、唐河交界，南与新野接壤，西邻卧龙区，北与方城相连。辖4镇6乡和6个街道办事处，总面积为927平方公里。

　　地势由北而南稍有坡降，北端海拔140米，南端94米。北端的隐山是境内唯一山峰，是伏牛山南麓余脉，海拔210米，为全境最高点，余皆为平原。境内主要河流有白河、溧河、温凉河等，均为东南流向。白桐干渠，纵贯全境，为农业灌溉提供了充足的水利资源。

　　宛城区属于北亚热带大陆性季风气候，四季分明，气候温和。全年平均气温为14.5～15.8摄氏度，年均无霜期为229天，年降雨量在800毫米左右。适宜多种动物、植物的生长发育。

在宛城这块土地上有着悠久的历史。唐、虞之际为吕望先祖"四岳"封地,称吕。虞、夏之间又封申于此,周宣王时为申伯封地,称申伯国。春秋时楚灭申建宛邑,始称宛。战国时属韩。周赧王二十四年(前291年),秦伐韩拔宛。周赧王四十三年(前272年)始置南阳郡(秦置,时为秦昭王三十五年),郡治宛,并设宛县。西汉因秦旧制,先后于宛县析置杜衍、淯阳、安众等县与西鄂、博望侯国。新莽改南阳郡为"前队"(队音遂),改宛县为南阳县,改杜衍为润衍,改博望为宜乐。东汉复西汉旧制,称宛县,仍属南阳郡,改杜衍、淯阳、安众为侯国。三国魏初,宛为南阳郡治,淯阳、西鄂、安众复改县。西晋宛为荆州南阳郡,曾藩封南阳国,领宛县,淯阳、西鄂为侯国,博望为公国。东晋避简文帝司马昱讳,改淯阳为云阳。十六国时期前后赵(318～328年)、前燕,均为宛。隶荆州南阳郡。前秦于宛之外复析置淯阳、西鄂;入后秦,淯阳、西鄂复废。南北朝刘宋、南齐时,宛为雍州南阳郡治。北魏、西魏复置西鄂,又于宛析置上陌,均隶荆州南阳郡。北周并宛县于上陌,称上宛。隋文帝开皇三年(583年)改上宛为南阳县,废南阳郡,将前西鄂地改为向城县,俱属邓州。隋炀帝大业三年(607年),改邓州为南阳郡,领有南阳县。唐高祖武德三年(620年)置宛州,领有南阳县,并于南阳县析置上宛、云阳、安固等县。武德八年(625年)宛州废,复设邓州,以上宛、云阳、安固地入南阳县,仍属邓州。唐玄宗天宝元年(742年)复改邓州称南阳郡,仍辖南阳县。五代后梁于南阳郡设宣化军,后唐改威胜军(后晋、后汉因后唐旧制),后周改武胜军,皆领有南阳县。后周显德三年(956年)废向城,分其地入穰与南阳县。宋仁宗庆历四年(1044年)废方城县为镇,入南阳县。宋神宗元丰元年(1078年)复置方城。金哀宗正大三年(1226年)置申州治南阳,元升申州为南阳府。明、清仍设府,俱辖南阳县。明成祖永乐六年(1408年)为唐王藩国。民国初年沿明、清旧制,属南阳府辖。民国三年(1914年)废南阳府,改南汝道,后道废属省。民国二十一年(1932年)属河南省第六行政督察区,至1948年11月南阳解放。从古至今,宛城一直是宛部落、宛侯国、宛县、南阳县、郡、府、专署、市的治所。

二   墓葬与发掘清理的基本情况

早在20世纪90年代初,原南阳市文物工作队和南阳市文物考古研究所就对位于宛城区东部的东苑小区的工地进行发掘,先后清理了3000余座墓葬,出土了一大批随葬品。此次发掘清理的墓葬主要集中分布在建设东路东苑小区西北部的宛城区计划生育委员会

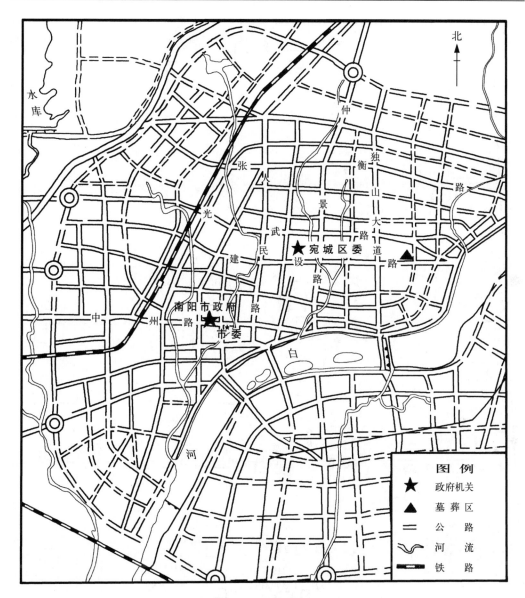

图一　牛王庙汉代墓葬位置示意图

住宅小区，行政区划隶属宛城区仲景街道办事处牛王庙社区居民委员会（图一）。

该处原为蔬菜地。从1998年钻探完工后，因工地长期无人看管，村里百姓和附近居民均在此倾倒垃圾，平均厚度在0.5米左右，西部门口垃圾竟厚达1米左右，原钻探标记已被覆盖，无法进行考古发掘。经协商，由工程队用推土机铲除垃圾。在清理垃圾的同时也把整个地表向下挖掘0.3米左右。发掘工作于1999年8月20日开始，至2000年1月6日完成。

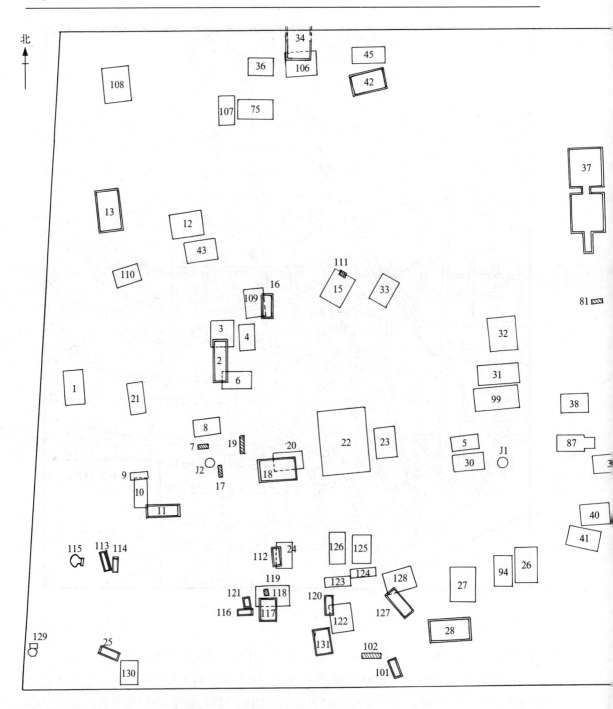

图二　南阳牛王庙汉代墓葬分布图

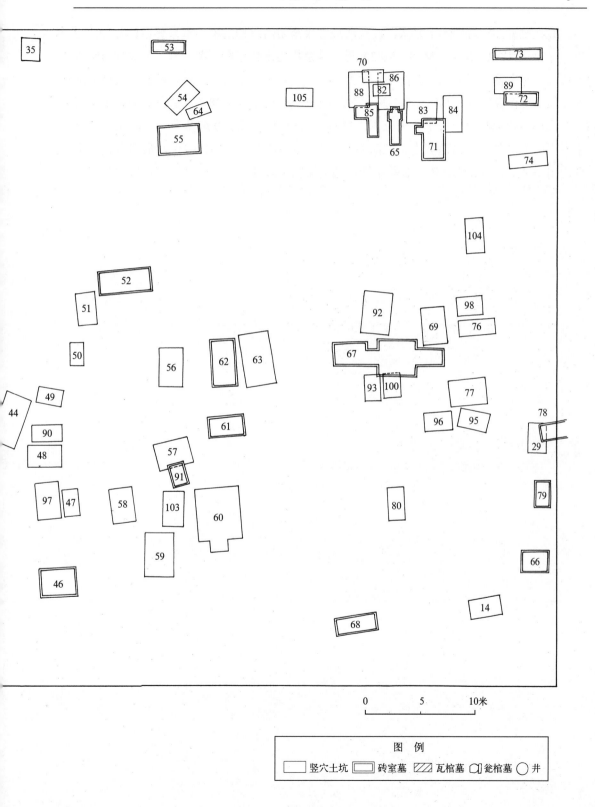

图　例

竖穴土坑　砖室墓　瓦棺墓　瓮棺墓　井

0　　　　5　　　　10米

　　此次发掘面积近6000平方米，发现清理了汉至明清时期的中小型墓葬131座，古井2口。除3座近代墓（M64、M70、M82）外，其余均为汉代墓葬（图二）。墓葬分为竖穴土坑墓、砖室墓、瓦棺墓和瓮棺墓四大类。其中竖穴土坑墓81座，除19座叠压或被打破外，其余均保存完好。瓦棺墓葬7座；瓮棺墓葬2座；砖室墓葬38座。砖墓均受到不同程度的破坏，随葬品也失去了原来位置，材料支离破碎。在这128座墓葬中，除14座墓葬未发现随葬品外，其余墓葬出土的随葬品一般为5～10件，少则1～2件，最多者达百余件。出土了陶、铜、铁、铅、金等不同质地的文物千余件。

第二章　墓葬概况

1号墓

1.墓葬形制

该墓开口于耕土层和扰土层之下，

图三　M1平、剖面图

1.陶小口瓮　2、3.陶壶　4、5.陶鼎　6、7.陶盒
8、9.陶模型小壶　10.陶钵　11.铜镜　12.铜钱
13～16.陶狗饰　17～21.陶禽饰

距地表深330厘米，方向174°。墓葬形制为竖穴土坑墓，平面呈长方形。墓室长347厘米，宽170厘米，墓底距地表434厘米。墓室四壁垂直无收分，室内填五花沙土，土质疏松，未夯打。在墓室西北部距地表深340厘米处地层中，出土铁锸1件。随葬品主要放置在墓室西北部，出土有陶鼎2、陶盒2、陶壶2、模型小陶壶2、小口陶瓮1、陶钵1、陶狗饰4、陶禽饰5、铜镜1、铜钱1（图三）。

葬具、葬式：不详。

2.随葬品

该墓共出土随葬品21件，另有铜钱1枚。质地有陶、铜、铁。分述如下：

陶器　19件，有泥质灰陶和泥质黄红色陶。器类有鼎、盒、壶、小口瓮、钵、狗饰、禽饰、模型小壶等。

鼎　2件，标本M1：4、5。泥质黄红色陶。形制及大小相同。子母口内敛，鼓腹圆底，外附长方形竖耳，底附三马蹄形足。腹部折出一条棱线。上承浅覆钵形盖。盖径21.6厘米，高36.6厘米，鼎口径19.2厘米，高18厘米，通高20.1厘米（图四，1；图版三，1）。

盒　2件，标本M1：6、7。泥质灰陶。形

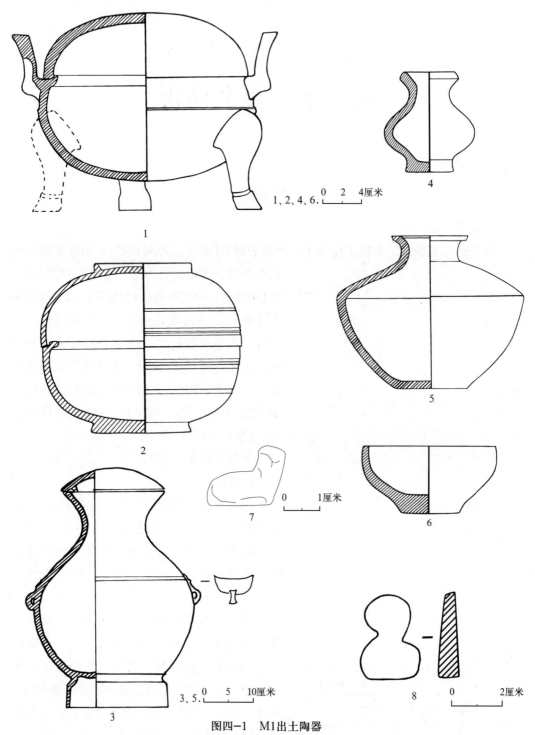

图四-1　M1出土陶器

1.鼎（M1：4）　2.盒（M1：6）　3.壶（M1：2）　4.模型小壶（M1：8）　5.小口瓮（M1：1）

6.钵（M1：10）　7.狗饰（M1：13）　8.禽饰（M1：17）

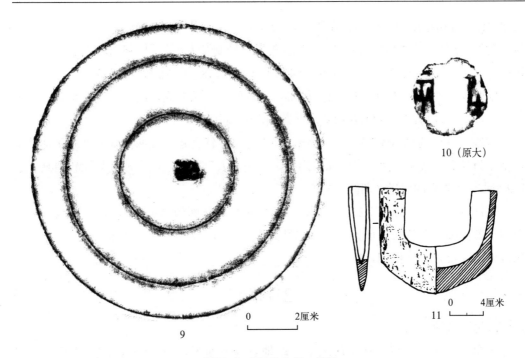

图四-2　M1出土铜、铁器

9.弦纹铜镜（M1：11）拓片　10.铜半两钱（M1：12）拓片　11.铁锸（M1：22）

制及大小相同。覆碗形盖，顶有矮圈足形捉手。器身子母口内敛，深弧腹，假圈足，平底。盖和器身各饰凹弦纹三周。口径21厘米，底径11厘米，高9.5厘米，通高17.3厘米（图四，2）。

壶　2件，标本M1：2、3。泥质灰陶。形制及大小相同。敞口，束颈，溜肩，鼓腹，圆底，折曲状宽圈足。肩部有两个对称的铺首形耳，肩部饰凹弦纹一周。上承弧形盖。盖口径22厘米，高4.5厘米，壶口径21.5厘米，腹径32厘米，底径21厘米，高44.5厘米，通高48.5厘米（图四，3）。

模型小壶　2件。标本M1：8、9。泥质灰陶。形制及大小相同。侈口，圆唇，斜肩，鼓腹，矮假圈足，平底。口径4.5厘米，腹径8.5厘米，底径4.5厘米，高9.5厘米（图四，4）。

小口瓮　1件，标本M1：1。泥质黄红色陶。口稍侈，平折沿，方唇，广肩，弧腹，小平底。最大腹径在上部。口径15.5厘米，腹径35.5厘米，底径14.5厘米，高29厘米（图四，5；图版三，2）。

钵　1件，标本M1：10。泥质灰陶。直口，微内敛，方唇，假圈足，平底。口径14.3厘米，底径6厘米，高6.1厘米（图四，6；图版三，3）。

狗饰　4件，标本M1：13～16。泥质灰陶。形制及大小相同。右卧姿，昂首。体长

2.3厘米，高1.6厘米（图四，7；图版三，5）。

禽饰　5件，标本M1：17～21。泥质灰陶。形制及大小相同。形似"Z"字，下部较厚、上部较薄。高3.3厘米，厚0.9～0.4厘米（图四，8；图版三，4）。

铜弦纹镜　1枚，标本M1：11。圆形，三弦纽，中弦略高。纽外有二周细弦纹，镜身平直。直径11.6厘米，缘厚0.12厘米（图四，9；彩版三，1）。

铜钱　1枚，标本M1：12。半两钱，圆形方穿，钱文正、反两面均无郭。字体笔画较粗，为篆文。钱文"两"字中间不出头，两个"人"字连笔成山，竖划比较清晰。直径2.1厘米，穿径0.9厘米（图四，10）。

铁锸　1件，标本M1：22。平面作"凹"字形，侧面作"V"字形，后面较平，前面刃上部微鼓，顶部长方形銎口，刃部呈弧形，单面刃。通长10.7厘米，銎口长13.5厘米，刃部宽4.5厘米（图四，11）。

2号墓

1. 墓葬形制

该墓开口于耕土层和扰土层之下，距地表深99厘米，方向0°。此墓因盗扰，墓室顶部已毁，仅存部分墙体和铺地砖。墓葬形制为砖室墓，平面呈长方形。墓室长417厘米，宽140厘米，墓底距地表125厘米。墙残高26厘米，为一丁一顺垒砌，铺地砖为"人"字形平铺。砖均为长方形小条砖，长32厘米，宽16厘米，厚5厘米。随葬品均出自室内扰土中，出土有陶鸡1、陶器盖1、陶磨1、陶井1、陶漏斗形器1、陶碓1、双耳陶

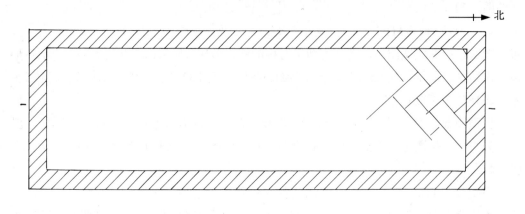

————▶ 北

图五　M2平、剖面图

0　　　40厘米

罐1、陶盂1和猪圈、方盒、罐等陶片（图五）。

葬式、葬具：不详。

2.随葬品

该墓共出土随葬品8件和一些陶片。均为陶器。有泥质灰陶和泥质红陶，部分红陶外施黄褐色釉。器类有鸡、器盖、磨、井、漏斗形器、碓、双耳罐、盂等。

磨　1件，标本M2：3。泥质红陶外施黄褐色釉，釉未施到底。平面呈正方形。方盘

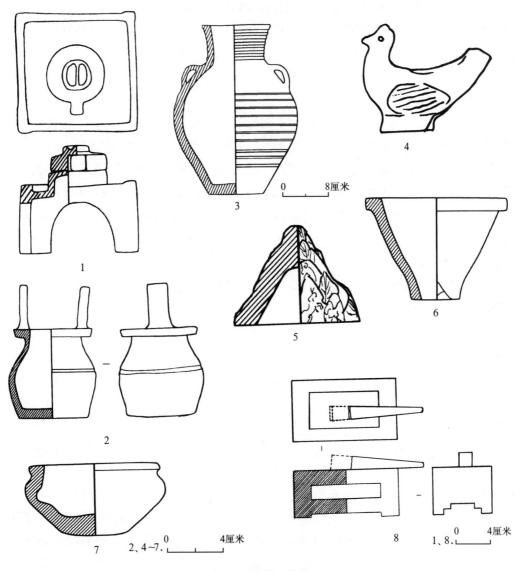

图六　M2出土陶器

1.磨（M2：3）　2.井（M2：4）　3.双耳罐（M2：6）　4.鸡（M2：1）
5.器盖（M2：2）　6.漏斗形器（M2：5）　7.盂（M2：8）　8.碓（M2：7）

下有四折曲状足，分上、下两扇。上扇中部有两个相对应的半月形磨眼，安柄处向外凸出。下扇与磨盘连成一体，磨盘四周设挡墙。长、宽各13厘米，通高12厘米（图六，1；图版四，6）。

井　1件，标本M2：4。泥质红陶外施黄褐色釉，釉未施到底。平折沿，方唇，溜肩，弧腹，平底。井筒上部有长方形井架。口径12.8厘米，底径11.2厘米，高13.8厘米，通高22.5厘米（图六，2；图版四，1）。

双耳罐　1件，标本M2：6。泥质灰陶。侈口，方唇，高领，溜肩，鼓腹，平底。最大腹径在中上部，肩部有两半圆环形耳，领部和腹部饰凹弦纹数周。口径11.6厘米，腹径21.5厘米，底径19.4厘米，高16.8厘米（图六，3；图版四，2）。

鸡　1件，标本M2：1。泥质红陶外施黄褐色釉。矮冠、立姿，圈足，内空。体长9.6厘米，高7.6厘米（图六，4）。

器盖　1件，标本M2：2。泥质红陶外施黄褐色釉。呈博山炉盖形，上面模印着山峦、动物、树木及人物等纹饰。口径8.1厘米，高6.3厘米（图六，5；图版四，4）。

漏斗形器　1件，标本M2：5。泥质红陶内施黄褐色釉。大敞口，平折沿，方唇，深腹，腹壁斜收，平口，无底。口径10厘米，底径3.2厘米，高6厘米（图六，6；图版四，5）。

盂　1件，标本M2：8。泥质红陶外施黄褐色釉，釉未施到底。口稍敛，平折沿，圆唇，束颈，鼓腹，小平底。最大腹径在上部。口径9.5厘米，底径4.5厘米，高4.8厘米（图六，7；图版四，3）。

碓　1件，标本M2：7。泥质红陶。长方形碓栏，栏壁镂空。碓杆前半部已失。栏长11.5厘米，宽7厘米，高5.5厘米，碓杆残长8厘米（图六，8）。

陶片　因残缺而无法复原，器类有灰陶罐、红陶外施黄褐色釉猪圈、红陶外施黄褐色釉方盒等。

3号墓

1.墓葬形制

该墓开口于耕土层和扰土层之下，距地表深100厘米，方向180°。M2打破墓室的南部，打破深度为125厘米，未及底部。墓葬形制为竖穴土坑墓，平面呈长方形。墓室长270厘米，宽207厘米，墓底距地表288厘米。墓室四壁垂直无收分，室内填五花土，土质疏松，未夯打。从墓底的灰痕分辨出葬具为单棺，小件随葬品放置在棺内西北部和南部，出土有铜钱36、铁带钩1，在南部出土四颗牙齿和玉片1件。大件随葬品则放置在棺外西部，出土有陶鼎1、陶盒1、陶壶1、模型小陶壶1、陶熏炉1、铜镜1、铜泡钉2、铁勺1（图七）。

葬具：位于墓室的东部。质地为木质棺，从朽木灰痕看，棺长206厘米，宽58厘米。

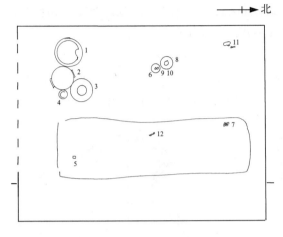

北

图七 M3平、剖面图

1.陶壶 2.陶鼎 3.陶盒 4.模型小壶 5.玉片 6.铜镜
7.铜钱 8.陶熏炉 9、10.铜泡 11.铁勺 12.铁带钩

0   40   80厘米

葬式：头向南，葬式不详。

2.随葬品

该墓共出土随葬品11件，另有铜钱36枚。质地有陶、铜、铁。分述如下：

陶器 5件，有泥质灰陶和泥质黄红色陶。器类有鼎、盒、壶、熏炉、模型小壶。

鼎 1件，标本M3：2。泥质灰陶。子母口内敛，鼓腹圜底，外附长方形竖耳，底附三马蹄形足，足根部正面饰有人面像，腹部折出一条棱线。上承浅覆钵形盖。盖口径22.4厘米，高5.6厘米，鼎口径18.4厘米，高20.8厘米，通高22.2厘米（图八，1）。

盒 1件，标本M3：3。泥质灰陶。覆碗形盖，顶有矮圈足形捉手。器身子母口内敛，弧鼓腹较深，平底。盖和器身饰有凹弦纹二至三周。口径23.1厘米，底径10.2厘米，高11.4厘米，通高20.7厘米（图八，2）。

壶 1件，标本M3：1。泥质黄红色陶。敞口，长弧颈，鼓腹，圜底，折曲状高圈足外撇。肩部有两个对称的铺首形耳，肩和腹部饰有凹弦纹三周。上承弧形盖。盖口径26.6厘米，高7厘米，壶口径22.4厘米，腹径34厘米，底径25厘米，高44.8厘米，通高51.1厘米（图八，3）。

模型小壶 1件，标本M3：4。泥质灰陶。侈口，圆唇，斜肩，鼓腹，低矮假圈足，平底。口径6.5厘米，腹径10厘米，底径5.5厘米，高12厘米（图八，4）。

熏炉 1件，标本M3：8。泥质灰陶。整体呈豆形。子母口内敛，腹上部刻饰连续三角纹图案。下部呈弧形状内收，喇叭状圈足。有盖，壁较直，顶呈弧形，上面有圆锥状镂空形纽，盖上饰镂空几何图案，内侧饰三角纹等。口径16.4厘米，腹径17.6厘米，底径11.5厘米，高14.4厘米，通高24.7厘米（图八，5；图版五，1）。

铜器：3件。器类有镜、泡钉。

蟠螭叶纹镜　1面，标本M3：6。圆形，三弦纽，圆纽座，座外一周凹面形环带。纹饰由地纹与主纹组合而成。地纹为圆涡纹。主纹为三蟠螭纹间以三叶纹。蟠螭身躯弯

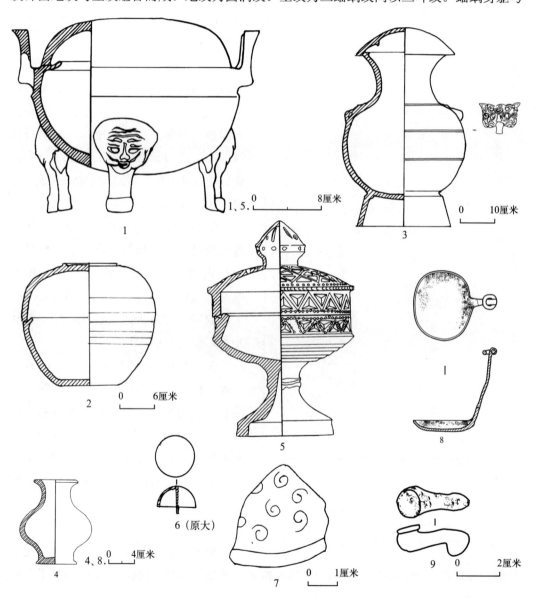

图八-1　M3出土器物

1.陶鼎（M3：2）　2.陶盒（M3：3）　3.陶壶（M3：1）　4.模型小陶壶（M3：4）　5.陶熏炉（M3：8）
6.铜泡钉（M3：9）　7.残玉片（M3：5）　8.铁勺（M3：11）　9.铁带钩（M3：12）

卷柔长，与叶纹相勾连，腹部盘结作折叠菱形。之外一周短斜线纹。主纹皆双线。素卷缘。直径9.2厘米，缘厚0.24厘米（图八，10）。

圆形泡钉 2件，标本M3：9～10。形制及大小相同。半圆形，中空，下垂一钉。直径1.1厘米，高1.2厘米（图八，6）。

铁器：2件。器类有带钩、勺。

勺 1件，标本M3：11。勺呈椭圆形，浅体，圜底，直柄。柄断面呈圆形，顶部穿有一环。勺长径10.5厘米，短径8.5厘米，高1.7厘米，把长10厘米，通长11.5厘米（图八，8）。

带钩 1件，标本M3：12。形体较小。钩短小，腹短略鼓成弧形，背部纽残。长3.4厘米（图八，9）。

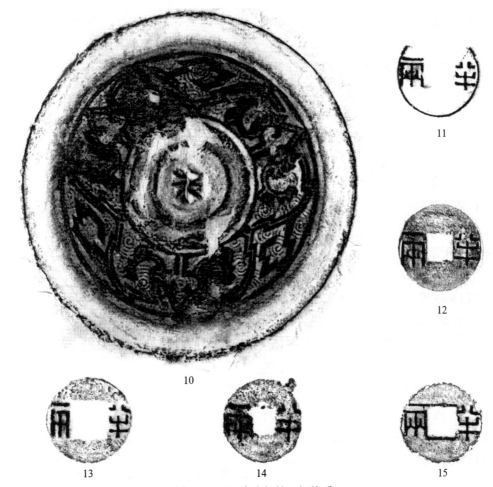

图八-2 M3出土铜镜、铜钱币

10.铜蟠螭叶纹镜（M3：6） 11～13.半两钱Ⅰ式（M3：7-1～3） 14～15.半两钱Ⅱ式（M3：7-4、5）（皆原大）

残玉片 1件，标本M3：5。残。青白色，上刻涡纹（图八，7）。

铜钱 36枚，其中18枚文字不清，仅能看出为半两钱。标本M3：7。均为"半两钱"，分二式。

Ⅰ式 6枚，圆形方穿，钱文正、反两面均无郭。标本M3：7-1。钱文"两"字中间不出头，两个人字连笔成山，竖划比较清晰。直径2.2厘米，穿径0.7厘米（图八，11）。标本M3：7-2。钱文"两"字中间不出头，两个人字上部之竖划缩短呈波浪形。直径2.3厘米，穿径0.7厘米（图八，12）。标本M3：7-3，钱文"两"字中间不出头，两个人字作横划。直径2.3厘米，穿径0.9厘米（图八，13）。

Ⅱ式 12枚，标本M3：7-4，穿上有一星。直径2.1厘米，穿径0.5厘米（图八，14）。标本M3：7-5。圆形方穿，钱文正面穿上下有横郭。钱文"两"字中间不出头，两个人字连笔成山，竖划比较清晰。直径2.1厘米，穿径0.8厘米（图八，15）。

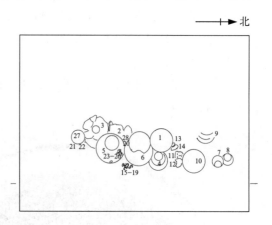

4号墓

1.墓葬形制

该墓开口于耕土层和扰土层之下，距地表深100厘米，方向177°。墓葬形制为竖穴土坑墓，平面呈长方形。墓室长250厘米，宽186厘米，墓底距地表281厘米。墓室四壁垂直无收分，室内填五花沙土，土质疏松，未夯打。随葬品主要放置在墓室东部，出土有陶鼎2、陶盒2、陶壶2、模型小陶壶2、陶车轮2、陶甬头2、陶狗饰4、陶禽饰5、陶勺2、铜钱6、铜镜1、铜匕形器1、铜刷1、铁条1等。在墓底南部铜镜下面有5颗小牙齿（图九；图版一，1）。

葬具：不详。

葬式：头向南，葬式不详。

图九 M4平、剖面图

1、2.陶鼎 3、4.陶盒 5、6.陶壶 7、8.模型小陶壶 9、10.陶车轮 11、12.陶俑头 13、14.陶勺 15～19.陶禽饰 20.铜钱 21.铜镜 22.铜匕形器 23～26.陶狗饰 27.铜刷 28.铁条

2.随葬品

该墓共出土随葬品27件，另有铜钱6枚。质地有陶、铜、铁。分述如下：

陶器　23件，均为泥质灰陶，器类有鼎、盒、壶、车轮、甬头、狗饰、禽饰、勺、模型小壶等。

鼎　2件，标本M4：1、2。形制及大小相同。子母口内敛，鼓腹圆底，外附长方形竖耳，底附三马蹄形，足根部正面饰有人面像。腹部折出一条棱线。上承浅覆钵形盖。盖口径21.6厘米，高6厘米，鼎口径17.6厘米，高20.4厘米，通高22.2厘米（图一○，1；图版五，4）。

盒　2件，标本M4：3、4。形制及大小相同。覆钵形盖，顶有矮圈足形捉手。器身子母口内敛，弧鼓腹较深，平底。盖和器身各饰凹弦纹二周。口径21.4厘米，底径9.5厘米，高9.9厘米，通高18厘米（图一○，2）。

壶　2件，标本M4：5、6。形制及大小相同。敞口，尖唇，弧形颈较粗，溜肩，鼓腹，圆底，折曲状宽圈足外撇。腹上部有两个对称的辅首衔环形耳，肩和腹部各饰二周凹弦纹。上承弧形盖。壶盖径22.8厘米，高6厘米，壶口径22厘米，腹径32厘米，底径21.4厘米，高42厘米，通高47.4厘米（图一○，3；图版五，2）。

模型小壶　2件，标本M4：7、8。形制及大小相同。侈口，平折沿，尖唇，束颈，斜肩，鼓腹，假圈足，平底。口径10.5厘米，腹径10.5厘米，底径5.8厘米，高13厘米（图一○，4）。

车轮　2件，标本M4：9、10。形制及大小相同。圆环形，断面呈六边形。牙内凿有18个安装辐条的孔。轮外径22.4厘米，内径19.2厘米，凿孔间距3.2厘米，牙宽1.2厘米，厚0.8厘米（图一○，5）。

勺　2件，标本M4：13、14。形制及大小相同。勺首平面呈椭圆形，圆底，侧有一装柄孔。勺内涂朱砂。口横长8厘米，宽6.1厘米，勺深3厘米（图一○，6；图版五，3）。

甬头　2件，标本M4：11、12。形制大同小异，大小相同。深目似闲，小口，阔鼻，大耳。表情端庄，中分双鬓。高8.5厘米，宽8厘米（图一○，7；彩版八，1）。

狗饰　4件，标本M4：23～26。形制及大小相同。形体较小。右卧姿，昂首。长3.1厘米，高2.4厘米（图一○，8）。

禽饰　5件，标本M4：15～19。形制及大小相同。形似"Z"字。上部较薄，下部较厚。高3.5厘米（图一○，9）。

铜器：3件。器类有镜、刷、饰件。

兽纹镜　1面，标本M4：21。圆形，三弦纽，纽外围一周凹面形环带。纹饰由地纹与主纹组合而成。地纹为羽状纹。在地纹之上，于纽座外圈均匀地伸出五个小方块，它们与五个变形兽纹相接，兽纹已图案化，身躯作"C"形卷曲，头部较宽大，由两个向内卷曲的涡纹组成，中腰细长，尾部似喇叭花形。素卷缘。镜背涂有朱砂。直径14.3厘米，缘厚0.5厘米（图一〇，12；彩版三，2）。

　　刷　1件，标本M4：27。残，已成碎块，无法复原。

　　匕形器　1件，标本M4：22。两片薄铜片扣合，上、中、下部略外凸，中空。长7.2厘米（图一〇，11）。

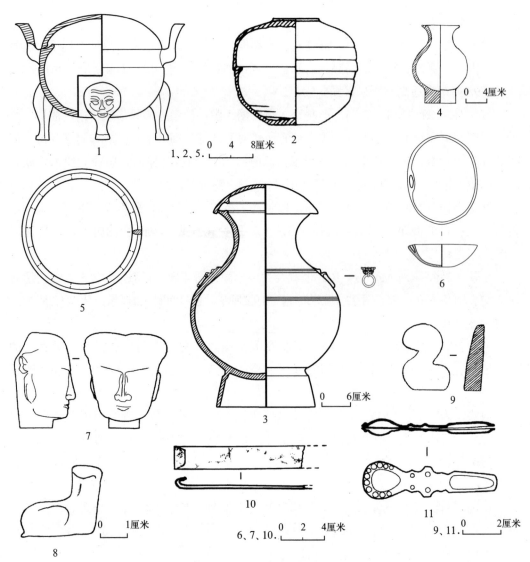

图一〇-1　M4出土器物图

1.陶鼎（M4：1）　2.陶盒（M4：3）　3.陶壶（M4：5）　4.模型小陶壶（M4：7）　5.陶车轮（M4：9）　6.陶勺（M4：13）
7.陶俑头（M4：11）　8.陶狗饰（M4：23）　9.陶禽饰（M4：15）　10.铁条（M4：28）　11.铜匕形器（M4：22）

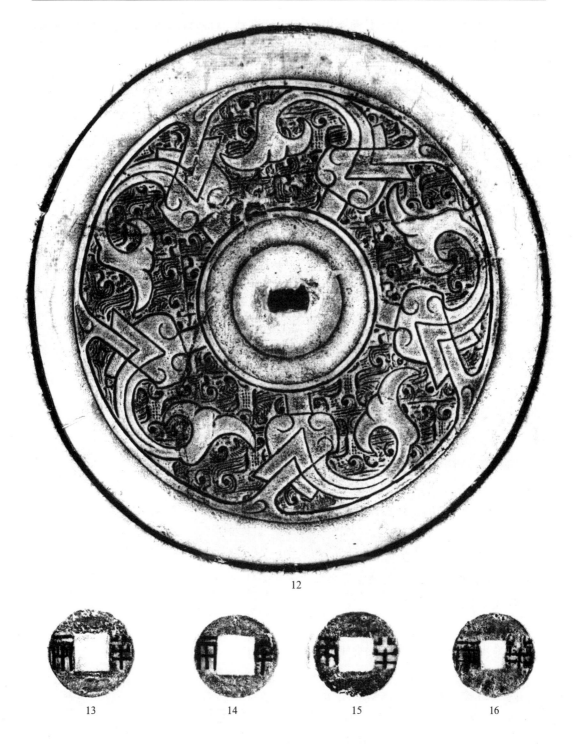

12

13　　　　　14　　　　　15　　　　　16

图一〇-2　M4出土铜镜、铜钱币

12.兽纹镜（M4：21）　13、14.半两钱Ⅰ式（M4：20-1、2）　15、16.半两钱Ⅱ式（M4：20-3、4）（皆原大）

铜钱　6枚，其中2枚文字不清，仅能看出为半两钱，标本M4：20。均为半两钱，圆形方穿，钱文正、反两面均无郭。分二式。

Ⅰ式：2枚。钱文"两"字中间不出头，两个人字连笔成山，或两个人字迳作横划。竖划比较清晰。标本M4：20-1，直径2.3厘米，穿径0.9厘米（图一〇，13）。标本M4：20-2，直径2.2厘米，穿径0.9厘米（图一〇，14）。

Ⅱ式：2枚。标本M4：20-3，钱文"两"字中间不出头，两个人字上部之竖划缩短呈波浪形。直径2.2厘米，穿径0.9厘米（图一〇，15）。标本M4：20-4，直径2.2厘米，穿径0.7厘米（图一〇，16）。

铁条　1件，标本M4：28。因锈蚀严重，已残。长方形铁片一边窝成勾（图一〇，10）。

5号墓

1. 墓葬形制

该墓开口于耕土层与扰土层之下，距地表深230厘米，方向85°。南与M30相邻，且相互平行，间隔仅22厘米。墓室长286厘米，宽138厘米，墓底距地表361厘米。墓葬形制为竖穴土坑墓，平面呈长方形。墓室四壁垂直无收分，室内填五花沙土，土质疏松，未夯打。从墓室的灰痕分辨出葬具为单棺。小件随葬品放在棺内西部，出土有铜镜1、铜钱8，而大件随葬品则放置在棺外的东北部，有铁鍪1件、大口陶瓮1件（图一一）。

葬具：位于墓室的西北部，为木质棺。从朽木灰痕看，棺长190厘米，宽70厘米。

葬式：不详。

2. 随葬品

该墓共出土随葬品3件，另有铜钱8枚。质地有陶、铜、铁。分述如下：

陶大口瓮　1件，标本M5：2。泥质灰陶。直口微敛，平折沿，矮领，溜肩，鼓腹，平底。口径18厘米，腹径29.4厘米，底部18.5厘米，高22.2厘米（图一二，1）。

北

图一一　M5平、剖面图

1. 铁鍪　2. 大口陶瓮　3. 铜镜　4. 铜钱

0　　　　40厘米

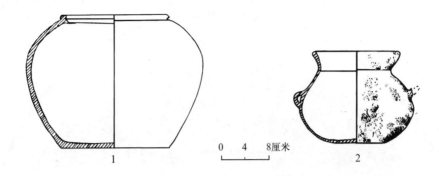

图一二-1　M5出土器物

1.大口陶瓮（M5：2）　　2.铁鍪（M5：1）

铁鍪　1件，标本M5：1。侈口，束颈，扁鼓腹，圜底。微内凹。肩部有二个环形耳（一耳残）。口径22厘米，腹径25厘米，高16厘米（图一二，2；彩版八，2）。

蟠螭镜　1面，标本M5：3。圆形。四弦纹纽。圆纽座。座外围有绳纹、弦纹和凹面形带各一周。之外两周短斜线纹间有地纹与主纹组合而成的纹饰带。地纹为圆涡纹与三角雷纹所组成的细密云雷纹。主纹为三个互不相连的蟠螭纹，蟠螭头伸向纽座外的短斜线圈带，螭有角、兽目、张嘴，双足位于腹部两侧，身躯勾连缠绕，线条圆润流畅。素卷缘。直径15.6厘米，缘厚0.46厘米（图一二，3；彩版三，3）。

铜钱　8枚，标本M5：4。均为"半两"钱，圆形方穿，钱文正、反两面均无郭。分二式。

Ⅰ式：3枚，字体笔画较粗，字形肥硕，为篆文。钱文"两"字中间不出头，两个人字连笔成山，竖划较清晰。标本M5：4-1。"两"字上部无一横。直径3厘米，穿径0.8厘米（图一二，4）。标本M5：4-2，直径3.1厘米，穿径1厘米（图一二，5）。标本M5：4-3，直径3.1厘米，穿径0.9厘米（图一二，6）。

Ⅱ式：5枚。字体笔画较粗，字形肥硕，为篆文。钱文"两"字中间不出头，两个人字连笔成山，竖划比较清晰。标本M5：4-4，直径2.7厘米，穿径0.7厘米（图一二，7）。

6号墓

1.墓葬形制

该墓开口于耕土层和扰土层之下，距地表深115厘米，方向90°。M2打破墓室的西北角，打破深度为125厘米，未及底部。墓葬形制为竖穴土坑墓，平面呈长方形。墓室长250厘米，宽120厘米，底距地表219厘米。墓室四壁垂直无收分，室内填五花沙土，土质疏松，未夯打。从墓底的灰痕分辨出葬具为单棺。小件随葬品放置在棺内的

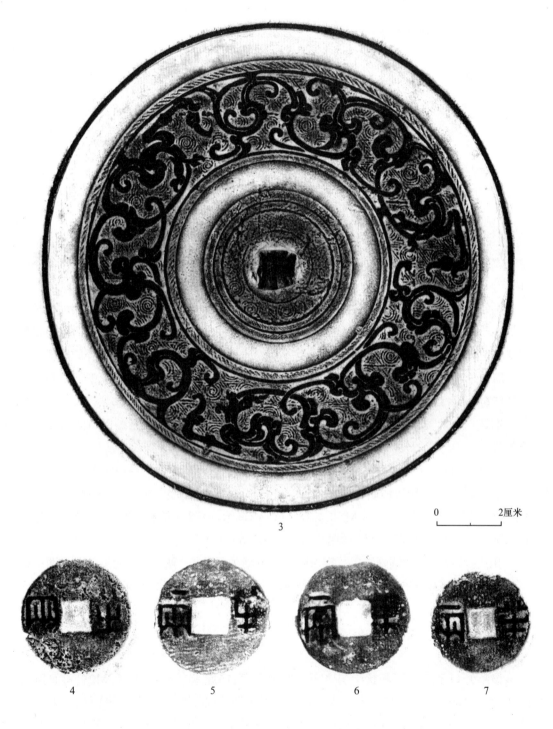

图一二-2　M5出土铜镜、铜钱币

3.蟠螭镜（M5：3）　4~6.半两钱Ⅰ式（M5：4-1~3）　7.半两钱Ⅱ式（M5：4-4）

南部，出土有铜带钩1、铁削1，大件随葬品放置在棺外的东北部，出土有小口陶瓮1、无耳矮领折沿陶罐1、铜镜1（图一三）。

葬具：位于墓室的西南部。质地为木质棺，从朽木灰痕看，棺长180厘米，宽60厘米。

葬式：不详。

2.随葬品

该墓共出土随葬品5件。质地有陶、铜、铁。分述如下：

陶器　2件，均为泥质灰陶。器类有小口陶瓮、无耳矮领折沿陶罐。

小口瓮　1件，标本M6：1。口微侈，平折沿，方唇，矮领，折肩，下腹弧收，平底。肩部饰间断绳纹。口径16.4厘米，肩径36.8厘米，底径15.9厘米，高35.8厘米（图一四，1；图版五，5）。

无耳矮领折沿罐　1件，标本M6：2。侈口，平口折沿，方唇，矮领，圆肩，鼓腹，平底。腹部饰

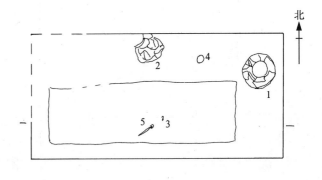

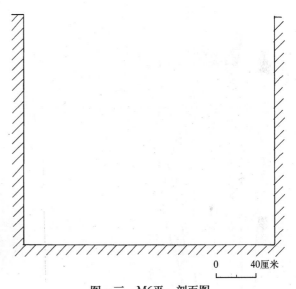

图一三　M6平、剖面图

1.陶小口瓮　2.无耳矮领折沿陶罐　3.铜带钩　4.铜镜　5.铁削

宽凹弦纹一周。口径9厘米，腹径17.4厘米，底径9.6厘米，高14.1厘米（图一四，2）。

铜器：2件，器类有镜、带钩。

日明方格蟠虺镜　1面，标本M6：4。圆形。三弦纹纽。纽外凹面小方格及单线大方格间有八字铭文，连续为"见日之明，天下大明"。纹饰由地纹与主纹组合而成，地纹为斜线纹及重叠三角纹。大方格将圆面分成四区，每区内各置一虺纹，虺纹由三个"C"形相连，中间"C"形大且中心有一枚乳钉纹，两侧"C"形较小，与大"C"形同向配置。匕缘。直径7.25厘米，缘厚0.15厘米（图一四，3）。

带钩　1件，标本M6：3。钩首为蛇头形钩，身呈琵琶形，腹部较短，背部有圆柱帽形纽，尾圆。长5厘米（图一四，4）。

铁削　1件，标本M6：5。因锈蚀严重，已残。从残存的碎块看，刀背直，刃部亦

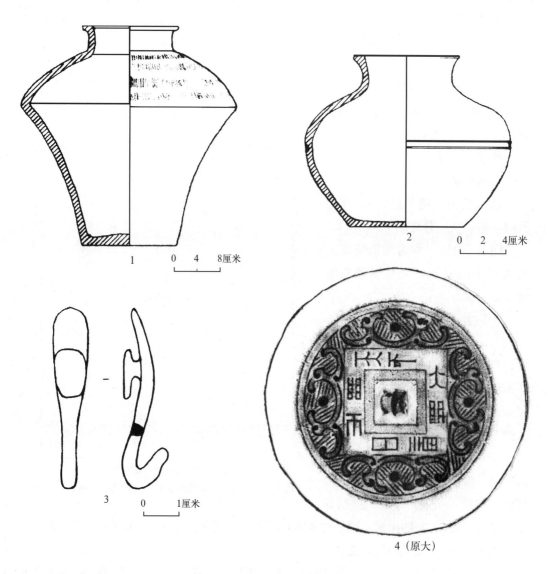

图一四　M6出土器物

1.小口陶瓮（M6：1）　　2.无耳矮领折沿陶罐（M6：2）　　3.日明方格蟠虺纹镜（M6：4）　　4.铜带钩（M6：3）

直，断面呈三角形。

7号墓

1.墓葬形制

该墓开口于耕土层和扰土层之下，距地表深85厘米，方向90°。墓葬形制为竖穴土坑墓，平面呈长方形。墓室长148厘米，宽50厘米，底距地表123厘米。墓室四壁垂直无收分，室内填五花沙土，土质疏松，未夯打。在墓底中部放置一瓦棺，棺外东部有一灰陶罐（图一五）。

葬具：位于墓室中部。质地陶，为灰陶瓦棺，棺长105厘米，宽33厘米，高18厘米，沿厚3厘米，壁厚2厘米。棺外饰粗绳纹。

葬式：不详。

2.随葬品

陶罐：1件，标本M7：1。泥质灰陶。因陶质极差，已成碎块，无法复原。

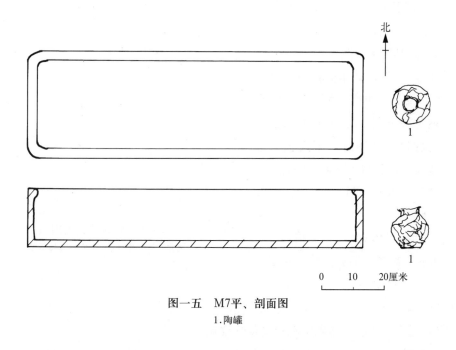

北

0 10 20厘米

图一五 M7平、剖面图
1.陶罐

8号墓

1.墓葬形制

该墓开口于耕土层和扰土层之下，距地表深104厘米，方向84°。墓葬形制为竖穴土坑墓，平面呈长方形。墓室长245厘米，宽145厘米，地距地表深274厘米。墓室四壁垂直无收分，室内填五花沙土，土质疏松，未夯打。从墓底残留的灰痕看应为单棺。小件随葬品放置在棺内，出土有铜镜1、铜钱18枚，东部有5颗牙齿。大件随葬品则放置在棺外的南部，出土有小口陶瓮1、双耳陶罐1、陶瓶1、铜镜1（图一六；图版一，2）。

葬具：位于墓室的北部。质地为木质棺，从朽木灰痕看，棺痕残长140厘米，宽度不详。

葬式：头向东，葬式不详。

2.随葬品

该墓共出土随葬品5件，另有铜钱18枚。质地有陶、铜。分述如下：

陶器：3件，均为泥质灰陶，器类有小口瓮、双耳罐、瓶。

小口瓮　1件，标本M8：1。平折沿，方唇，矮领，折肩，下腹斜收，平底。肩部饰凹弦纹二周，腹部饰间断绳纹。口径12.5厘米，肩径27厘米，底径11.6厘米，高25厘米（图一七，1）。

双耳罐　1件，标本M8：2。口稍侈，尖唇，矮领，丰肩，大球腹，圈底内凹，两牛鼻式耳。沿面上饰凹弦纹一周，上腹饰间断绳纹，下腹拍密集的交叉绳纹。口径11.6厘米，腹径22.8厘米，高22.7厘米（图一七，2；图版六，1）。

瓶　1件，标本M8：3。侈口，平口折沿，方唇，高领，圆肩，腹线和缓下收，平底。最大腹径在上部。口径8.6厘米，腹径14.4厘米，底径8.5厘米，高19厘米（图一七，3）。

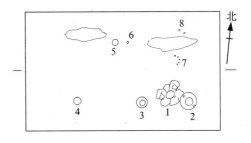

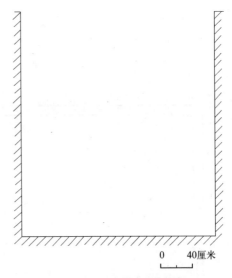

图一六　M8平、剖面图
1.小口陶瓮　2.双耳陶罐　3.陶瓶　4、5.铜镜
6、8.铜钱　7.牙齿

铜镜：2面，为圈带蟠螭镜和日光草叶纹镜。

圈带蟠螭镜　1面，标本M8：4。圆形，三弦纹纽，纽外一周凹面圈带。纹饰由主纹与地纹组合而成，地纹为较稀疏的圆涡纹。主纹为四乳钉间以四螭纹。螭纹由两个C形弧线连成反S形。之外为内向十六连弧纹带。卜缘。直径8.35厘米，缘厚0.22厘米（图一七，4；彩版三，4）。

日光单层草叶纹镜　1面，标本M8：5。圆形，桥形纽。纽外一凹面形双线方格及一周绹纹。方格四边中心点外各一枚带圆座乳钉纹，四角外伸出一单层草叶纹，四乳及四草叶纹间各一字，合为"见日之光，天下大明"。之外两周弦纹圈带。卜缘。直径7.8厘米，缘厚0.22厘米（图一七，5；彩版三，5）。

铜钱：17枚，其中9枚文字不清，仅能看出为半两钱。标本M8：6。均为半两钱，圆形方穿，钱文正、反两面均无郭。分四式。

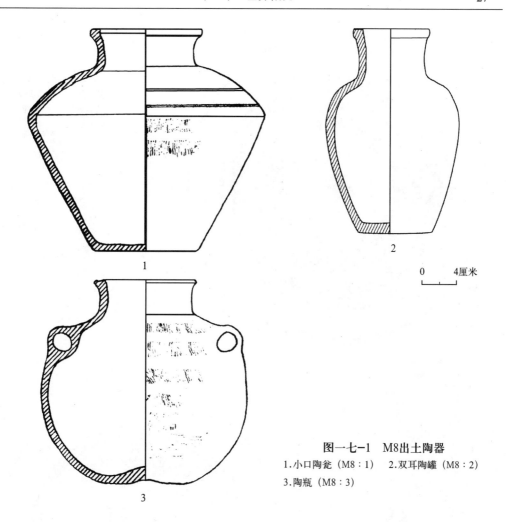

图一七-1 M8出土陶器
1.小口陶瓮(M8：1) 2.双耳陶罐(M8：2)
3.陶瓶(M8：3)

Ⅰ式：1枚，标本M8：6-1。字体笔画较粗，字形肥硕，为篆文。钱文"两"字中间不出头，两个人字连笔成山，竖划比较清晰。直径2.3厘米，穿径0.9厘米（图一七，6）。

Ⅱ式：1枚，字体笔画较粗，为篆文。钱文"两"字中间不出头，两个人字上部之竖划缩短成波浪形。标本M8：6-2。直径2.4厘米，穿径0.9厘米（图一七，7）。

Ⅲ式：6枚，钱文"两"字中间不出头，两个人字上部之竖划缩短成波浪形，或两个人字迳作横划或无横划。字体笔画较粗，为篆文。标本M8：6-3，直径2.3厘米，穿径0.8厘米（图一七，8）。标本M8：6-4，直径2.3厘米，穿径0.7厘米（图一七，9）。标本M8：6-6，直径2.2厘米，穿径0.7厘米（图一七，10）。

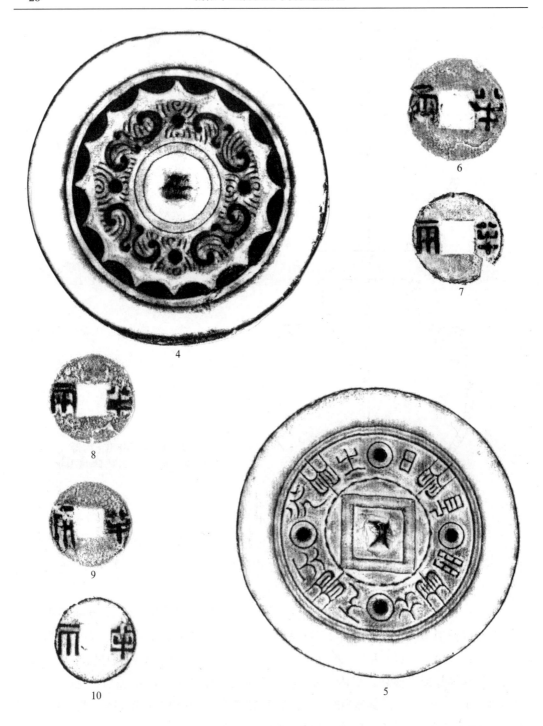

图一七-2　M8出土铜镜、铜钱币（皆原大）

4.圈带蟠虺镜（M8:4）　　5.日光单层草叶纹镜（M8:5）　　6.半两钱Ⅰ式（M8:6-1）

7.半两钱Ⅱ式（M8:6-2）　　8~10.半两钱Ⅲ式（M8:6、3~5）

10号墓

1.墓葬形制

该墓开口于耕土层和扰土层之下，距地表深110厘米，方向0°。M9、M11分别打破墓室的北部和东南角，打破深度均未及底。墓葬形制为竖穴土坑墓，平面呈长方形。墓室长270厘米，宽145厘米，底距地表240厘米。墓室四壁垂直无收分，室内填五花沙土，土质疏松，未夯打。随葬品放置在墓室南部和东北部，出土有无耳矮领折沿陶罐2、小口瓮1（图一八）。

葬具、葬式：不详。

2.随葬品

该墓共出土随葬品3件，均为泥质灰陶，器类有小口瓮、无耳矮领折沿罐。分述如下：

小口瓮　1件，标本M10：3。平折沿，方唇，矮颈，折肩，下腹斜收，平底。肩、腹部饰间断绳纹。口径15.3厘米，肩径38厘米，底径15.9厘米，高36.6厘米（图一九，1）。

无耳矮领折沿罐　2件，标本M10：1、2。形制相同、大小略有不同。平口折沿，圆唇，口稍侈，矮颈，圆肩，鼓腹，平底。肩部饰宽凹弦纹一周。口径9.5厘米，腹径

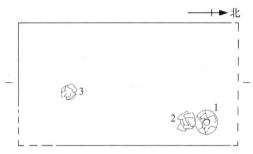

图一八　M10平、剖面图
1、2.无耳矮领折沿陶罐　3.小口陶瓮

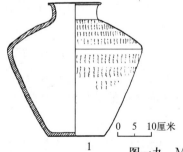

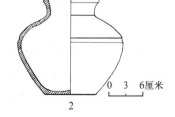

图一九　M10出土陶器
1.小口瓮（M10：3）　2.罐（M10：2）

18厘米，底径9厘米，高16厘米（图一九，2）。

11号墓

1.墓葬形制

该墓开口于耕土层和扰土层之下，距地表深170厘米，方向89°。此墓因盗扰，仅存部分墙体和铺地砖。墓葬形制为砖室墓，平面呈长方形。墓室长330厘米，宽104厘米，底距地表190厘米。墙残高20厘米，为平砖错缝垒砌，铺地砖为竖排错缝平铺。砖均为长方形小条砖，长32厘米，宽16厘米，厚5厘米。在室内扰土中出土有铜钱2枚、铁器1件和鼎、罐、瓮等残陶片（图二〇）。

葬具、葬式：不详。

2.随葬品

该墓因扰乱严重，随葬品出土有铁器1件和一些陶片，另有铜钱2枚。质地有陶、铜、铁。分述如下：

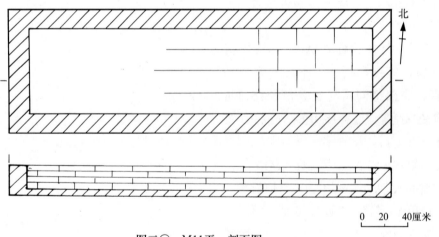

图二〇　M11平、剖面图

图二一　M11出土铜五铢钱
（M11∶1）（原大）

陶片：均为泥质灰陶。因残缺而无法复原。从残陶片看，有熊形足鼎、罐、瓮等。

铜钱　2枚，标本M11∶1。均为五铢。钱郭径2.4厘米，穿径1.0厘米，厚0.1厘米。正面穿上无横部。五字交叉，两笔微曲，与上、下两横交接处是垂直的，朱字头方折、下笔微圆折。一部分周郭已被磨掉（图二一）。

铁器　1件，标本M11∶2。锈蚀严重，已辨不出器形。

12号墓

1.墓葬形制

该墓开口于耕土层和扰土层之下，距地表深130厘米，方向84°。南与M43相邻，且相互平行，间隔仅30厘米。墓葬形制为竖穴土坑墓，平面呈长方形。墓室长305厘米，宽210厘米，底距地表234厘米。墓室四壁垂直无收分，室内填五花沙土，土质疏松，未夯打。随葬品主要放置在墓室西北部，出土有陶鼎1、陶盒1、陶壶1、小陶壶1、陶釜1、铜钱一串（图二二；图版二，1）。

葬具、葬式：不详。

2.随葬品

该墓共出土随葬品5件，另有铜钱一串。质地有陶、铜。分述如下：

陶器：5件，均为泥质灰陶。器类有鼎、盒、壶、釜、小壶。

鼎　1件，标本M12：4。子母口内敛，鼓腹，圆底，外附长方形竖耳，底附三马蹄形，足根部正面饰有人面像。腹部饰凹弦纹一周。上承覆碗形盖，顶有矮圈足形捉手，正中有两个相对铺首纽，下部折出一条棱线。盖口径24厘米，高9.6厘米，鼎口径23.4厘米，高19.6厘米，通高24.5厘米（图二三，1）。

盒　1件，标本M12：5。盖承覆钵形，顶有矮圈足形捉手，正中有两个相对的铺首纽。器身子母口内敛，深弧腹，平底。盖和器身各饰有凹弦纹一周。口径24厘米，底径

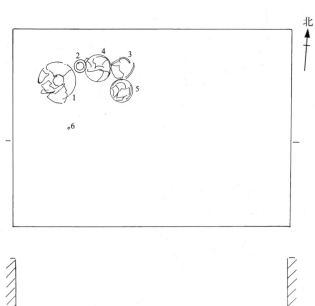

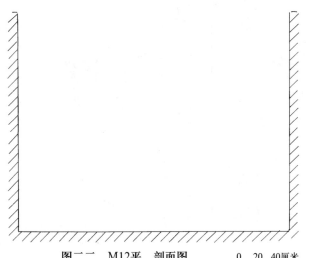

图二二　M12平、剖面图　　　0　20　40厘米

1.陶壶　2.小陶壶　3.陶釜

4.陶鼎　5.陶盒　6.铜钱

11.2厘米，高12厘米，通高22厘米（图二三，2）。

　　壶　1件，标本M12：1。斜盘口，窄折沿，弧形颈，颈较粗，圆肩，鼓腹，圜底，折曲状高圈足外撇。盘口底部有凸棱，肩部有对称两铺首形耳，肩和腹饰有凹弦纹。上承浅覆钵形盖，顶部折出一条棱线，正中有两个相对的铺首纽。盖径22.6厘米，高7.2厘米，壶口径22.6厘米，腹径36.6厘米，底径21.8厘米，高48厘米，通高55.2厘米（图

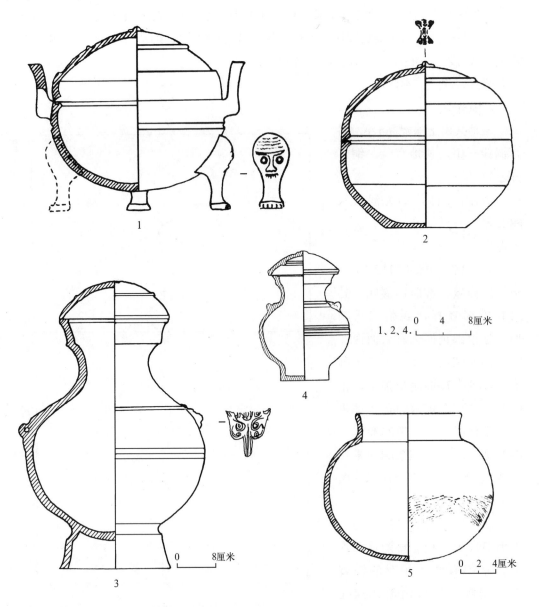

0　　4　　8厘米
1、2、4.

0　　8厘米

0　2　4厘米

图二三　M12出土陶器

1.陶鼎（M12：4）　2.陶盒（M12：5）　3.陶壶（M12：1）　4.小陶壶（M12：2）　5.陶釜（M12：3）

二三，3）。

小壶　1件，标本M12：2。浅盘口，窄折沿，弧形颈，颈较粗，鼓腹，假圈足，平底。肩部有对称两铺首形耳，肩和腹饰有凹弦纹。上承弧形盖，盖顶有两个相对的铺首纽。盖口径8.7厘米，高2.5厘米，壶口径8.8厘米，腹径12.8厘米，底径7.2厘米，高13.2厘米，通高15.4厘米（图二三，4）。

釜　1件，标本M12：3。直口，圆唇，稍外敞，鼓腹，圜底。下腹部拍有密集的绳纹。口径12厘米，腹径19.8厘米，高16.2厘米（图二三，5）。

铜钱　一串，标本M12：6。锈结一起，仅能看出为五铢钱。

13号墓

1.墓葬形制

该墓开口于耕土层和扰土层之下，距地表深132厘米，方向174°。此墓因盗扰已全毁，仅存几块铺地砖。从墓框平面看，呈长方形，墓葬形制为砖室墓。墓室长380厘米，宽220厘米，地距地表深180厘米。砖均为长方形小条砖，长30厘米，宽15厘米，厚4.5厘米。随葬品均出自室内扰土中，出土有铜钱1、铁环2、还有仓、壶、罐等残陶片。

葬具、葬式：不详。

2.随葬品

该墓因扰乱严重，共出土随葬品2件和一些陶片，另有铜钱1枚。质地有陶、铜、铁。分述如下：

陶器：均为泥质灰陶。因残缺而无法复原。从残陶片看，器类有仓、罐、壶等。

铁环　2件，标本M13：2、3。形制及大小相同，断面呈圆形。外径2厘米，内径1.5厘米。

图二四　M13出土铜五铢钱
（M13：1，原大）

铜钱　1枚，标本M13：1。五铢钱，圆形方穿，钱的正、反两面均有郭。钱郭径2.5厘米，穿径1.0厘米，厚0.15厘米。正面穿上有一星。五字交叉，两笔微曲，与上、下两横交接处是垂直的。朱字头上笔方折、下笔微圆折（图二四）。

14号墓

1.墓葬形制

该墓开口于耕土层和扰土层之下，距地表深130厘米，方向258°。墓葬形制为竖穴土坑墓，平面呈长方形。墓室长300厘米，宽180厘米，地距地表深200厘米。墓室四壁垂直无收分，室内填五花沙土，土质疏松，未夯打。在墓底西北部有四颗牙齿。随葬品主要放置在墓室东南部，出土有陶鼎1、陶盒1、陶壶1、陶罐1、陶豆1、陶仓3、铜钱2、铅车马饰1（图二五）。

葬具：不详。

葬式：头向西，葬式不详。

2.随葬品

该墓共出土随葬品9件，另有铜钱2枚。质地有陶、铜、铅。分述如下：

陶器：8件，均为泥质灰陶。器类有鼎、盒、壶、豆、仓、罐。

鼎　1件，标本M14：2。子母口内敛，鼓腹，圜底，外附长方形竖耳，底附三熊形

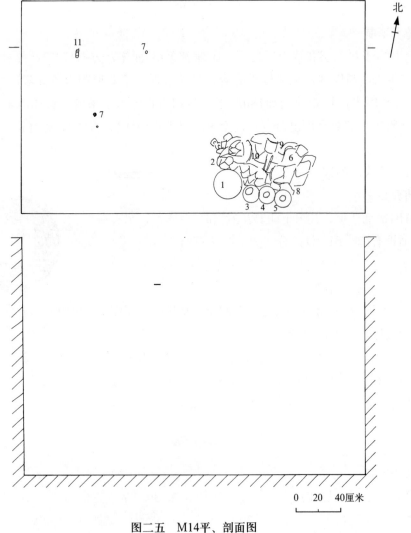

图二五　M14平、剖面图

1.陶盒　2.陶鼎　3～5.陶仓　6.陶壶　7.铜钱　8.陶豆　9.陶小罐　10.铅车马饰　11.人牙齿

足。腹部饰凹弦纹一周。上承博山炉式盖，盖上模印着山峦、树木、动物等纹饰。盖径22.4厘米，高12.4厘米，鼎口径19.2厘米，高21.6厘米，通高30厘米（图二六，1）。

　　盒　1件，标本M14：1。子母口内敛，折腹较浅，平底。口沿下部和腹部饰凹弦纹三周。上承博山炉式盖，盖上模印着山峦、禽兽、树木及人物等纹饰。盖径19.6厘米，高10.6厘米，盒口径23厘米，底径9.2厘米，高11.6厘米，通高22.4厘米（图二六，2）。

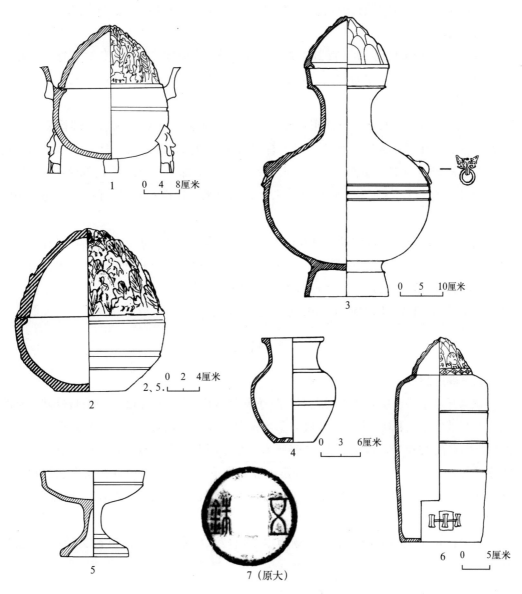

图二六　M14出土器物

1.陶鼎（M14：2）　2.陶盒（M14：1）　3.陶壶（M14：6）　4.陶小罐（M14：9）

5.陶豆（M14：8）　6.陶仓（M14：3）　7.铜五铢钱（M14：7）

壶　1件，标本M14：6。斜直盘口较高，长弧颈，圆肩，鼓腹，圜底，折曲状矮圈足。肩部有两个对称的铺首衔环形耳。腹部饰凸弦纹三周。上承博山炉式盖，盖上模印着山峦、禽兽、树木及人物等纹饰模糊不清。口径19厘米，腹径38厘米，底径19厘米，高49厘米（图二六，3；图版六，3）。

罐　1件，标本M14：9。侈口，平折沿，方唇，弧形颈，颈较粗，圆肩，鼓腹，平底。肩和腹部各饰宽凹弦纹一周。口径9.4厘米，腹径12.6厘米，底径6厘米，高13.6厘米（图二六，4）。

豆　1件，标本M14：8。直口，圆唇，折腹浅盘，圜底。柄较直，较粗矮，空心，下附喇叭形底座，座面呈阶梯形。口径13.2厘米，底径8.6厘米，高10厘米（图二六，5；图版六，4）。

仓　3件，标本M14：3-5。形制相同、大小略不同。小口，圆唇，圆折肩，直壁微收，平底。在近底部有一仓门，门上有三门栓。腹部饰凹弦纹三周。上承博山炉式盖，盖上模印着山峦、动物、树木及人物等纹饰，下饰菱形纹一周。盖径10.5厘米，高6.2厘米，仓口径7.8厘米，底径14厘米，高28厘米，通高34厘米（图二六，6；图版六，2）。

铜钱　2枚，标本M14：7。均为五铢钱，圆形方穿，钱的正、反两面均有郭。正面穿上无横郭，五字交叉，两笔微曲，与上、下两横交接处是垂直的。朱字头上笔方折，下笔微圆折。钱郭径2.6厘米，穿径1.0厘米，厚0.15厘米（图二六，7）。

铅车马饰　1件，标本M14：10。残，已成碎块。

15号墓

1. 墓葬形制

该墓开口于耕土层和扰土层之下，距地表深180厘米，方向32°。M111打破墓室的北部，打破深度为160厘米，未及底。墓葬形制为竖穴土坑墓，平面呈长方形。墓室长288厘米，宽222厘米，地距地表深296厘米。墓室四壁垂直无收分，室内填五花沙土，土质疏松，未夯打。从墓底的灰痕分辨出葬具为单棺，随葬品放置在棺内北部和东南部，出土有陶鼎1、陶盒1、陶壶1、陶车轮2、铜镜1、铜钱30、铁饰1、铅盖弓帽1等（图二七）。

葬具：位于墓室的西南部。质地为木质棺，从朽木灰痕看，棺长205厘米，宽70厘米。

葬式：不详。

2. 随葬品

该墓共出土随葬品8件，另有铜钱30枚。质地有陶、铜、铁、铅。分述如下：

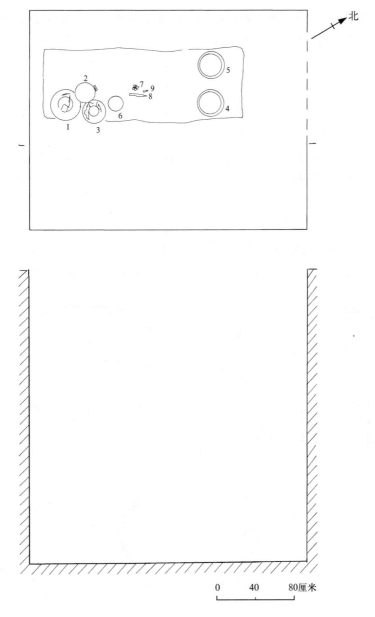

图二七　M15平、剖面图

1.陶壶　2.陶鼎　3.陶盒　4、5.陶车轮　6.铜镜　7.铜钱　8.铁饰　9.铅盖弓帽

陶器：5件，有泥质灰陶和泥质黄红色陶。器类有鼎、盒、壶、车轮。

鼎　1件，标本M15：2。泥质黄红色陶。子母口内敛，鼓腹圜底，外附长方形竖耳，底附三马蹄形矮足。上承浅覆钵形盖。盖径19.2厘米，高6厘米，鼎口径18厘米，高12.8厘米，通高16.4厘米（图二八，1）。

　　盒　1件，标本M15：3。盖呈覆碗形，顶有一矮圈足形捉手。器身子母口内敛，浅斜腹，平底。口径19厘米，底径8.4厘米，高7厘米，通高13.5厘米（图二八，2）。

　　壶　1件，标本M15：1。敞口，长弧颈，溜肩，鼓腹，圆底，折曲状高圈足外撇。腹上部有两个对称的铺首形耳，颈、肩和腹部各饰有凹弦纹。上承折沿扁体盖，圆弧顶。盖径23.2厘米，高5.2厘米，壶口径22.4厘米，腹径32厘米，底径18厘米，高45.6厘米，通高51.2厘米（图二八，4；图版七，1）。

　　车轮　2件，标本M15：4-5。形制及大小相同。圆环形，断面呈六边形。牙内凿有14个安装辐条的孔。轮外径24.5厘米，内径21厘米，凿孔间距5厘米，牙宽1.5厘米，厚1厘米（图二八，3）。

　　蟠螭菱纹镜　1面，标本M15：6。圆形，五弦纽，圆纽座。座外围短斜线纹、绚纹及凹面形圈带各一周，之外有两组凸弦纹、短斜线纹间有地纹与主纹组合而成的纹饰带。地纹为细密的云雷纹。主纹为三蟠螭纹。蟠头对镜纽座外的凸弦纹圈带，作回首反

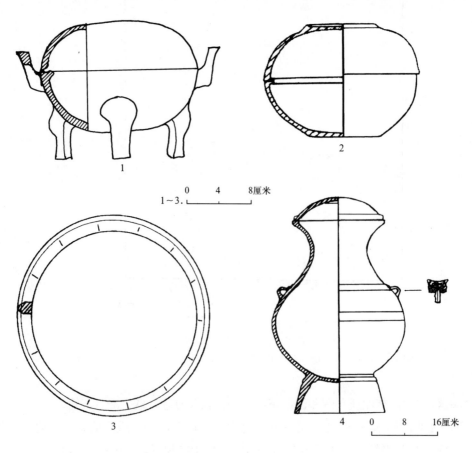

图二八-1　M15出土陶器

1.鼎（M15：2）　2.盒（M15：3）　3.车轮（M15：4）　4.壶（M15：1）

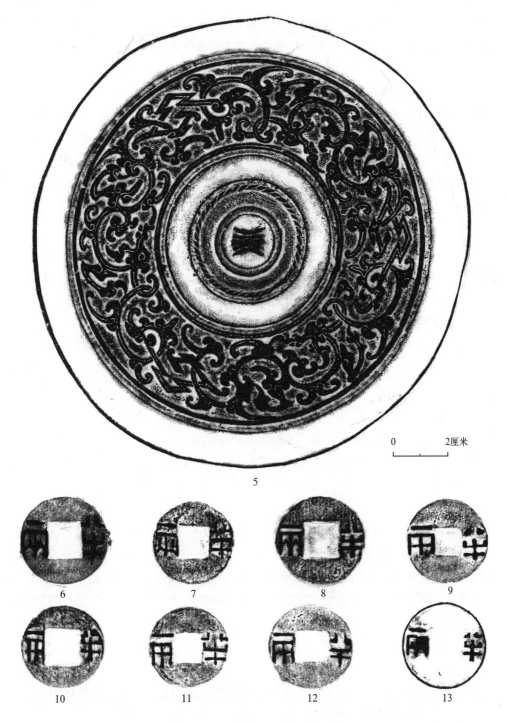

5

图二八-2　M15出土铜镜、铜钱币

5.蟠螭菱纹镜（M15：6）　6.半两钱A型Ⅰ式（M15：7-1）　7~12.半两钱A型Ⅱ式（M15：7-2~7）

13.半两钱B型（M15：8）　（6~13原大）

顾状，张嘴露齿，大眼，蟠的身躯和足均为弧形蔓枝，勾连缠绕，又与相邻的菱形纹相勾连。主纹皆双线。素卷缘。直径16.3厘米，缘厚0.78厘米（图二八，5）。

铜钱　30枚，标本M15：7。均为半两钱。分二型。

A型　29枚，圆形方穿，钱文正、反两面均无郭。分二式。

I式：1枚，标本M15：7-1。字体笔画较粗，字形肥硕，为篆文。钱文"两"字中间不出头，两个人字连笔成山，竖划比较清晰。直径2.3厘米，穿径0.9厘米（图二八，6）。

II式：28枚，字体笔画较粗，为篆文。钱文"两"字中间不出头，两个人字上部之竖划缩短呈波浪形，或两个人字迳作横划。标本M15：7-2。字体笔画较细。直径2.2厘米，穿径0.8厘米（图二八，7）。标本M15：7-3，直径2.4厘米，穿径0.9厘米（图二八，8）。标本M15：7-4，字形较宽大，为篆文。直径2.2厘米，穿径0.7厘米（图二八，9）。标本M15：7-5，字形较窄，为篆文。直径2.2厘米，穿径0.9厘米（图二八，10）。标本M15：7-6，直径2.1厘米，穿径0.7厘米（图二八，11）。标本M15：7-7，直径2.2厘米，穿径0.9厘米（图二八，12）。

B型　1枚，标本M15：7-8。圆形方穿，钱之正面有极窄的周郭。钱文"两"字中间不出头，两个人字上部之竖划缩短呈波浪形。直径2.3厘米，穿径0.8厘米（图二八，13）。

铁饰　1件，标本M15：8。因锈蚀严重，已看不出器形。

铅盖弓帽　1件，标本M15：9。因粉化，已成碎块。

18号墓

1.墓葬形制

该墓开口于耕土层和扰土层之下，距地表深80厘米，方向84°。此墓因扰乱，墓室已全毁，仅存部分北墙体。墓葬形制为砖室墓，平面呈长方形。墓室长362厘米，宽222厘米，地距地表深145厘米。墙残高20厘米，为平砖错缝垒砌，无铺地砖。砖均为长方形小条砖，长30厘米，宽15厘米，厚5厘米。随葬品均出在室内扰土中，出土有陶鸡1、铜钱22枚和仓、瓮、器盖、猪圈、狗等陶片。

葬具、葬式：不详。

2.随葬品

该墓仅出土1件残器和部分陶片，另有铜钱22枚。质地有陶、铜。分述如下：

陶器：1件和一些陶片。器类有鸡、仓、瓮、器盖、猪圈、狗等。

鸡　1件，标本M18：1。头部残，立姿，圈足，内空。体长9.8厘米，残高7.6厘米（图二九，1）。

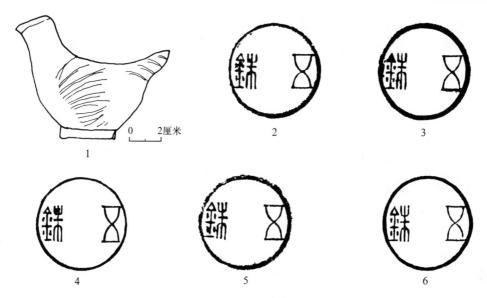

图二九　M18出土器物

1.陶鸡（M18：1）　　2、3.五铢钱A型（M18：2-1、2）　　4、5.五铢钱B型I式（M18：2-3、4）

6.五铢钱B型II式（M18：2-5）（2～6原大）

陶片：因残缺而无法复原。器类有仓、瓮、器盖、猪圈、狗等。

铜钱　22枚（其中5枚文字不清，仅能看出为五铢钱），标本M18：2。均为五铢，圆形方穿，钱的正、反两面均有郭。分二型。

A型　2枚，标本M18：2-1、2。钱郭径2.5厘米，穿径0.9厘米，厚0.15厘米。正面穿上无横郭。五字交叉，两笔微曲，与上、下两横交接处是垂直的。朱字头上笔略有圆折意，下笔圆折（图二九，2、3）。

B型　15枚，分二式。

I式：11枚，标本M18：2-3、4。钱郭径2.5厘米，穿径0.9厘米，厚0.15厘米。正面穿上无横郭。五字交叉，两笔微曲，与上、下两横交接处是垂直的。朱字头上笔略有圆折意，下笔圆折（图二九，4、5）。

II式：4枚，标本M18：2-5。钱郭径2.5厘米，穿径0.9厘米，厚0.15厘米。正面穿上无横郭。五字交叉，两笔微曲，与上、下两横交接处是垂直的。朱字头上笔圆折，下笔圆折（图二九，6）。

20号墓

1.墓葬形制

该墓开口于耕土层和扰土层之下，距地表深110厘米，方向80°。M18打破墓室西南部，打破深度为145厘米，未及底。墓葬形制为竖穴土坑墓，平面呈长方形。墓室长

290厘米，宽150厘米，地距地表深230厘米。墓室四壁垂直无收分，室内填五花沙土，土质疏松，未夯打。从墓底的灰痕分辨出葬具为单棺，在棺内的东部出土牙齿13颗。随葬品主要放置在棺外的北部，出土有小口陶瓮1、无耳矮领折沿陶罐1、铜镜1、铜钱7、铜铃形器1等（图三〇）。

葬具：位于墓室南部。质地为木质棺，从朽木灰痕看，棺长180厘米，宽60厘米。

葬式：头向东，葬式不详。

2.随葬品

该墓共出土随葬品4件，另有铜钱7枚。质地有陶、铜。分述如下：

陶器：2件，均为泥质灰陶。器类有小口瓮、无耳矮领折沿罐。

小口瓮　1件，标本M20：1。平折沿，方唇，矮颈，折肩，下腹斜收，平底。肩部饰间断绳纹，腹部饰绳纹。口径17厘米，肩径39厘米，底径16厘米，高38厘米（图三一，1；图版七，2）。

图三〇　M20平、剖面图
1.小口陶瓮　2.无耳矮领折沿陶罐　3.铜镜
4.铜钱　5.铜铃形器　6.牙齿

无耳矮领折沿罐　1件，标本M20：2。平口折沿，方唇，矮颈，圆肩，鼓腹，平底。腹部饰凹弦纹一周。口径9.5厘米，腹径17.4厘米，底径8.5厘米，高14.5厘米（图三一，2）。

铜器：2件，器类有镜、铃形器。

星云纹镜　1面，标本M20：3。圆形，连峰纽，圆组座。座外一周内向十六连弧纹与双弦纹圈带间为主纹带。四枚带圆座乳钉间各有五枚小乳钉，每枚小乳由长短不同的弧线相连接。内向十六连弧纹缘。直径10.4厘米，缘厚0.35厘米（图三一，4）。

铃形器　1件，标本M20：5。筒形，顶部一纽，中空。口径1厘米，高2.2厘米（图三一，3）。

　　铜钱　7枚，均为五铢钱，圆形方穿，钱的正、反两面均有郭。正面穿上有横郭或无横郭。五字交叉，两笔微曲，朱字上笔方折，下笔微圆折。标本M20：4。钱郭径2.5厘

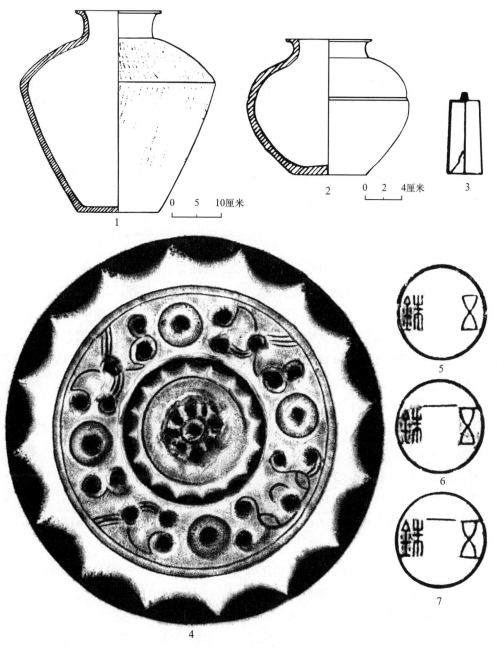

图三一　M20出土器物

1.陶瓮（M20：1）　2.陶罐（M20：2）　3.铜铃形器（M20：5）　4.星云纹镜（M20：3）

5～7.五铢钱（M20：4-1、2）（3～7原大）

米，穿径0.9厘米，厚0.15厘米（图三一，5~7）。

21号墓

1.墓葬形制

该墓开口于耕土层和扰土层之下，距地表深160厘米，方向174°。墓葬形制为竖穴土坑墓，平面呈长方形。墓口大于墓底，有收分，呈斗形。墓室口长320厘米，宽218厘米，墓底长295厘米，宽200厘米，地距地表深400厘米。室内填五花沙土，土质疏松，未夯打。从墓底的灰痕分辨出葬具为单椁、单棺。随葬品主要放置在椁室外的西南部，出土有陶鼎2、陶壶2、模型小陶壶2、陶勺1、铜盆1、铜勺1、铜带钩1、玉环1（图三二）。

葬具：位于墓室东北部。质地为木质单椁、单棺。从朽木灰痕看，椁痕长215厘米，宽98厘米，棺痕长188厘米，宽70厘米。

葬式：不详。

2.随葬品

该墓共出土随葬品11件，质地有陶、铜、玉。分述如下：

陶器：7件，均为泥质灰陶。器类有鼎、壶、模型小壶、勺等。

鼎　2件，标本M21：3、4。形制及大小相同。子母口内敛，鼓腹，圜底，外附长方形竖耳，底附三马蹄形足，足根部正面饰有人面像，腹部折出一条棱线。上承浅覆钵形盖。盖口径24厘米，高24厘米，鼎口径22.4厘米，高24.8厘米，通高26.4厘米（图三三，1）。

壶　2件，标本M21：1-2。形制及大小相同。敞口，长弧颈，溜肩，鼓腹，圜底，折曲状宽圈足外撇。肩部有两个对称的铺首形耳，肩部饰有凹弦纹二周。上承弧形盖。盖口径26厘米，高5.6厘米，壶口径25.6厘米，腹径35.8厘米，底径25.6厘米，高52厘米，通高59.2厘米（图三三，2）。

模型小壶　2件，标本M21：7-8。形制及大小相同。侈口，平沿外斜，尖唇，斜肩，鼓腹，假圈足，平底。口径6.8厘米，腹径11.2厘米，底径6厘米，高12.5厘米（图三三，3）。

勺　1件，标本M21：11。勺首平面呈椭圆形，浅体，圜底，侧有一装柄孔。口横长13厘米，宽6.6厘米，勺深1.6厘米（图三三，4）。

铜器：3件，器类有盆、勺、带钩。

勺　1件，标本M21：6。勺首平面呈椭圆形，浅体，圜底。长直柄，断面呈圆形，尾部套有一环。勺长径10.8厘米，短径7.5厘米，高2.5厘米，通长27厘米（图三三，5）。

带钩　1件，标本M21：9。钩首残，身呈琵琶形，腹部较长，背部有圆柱帽形纽，

图三二　M21平、剖面图

1、2.陶壶　3、4.陶鼎　5.铜盒　6.铜勺　7、8.模型小陶壶　9.铜带钩　10.玉环　11.陶勺

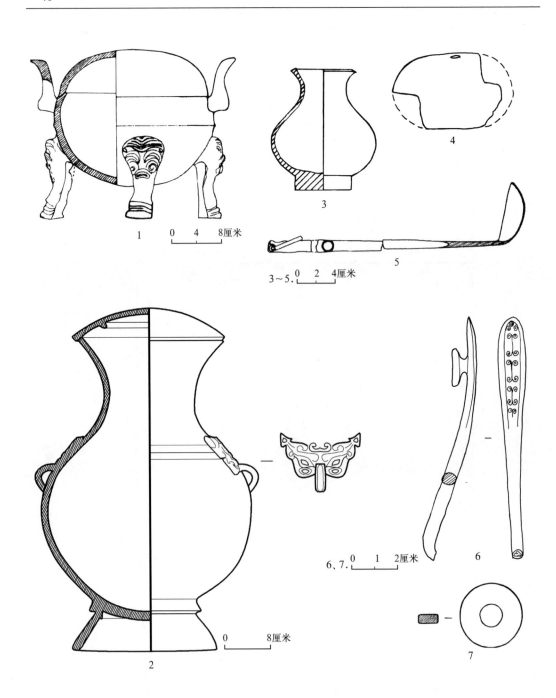

图三三　M21出土器物

1.陶鼎（M21：3）　2.陶壶（M21：1）　3.模型小陶壶（M21：7）　4.陶勺（M21：11）

5.铜勺（M21：6）　6.铜带钩（M21：9）　7.玉环（M21：10）

尾圆。腹部上饰圆涡纹。长10.2厘米（图三三，6）。

盆 1件，标本M21：5。因器壁较薄，已成碎片，无法复原。

玉环 1件，标本M21：10。青白色玉。直径2.7厘米，孔径1厘米，厚0.3厘米（图三三，7；彩版八，3）。

22号墓

1.墓葬形制

该墓开口于耕土层和扰土层之下，距地表深80厘米，方向174°。墓葬形制为竖穴土坑墓，平面呈长方形。墓口大于墓底，有收分，呈斗形，四边设二层台，台宽40～50厘米，台高46厘米。室内填五花沙土，土质疏松，未夯打。墓口长590厘米，宽444厘米，墓底长240厘米，宽134厘米，地距地表370厘米。从墓底灰痕分辨出葬具为单棺。随葬品主要放置在棺外西部，出土有陶鼎2、陶盒2、陶壶2、模型小陶壶2、陶狗饰6、陶车轮2、陶勺2、陶禽饰5、铜镜1、铜带钩1、铜器耳1、铜器盖纽饰2、铜足形泡钉3、铁锸1（图三四）。

葬具：位于墓室东部。质地为木质棺，从朽木灰痕看，棺痕长198厘米，宽64厘米。

葬式：不详。

2.随葬品

该墓共出土随葬品32件，质地有陶、铜、铁。分述如下：

陶器：23件，均为泥质灰陶，器类有鼎、盒、壶、模型小壶、狗饰、车轮、勺、禽饰等。

鼎 2件，标本M22：5、6。子母口内敛，鼓腹，圆底，外附长方形竖耳，底附三马蹄形足，足根部正面饰有人面像，腹部折出一条棱线。上承浅覆钵形盖。盖口径25厘米，高7厘米，鼎口径20厘米，高21.5厘米，通高24.8厘米（图三五，1；图版七，4）。

盒 2件，标本M22：3、4。形制及大小相同。覆碗形盖，顶有矮圈足形捉手。器身子母口内敛，弧鼓腹较深，平底。盖和器身各饰凹弦纹二周。口径25.5厘米，底径11.5厘米，高11厘米，通高20厘米（图三五，2）。

壶 2件，标本M22：1、2。形制及大小相同。敞口，长弧径，颈较粗，溜肩，扁鼓腹，折曲状宽圈足外撇。肩部有两个对称的铺首衔环形耳，颈部折出一条棱线，肩和腹部饰三组凹弦纹（每组二周）。上承弧形盖。盖径24.8厘米，高6厘米，壶口径23厘米，腹径38.4厘米，底径24.8厘米，高50.4厘米，通高56.4厘米（图三五，3；图版七，3）。

模型小壶 2件，标本M22：13、14。形制及大小相同。侈口，圆唇，弧形颈，溜肩，鼓腹，假圈足，平底。口径7.4厘米，腹径11.4厘米，底径6.4厘米，高13厘米（图

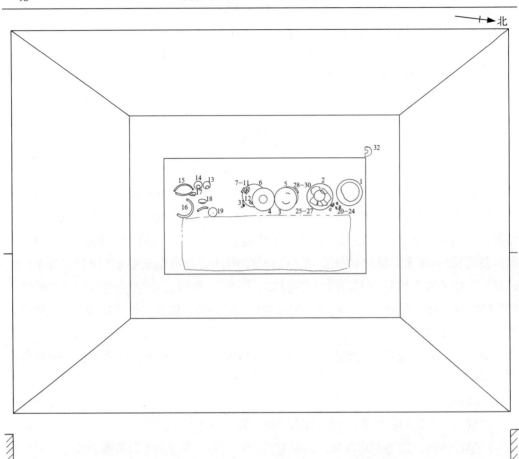

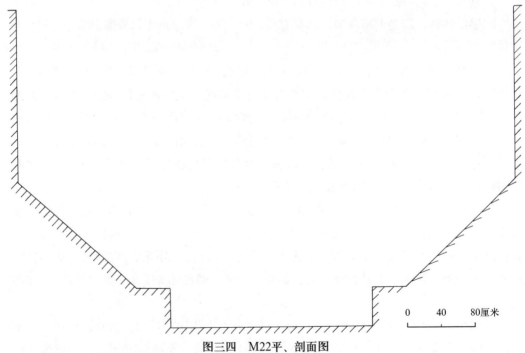

图三四　M22平、剖面图

1、2.陶壶　3、4.陶盒　5、6.陶鼎　7～12.陶狗饰　13、14.模型小陶壶　15、16.陶车轮　17、18.陶勺
19.铜镜　20～24.陶禽饰　25、26.铜器盖纽饰　27.铜器耳　28～30.铜足形泡钉　31.铜带钩　32.铁锸

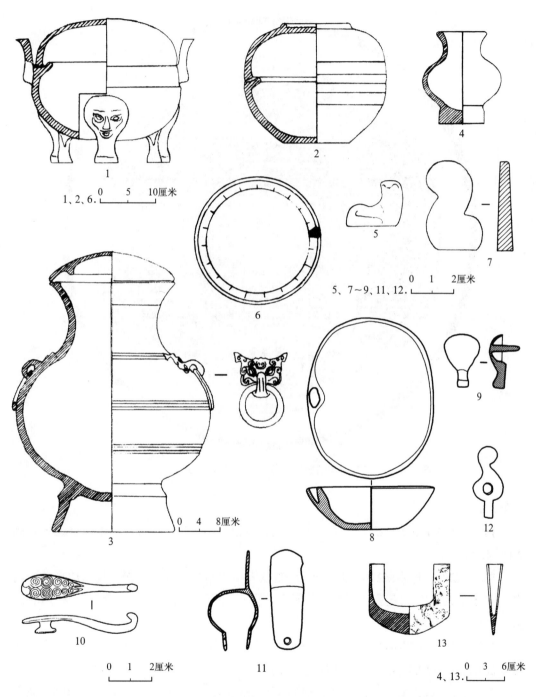

图三五-1　M22出土器物

1.陶鼎（M22∶5）　2.陶盒（M22∶3）　3.陶壶（M22∶1）　4.模型小陶壶（M22∶13）　5.陶狗饰（M22∶7）

6.陶车轮（M22∶15）　7.陶禽饰（M22∶20）　8.陶勺（M22∶17）　9.铜足形泡钉（M22∶28）

10.铜带钩（M22∶31）　11.铜器耳（M22∶25）　12.铜器盖纽饰（M22∶26）　13.铁锸（M22∶32）

图三五-2　M22出土蟠虺连弧兽纹铜镜拓片（M22：19，原大）

三五，4）。

狗饰　6件，标本M22：7～12。形制及大小相同。右卧姿，昂首。体长2.6厘米，高2.1厘米（图三五，5）。

车轮　2件，标本M22：15、16。形制及大小相同。圆环形，断面呈六边形。牙内凿有19个安装辐条的孔。轮外径23.5厘米，内径21厘米。凿孔间距3厘米，牙宽0.5厘米，厚1.2厘米（图三五，6）。

禽饰　5件，标本M22：20～24。形制及大小相同。形似阿拉伯数字"Z"，上薄下厚。高4厘米，厚0.4～0.7厘米（图三五，7）。

勺　2件，标本M22：17、18。形制及大小相同。勺首平面呈椭圆形，圜底，侧有一装柄孔。勺内涂朱砂。口横长7.6厘米，宽6厘米，勺深2厘米（图三五，8）。

铜器：8件，器类有镜、器耳、足形泡钉、带钩、器盖纽饰等。

蟠虺连弧兽纹镜　1面，标本M22：19。圆形，三弦纽，圆纽座。外围十五个由弧线组成的花瓣纹饰，其外有绚纹一周，绚纹之外伸出三片叶纹。纹饰由地纹与主纹组合而成，地纹为细密的云雷纹。地纹之上有兽纹和蟠虺纹，凹面形宽带围成的六内向连弧纹又压在其上，形成三层花纹，其连弧外角与边缘的绚纹圈相接，形成六个半圆形区域，其中三区为蟠虺纹，另三区为兽纹，蟠虺与兽纹相间排列。兽作匍匐状，兽头伸向外缘的绚纹圈，身躯呈"S"形弯卷，四肢伸张，尾部上翘内卷，伸入连弧圈之内。虺为双线条，虺头居中，身躯由两个"C"形纹饰连接而成。素卷缘。直径11.9厘米，缘厚0.4厘米（图三五-2；彩版三，6）。

足形泡钉　3件，标本M22：28～30。形制及大小相同。形似马蹄形足，中空，内有插钉。高2.5厘米（图三五，9；彩版六，2）。

带钩　1件，标本M22：31。钩首为蛇头形钩，身呈琵琶形，腹部较短，背部有圆柱帽形纽，尾圆。在腹部饰圆涡状纹。长5.8厘米（图三五，10；彩版六，1）。

器耳　1件，标本M22：25。侧面形如英文字母"R"。高4.5厘米，直径2.2厘米（图三五，11）。

器盖纽饰　2件，标本M22：26、27。形制及大小相同。上部两个相连的圆形铜片，下部为长方形铜片。其下圆有一圆形穿孔。通长3.5厘米（图三五，12）。

铁锸　1件，标本M22：32。形制及大小相同。平面作"凹"字形，侧面作"V"字形，后面较平，前面刃上部微鼓，顶部长方形銎口，刃部呈弧形，单面刃。通长10.7厘米，銎口长13.1厘米，刃部宽4.5厘米（图三五，13）。

23号墓

1.墓葬形制

该墓开口于耕土层和扰土层之下，距地表深205厘米，方向174°。墓葬形制为竖穴土坑墓，平面呈长方形。墓室长268厘米，宽180厘米，地距地表深358厘米。墓室四壁垂直无收分，室内填五花沙土，土质疏松，未夯打。从墓底的灰痕分辨出葬具为单椁、单棺。随葬品主要放置在椁内北部，出土有陶鼎2、陶盒2、陶壶2、小陶壶2、铜镜1、小铜环1、铜足形泡钉3、铜泡2、铜器耳1、铜器盖纽饰3、铁削1、大铜环3、铅盖弓帽若干等（图三六；图版四）。

葬具：位于墓室中部。质地为木质单椁、单棺，从朽木灰痕看，椁痕残长210厘米，宽135厘米，棺痕残长170厘米，宽70厘米。

葬式：不详。

2.随葬品

该墓共出土随葬品23件和若干铅盖弓帽，质地有陶、铜、铁、铅。分述如下：

陶器：8件，均为泥质灰陶，器类有鼎、盒、壶、小壶。

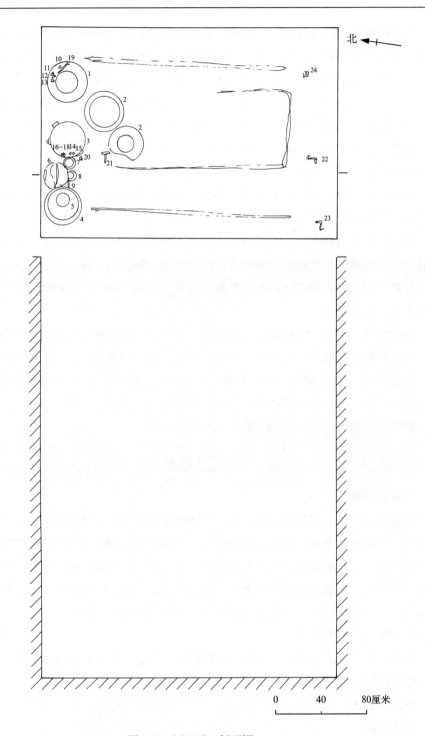

北

0　　40　　80厘米

图三六　M23平、剖面图

1、2.陶壶　3、4.陶鼎　5、6.陶盒　7、8.小陶壶　9.铜镜　10.铜环　11～13.铜足形泡钉

14、15.铜泡　16～18.铜器盖纽饰　19.铁削　20.铜器耳　21～23.铜环　24.铅盖弓帽若干

鼎　2件，标本M23:3-4。形制及大小相同。子母口内敛，鼓腹圜底，外附长方形竖耳，底附三马蹄形足，足根部正面有饰人面像，腹部饰宽凹弦纹一周。上承浅覆钵形盖。盖口径29.6厘米，高7.6厘米，鼎口径28厘米，高26厘米，通高27.6厘米（图三七，1；图版八，1）。

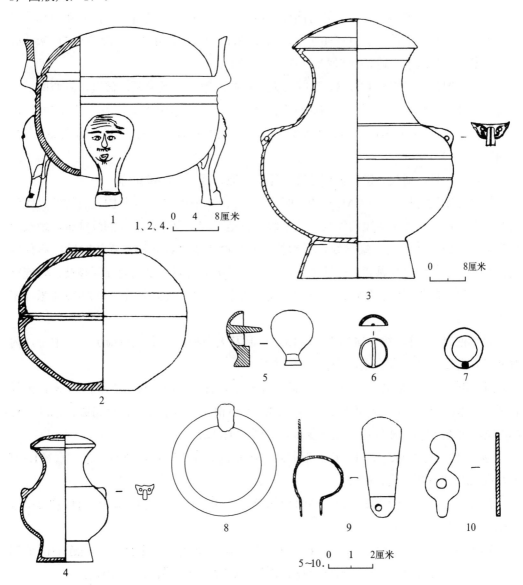

图三七-1　M23出土器物

1.陶鼎（M23:3）　　2.陶盒（M23:5）　　3.陶壶（M23:1）　　4.小陶壶（M23:7）　　5.铜足形泡钉（M23:11）
6.铜泡（M23:14）　　7.铜环（M23:10）　　8.铜环（M23:21）　　9.铜器耳（M23:20）　10.铜器盖纽饰（M23:16）

盒 2件，标本M23∶5-6。形制及大小相同。覆碗形盖，顶有矮圈足形捉手。器身子母口内敛，弧鼓腹较深，平底。盖上饰凹弦纹一周。口径29厘米，底径11厘米，高12.5厘米，通高24厘米（图三七，2）。

壶 2件，标本M23∶1-2。形制及大小相同。浅盘口，长弧颈，颈较粗，鼓腹，圜底，折曲状高圈足外撇。盘口下微有凸棱，肩部有两个对称的铺首形耳，肩和腹部饰凹弦纹三周。上承弧形盖。盖口径30厘米，高6厘米，壶口径26.4厘米，腹径40.5厘米，底径26厘米，高55厘米，通高61.5厘米（图三七，3）。

小壶 2件，标本M23∶7-8。形制及大小相同。敞口，弧形颈，鼓腹，高假圈足，平底。肩部有对称两铺首形耳，肩腹饰有凹弦纹一周，上承弧形盖。盖口径11.2厘米，高2.4厘米，壶口径10.5厘米，腹径15.5厘米，底径10厘米，高18.5厘米，通高20.4厘米（图三七，4）。

铜器：14件，器类有镜、足形泡钉、环、铜泡、器耳、器盖纽饰。

蟠螭菱纹镜 1面，标本M23∶9。圆形，三弦纽，圆纽座。座外围短斜线纹、绚纹及凹面形圈带。之外两组短斜线纹、凸弦纹间有地纹与主纹组合而成的纹饰带。地纹为细密的云雷纹。主纹为三蟠螭纹，蟠螭纹间有折叠半菱形纹相隔。螭头对镜纽座外的凸弦纹圈带，作回首反顾状，张嘴露齿，大眼，蟠螭的身躯和足均为弧形蔓枝，勾连缠绕，又与相邻的菱形纹相勾连。主纹皆双线。素卷缘。直径16.2厘米，缘厚0.8厘米（图三七—2）。

足形泡钉 3件，标本M23∶11～13。形制及大小相同。形似马蹄足形，中空，内有插钉。高2.6厘米（图三七，5）。

环 4件，形制相同，大小不同。断面呈圆形。标本M23∶10。外径1.8厘米，内径1.1厘米（图三七，7）。标本M23∶21～23。大小相同。由铜环和铁钉组成。铜环直径4.6厘米。铁钉已残，成碎块，无法复原。（图三七，8）。

泡 2件，标本M23∶14、15。形制及大小相同。作半球形，背有一梁。直径1.3厘米，高0.5厘米（图三七，6）。

器耳 1件，标本M23∶20。侧面形如英文字母"R"。高4.3厘米，直径2.2厘米（图三七，9）。

器盖纽饰 3件，标本M23∶16～18。形制及大小相同。上部两个相连的圆形铜片，下部为长方形铜片。其下圆有一圆形穿孔。长3.6厘米（图三七，10）。

铁削 1件，标本M23∶19。残，已成碎块。从碎块看，刀背直，刃部亦直，仅在刀末一小段斜杀呈弧形。刀残长7厘米。

铅盖弓帽 若干件，标本M23∶24。因粉化严重，已成碎块，仅能看出为盖弓帽。

0   2厘米

图三七-2　M23出土蟠螭菱纹铜镜（M23：9）

24号墓

1.墓葬形制

该墓开口于耕土层和扰土层之下，距地表深80厘米，方向0°。M112打破墓室西部，打破深度为80厘米，未及底。墓葬形制为竖穴土坑墓，平面呈长方形。墓室长240厘米，宽142厘米，地距地表深230厘米。墓室四壁垂直无收分，室内填五花沙土，土质疏松，未夯打。随葬品主要放置在墓室北部，出土有无耳高领折沿陶罐1、陶钵1、铁带钩1（图三八）。

葬具、葬式：不详。

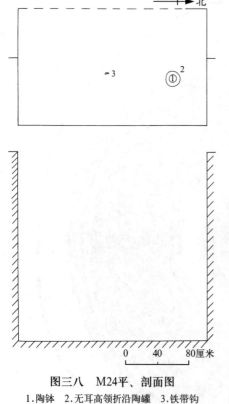

图三九　M24出土器物
1.陶罐（M24：2）　2.陶钵（M24：1）　3.铁带钩（M24：3）

图三八　M24平、剖面图
1.陶钵　2.无耳高领折沿陶罐　3.铁带钩

2.随葬品

该墓共出土随葬品3件，质地有陶、铁。分述如下：

陶器：2件，均为泥质灰陶。器类有无耳高领折沿罐、钵。

无耳高领折沿罐　1件，标本M24：2。侈口，圆唇，高领，溜肩，鼓腹，下腹内收，平底。口径13厘米，腹径22厘米，底径8.5厘米，高19厘米（图三九，1）。

钵　1件，标本M24：1。敛口，圆唇，斜腹，平底。口径14厘米，底径6厘米，高5.6厘米（图三九，2）。

铁带钩　1件，标本M24：3。形体较小，腹短、略鼓，呈弧形，背部一圆纽。长3.5厘米（图三九，3）。

25号墓

1.墓葬形制

该墓开口于耕土层和扰土层之下，距地表深75厘米，方向292°。此墓因盗扰，墓顶已毁。墓葬形制为砖室墓，平面呈长方形。墓室长193厘米，宽76厘米，底距地表深105厘米。墓室墙残高30厘米，为平砖错缝垒砌，铺地砖为竖排对缝平铺。砖均为长方形小条砖，长31厘米，宽15.5厘米，厚5厘米。仅在室内扰土中出土1枚铜钱（图四〇）。

葬具、葬式：不详。

2.随葬品

铜钱　1枚，标本M25：1。五铢钱，圆形方穿，钱的正、反两面均有郭。钱径2.3厘

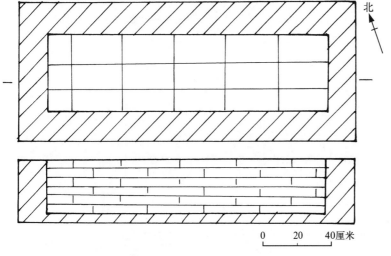

图四〇　M25平、剖面图

图四一　M25出土铜钱币拓片
（M25：1，原大）

米，穿径0.9厘米，厚0.13厘米。正面穿上无横郭，五字交叉，两笔微曲，与上、下两横交接处是垂直的。朱子头方折，下笔微圆折。周郭的一部分被磨掉（图四一）。

26号墓

1. 墓葬形制

该墓开口于耕土层和扰土层之下，距地表深160厘米，方向8°。西与M94相邻，并列且相互平行，间隔仅20厘米。墓葬形制为竖穴土坑墓，平面呈长方形。墓室长290厘米，宽170厘米，地距地表深226厘米。墓室四壁垂直无收分，室内填五花沙土，土质疏松，未夯打。随葬品主要放置在墓室中部偏东，出土有无耳高领折沿陶罐1、无耳矮领折沿陶罐1、铜镜1（图四二）。

葬具、葬式：不详。

2. 随葬品

该墓共出土随葬品3件，质地有陶、铜。分述如下：

陶器：2件，均为泥质灰陶罐。

无耳高领折沿罐　1件，标本M26：1。直口内敛，平沿外斜，高领，斜肩，腹部较直，圜底。下腹部拍有密集的绳纹。口径12厘米，腹径24厘米，高28.4厘米（图四三，1）。

无耳矮领折沿罐　1件，标本M26：2。口稍侈，平沿外斜，圆唇，矮颈，球形腹，

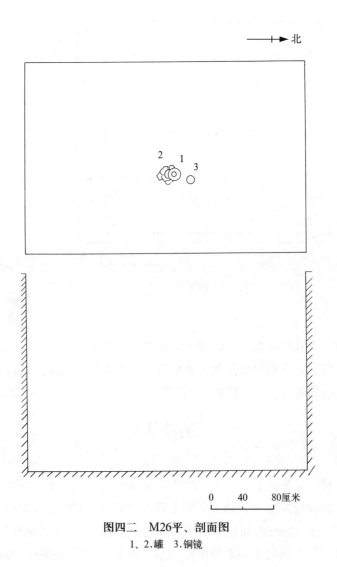

图四二　M26平、剖面图
1、2.罐　3.铜镜

平底。口径9厘米，腹径16厘米，底径9.5厘米，高15厘米（图四三，2）。

星云镜　1面，标本M26：3。圆形，连峰纽。纽外一周短斜直线纹和一周绚纹圈带间为主纹带。四枚带圆座乳钉间各有五枚小乳和一至二月牙纹，每枚小乳由长短不同的弧线相连接。其中一小乳钉上三直线纹与绚纹圈带相交。内向十六连弧纹缘。直径11.12厘米，缘厚0.4厘米（图四三，3）。

27号墓

1.墓葬形制

该墓开口于耕土层和扰土层之下，距地表深180厘米，方向0°。墓葬形制为竖穴

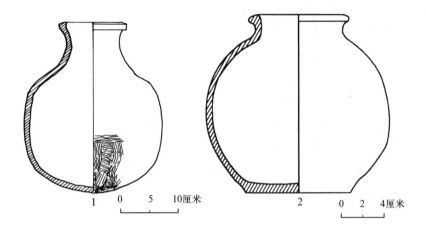

1　0　5　10厘米　　　　　2　0　2　4厘米

3（原大）

图四三　M26出土器物

1.无耳高领折沿陶罐（M26∶1）　　2.无耳矮领折沿陶罐（M26∶2）　　3.星云镜（M26∶3）拓片

土坑墓，平面呈长方形。墓室长331厘米，宽227厘米，地距地表深293厘米。墓室四壁垂直无收分，室内填五花沙土，土质疏松，未夯打。随葬品主要放置在墓室中部，出土有铜镜1、铜泡钉4、铁剑1、铜钱20、铜带钩2、铜刷1、铜环圈1、铜拉环1、铁器1。其中铜带钩1件、铜刷1件和铜饰件1件压在铜镜下面（图四四）。

葬具、葬式：不详。

2.随葬品

该墓共出土随葬品12件，另有铜钱20枚。质地有铜、铁。分述如下：

铜器：10件，器类有镜、带钩、泡钉、刷、拉环、环圈。

星云镜　1面，标本M27：1。圆形，连峰纽。双线圆纽座。座外为一周内向十六连弧纹。之外一周短斜线纹和双弦纹圈带之间为主纹。四枚带圆座乳钉间各有五枚小乳，每枚小乳由长短不同的弧线相连接。内向十六连弧纹缘。直径11.2厘米，缘厚0.43厘米（图四五，1）。

带钩：2件，分二型。

A型　1件，标本M27：3。钩首残，身呈琵琶形，腹部较短，上饰圆涡纹和变形蝉纹。背部有圆柱帽形纽，尾圆。长4.4厘米（图四五，2）。

B型　1件，标本M27：4。钩首为蛇头形钩，腹部略呈圆形，背部有圆柱帽形纽。长3.4厘米（图四五，3）。

泡钉　4件，标本M27：6～9。形制及大小相同。半圆形，中空，下垂一钉。直径1.1厘米，高1.2厘米（图四五，4）。

刷　1件，标本M27：11。如一长柄烟斗，长柄末端且做蛇状，后端横穿一孔，当为穿系之用。刷头似烟斗形，中空。刷高1厘米，刷径0.8厘米，通长8.1厘米（图

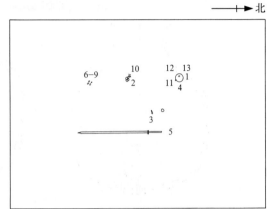

图四四　M27平、剖面图
1.铜镜　2.铜钱　3、4.铜带钩　5.铁剑　6～9.铜泡钉
10.铁器　11.铜刷　12.铜拉环　13.铜环圈

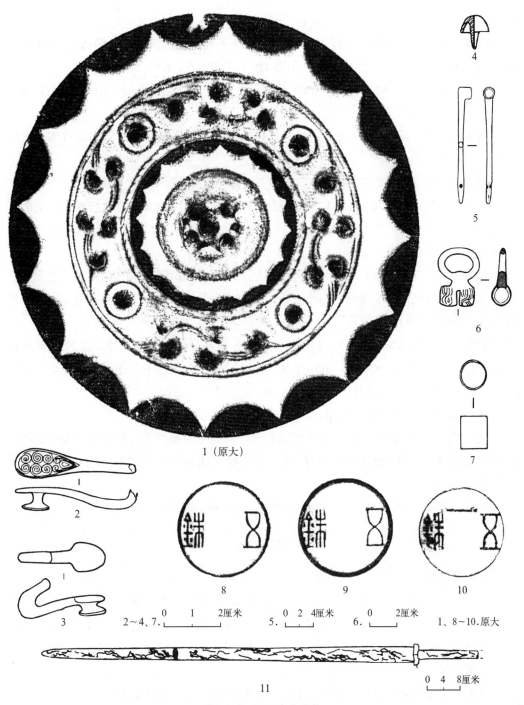

图四五　M27出土器物

1.星云纹铜镜（M27：1）　2.A型铜带钩（M27：3）　3.B型铜带钩（M27：4）　4.铜泡钉（M27：6）　5.铜刷
（M27：11）　6.铜拉环（M27：12）　7.铜环圈（M27：13）　8.A型Ⅰ式五铢钱（M27：2-1）　9.A型Ⅱ式五铢钱
（M27：2-2）　10.B型五铢钱（M27：2-3）　11.铁剑（M27：5）

四五，5）。

拉环　1件，标本M27：12。上一椭圆形环，下连接两圆筒形管。椭圆长径3厘米，短径2.3厘米，圆筒形管直径1.1厘米，通高4厘米（图四五，6）。

环圈　1件，标本M27：13。圆柱形，如一两端不闭塞的直筒，中空。口径1.2厘米，高1.1厘米（图四五，7）。

铜钱　20枚，标本M27：2。均为五铢钱。圆形方穿，钱之正、反面均有郭。可分二型：

A型　19枚，分二式。

Ⅰ式　18枚，标本M27：2-1。钱郭径2.5厘米，穿径1.0厘米，厚0.15厘米。正面穿上无横郭，五字交叉，两笔微曲，与上、下两横交接处是垂直的。朱子头上笔方折，下笔微圆折（图四五，8）。

Ⅱ式　1枚，标本M27：2-2。钱郭径2.5厘米，穿径1.0厘米，厚0.15厘米。正面穿上无横郭，五字交叉，两笔微曲，与上、下两横交接处是垂直的。朱子头上笔方折，下笔微圆折（图四五，9）。

B型　1枚，标本M27：2-3。磨掉五铢周郭的一部分。钱径2.3厘米，穿径1.0厘米，厚0.11厘米。正面穿上有横郭，五字交叉，两笔微曲，与上、下两横交接处是垂直的。朱子头上笔方折，下笔微圆折（图四五，10）。

铁器：2件，器类有剑、铁器。

剑　1件，标本M27：5。剑身中间微有脊，茎扁平而细，茎与剑身交界处有铜镡。镡平素无纹饰，中间隆起成脊，但两端平整，断面成菱形。长105.2厘米，宽4.8厘米（图四五，10）。

铁器　1件，标本M27：10。因锈蚀严重，已成碎块，无法辨认器形。

28号墓

1.墓葬形制

该墓开口于耕土层和扰土层之下，距地表深110厘米，方向84°。此墓因盗扰已全毁。从墓框平面看，呈长方形，墓葬形制为砖室墓。墓室长390厘米，宽210厘米，地距地表深210厘米。随葬品均出自室内扰土中，出土有瓷四系罐1、陶器盖1、瓦当3。

2.随葬品

该墓共出土随葬品2件，另有瓦当3件。质地有陶、瓷。分述如下：

陶器：4件，均为泥质灰陶，器类有器盖、瓦当。

器盖　1件，标本M28：1。折沿扁体盖，圆弧形，短舌。口径9.6厘米，盖径12厘米，高3.8厘米（图四六，1）。

瓦当　3件，标本M28：3-5。上饰云纹。直径12.4厘米（图四六，2）。

瓷四系罐　1件，标本M28：2。灰白胎，施青釉，釉未施到底。直口，方唇，溜肩，鼓腹，平底。肩腹部有四横系。口径9.5厘米，腹径15厘米，底径11.5厘米，高12.6厘米（图四六，3；图版八，2）。

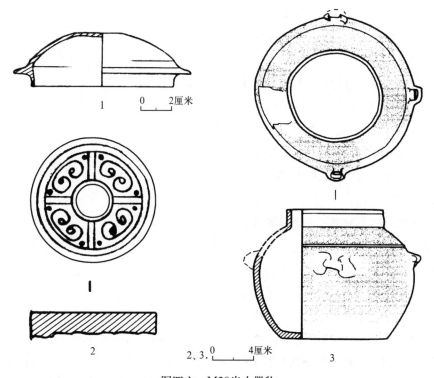

图四六　M28出土器物

1.陶器盖（M28：1）　2.瓦当（M28：3）　3.瓷罐（M28：2）

29号墓

1.墓葬形制

该墓开口于耕土层和扰土层之下，距地表深170厘米，方向0°。M78打破墓室东北部，打破深度为210厘米，未及底。墓葬形制为竖穴土坑墓，平面呈长方形。墓室长274厘米，宽170厘米，地距地表深270厘米。墓室四壁垂直无收分，室内填五花沙土，土质疏松，未夯打。随葬品主要放置在墓室的西南部，出土有陶鼎1、陶盒1、陶壶1、小陶壶（图四七）。

葬具、葬式：不详。

2.随葬品

该墓共出土随葬品4件，质地陶，均为泥质灰陶。器类有鼎、盒、壶、小壶等。

鼎　1件，标本M29：2。子母口内敛，鼓腹，圜底，外附长方形竖耳，底附三马蹄形足，足根部正面饰有人面像。腹部折出一条棱线。上承浅覆钵形盖。盖口径25.5厘米，高7.2厘米，鼎口径25.5厘米，高17厘米，通高24.2厘米（图四八，1）。

盒　1件，标本M29：3。覆碗形盖，顶有矮圈足形捉手。器身子母口内敛，斜弧腹略深，平底。器身腹部饰凹弦纹一周。口径25厘米，底径8.5厘米，高10.5厘米，通高21.5厘米（图四八，2；图版八，3）。

壶　1件，标本M29：1。因陶质差已成碎块，无法复原。

小壶　1件，标本M29：4。微盘口，斜长颈，溜肩，鼓腹，假圈足，平底。口沿下折出一条棱线。肩、腹各饰有凹弦纹二周。口径9.2厘米，腹径13厘米，底径8.8厘米，高16.2厘米（图四八，3）。

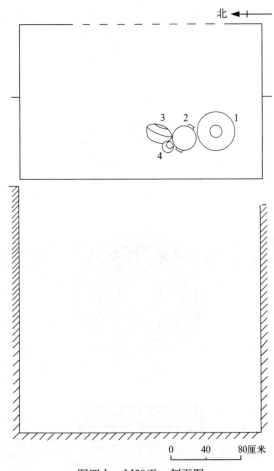

图四七　M29平、剖面图

1.陶壶　2.陶鼎　3.陶盒　4.小陶壶

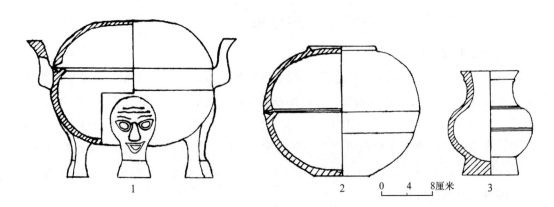

图四八　M29出土器物

1.陶鼎（M29：2）　2.陶盒（M29：3）　3.小陶壶（M29：1）

30号墓

1.墓葬形制

该墓开口于耕土层和扰土层之下，距地表深230厘米，方向85°。北与M5相邻，且相互平行，间隔仅22厘米。墓葬形制为竖穴土坑墓，平面呈长方形。墓室长248厘米，宽136厘米，地距地表深370厘米。墓室四壁垂直无收分，室内填五花沙土，土质疏松，未夯打。从墓底的灰痕分辨出葬具为单棺。随葬品主要放置在棺外南部，出土有陶鼎1、陶盒1、陶壶1、模型小陶壶1、陶车轮2、铜镜1、铜环1、铜钱25、铁鍪1，棺内出土有铜带钩1、圆形玉片1（图四九）。

葬具：位于墓室中部。质地为木质棺，从朽木灰痕看，棺长约220厘米，宽约50厘米。

葬式：不详。

2.随葬品

该墓共出土随葬品11件，另有铜钱25枚。质地有陶、铜、铁、玉。分述如下：

陶器：6件，均为泥质灰陶。器类有鼎、盒、壶、模型小壶、车轮等。

鼎　1件，标本M30：3。子母口内敛，鼓腹，圜底，外附长方形竖耳，底附三马蹄形矮足。腹部饰宽凹弦纹一周。上承浅覆钵形盖。盖口径18.8厘米，高6厘米，鼎口径18.8厘米，高13.5厘米，通高16.5厘米（图五〇，1；图版八，5）。

盒　1件，标本M30：2。覆碗形盖，顶有矮圈足形捉手。子母口内敛，浅斜腹，平底。口径19.2厘米，底径8.8厘米，高6.8厘米，通高13.6厘米（图五〇，2；图版八，4）。

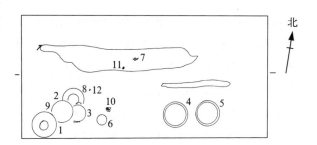

0　40　80厘米

图四九　M30平、剖面图

1.陶壶　2.陶盒　3.陶鼎　4、5.陶车轮　6.铜镜　7.铜带钩

8.铁鍪　9.模型小陶壶　10.铜钱　11.圆形玉片　12.铜环

　　壶　1件，标本M30：1。因陶质差已成碎块，无法复原。

　　模型小壶　1件，标本M30：9。侈口，尖唇，溜肩，鼓腹，假圈足，平底。口径8厘米，腹径9.8厘米，底径8厘米，高10.4厘米（图五〇，3）。

　　车轮　2件，标本M30：4、5。形制及大小相同。圆形环，断面呈六边形。牙内凿有18个安装辐条的孔。轮外径26.2厘米，内径23.6厘米，凿孔间距4.2厘米，牙宽0.9厘米，厚0.6厘米（图五〇，4）。

　　铜器：3件，器类有镜、带钩、环。

　　蟠螭菱纹镜　1面，标本M30：6。圆形，三弦纽，圆纽座。座外围绹纹及凹面形圈带各一周。其外两组凸弦纹、短斜线纹间有地纹与主纹组合而成的纹饰带。地纹为圆涡纹与三角雷纹组成的云雷纹。在地纹之上，有三蟠禽伫立于纽座外围上，禽为实心圆点纹眼，长冠上勾，嘴衔卷尾，作回首反顾状，双翼为弧形线条，向两侧展开，翼端向上勾卷，三禽之间配三束缠绕的蔓枝，禽的双翼与蔓枝勾连，各束蔓枝又与一菱形纹相连。主纹多双线。素卷缘。直径11.3厘米，缘厚0.66厘米（图五〇，7）。

　　带钩　1件，标本M30：7。钩首为蛇头形钩，身呈琵琶形，腹部较长，背部有圆柱帽形纽，尾圆。长6.2厘米（图五〇，5）。

　　环　1件，标本M30：12。断面呈圆形。外径2.2厘米，内径1.9厘米。

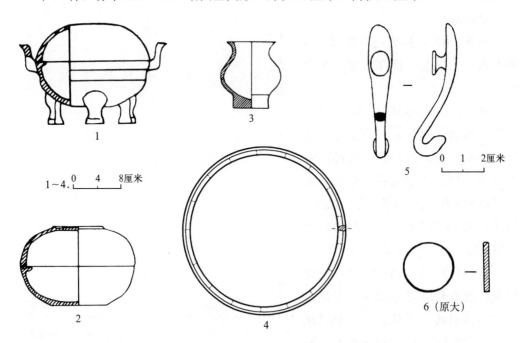

图五〇-1　M30出土器物

1.陶鼎（M30：3）　2.陶盒（M30：2）　3.模型小陶壶（M30：9）

4.陶车轮（M30：4）　5.铜带沟（M30：7）　6.圆形玉片（M30：11）

铁鍪　1件，标本M30：8。锈蚀严重，已成碎块，无法复原。从碎块看，侈口，束颈，圜底。

铜钱　25枚（标本M30：10）。按有无字分二型。

A型　24枚，均为半两钱，圆形方穿。钱文正、反两面均无郭。根据钱文不同，分三式。

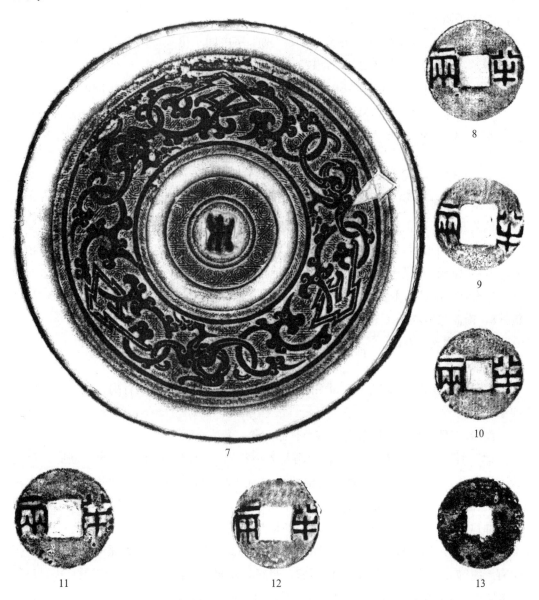

图五〇-2　M30出土铜镜、铜钱币拓片

7.蟠螭菱纹镜（M30：7）　8、9.A型Ⅰ式铜钱（M30：10-1、2）　10、11.A型Ⅱ式铜钱（M30：10-3、4）

12.A型Ⅲ式铜钱（M30：10-5）　13.B型铜钱（M30：10-6）（皆原大）

Ⅰ式：10枚，字体笔画较粗，字形肥硕，为篆文。钱文"两"字中间不出头，两个人字连笔成山，竖划比较清晰。标本M30：10-1。直径2.7厘米，穿径0.8厘米（图五〇，8）。标本M30：10-2。直径2.5厘米，穿径1.0厘米（图五〇，9）。

Ⅱ式：11枚，钱文"两"字中间不出头，两个人字上部之竖划缩短成波浪形。标本M30：10-3。直径2.4厘米，穿径0.8厘米（图五〇，10）。标本M30：10-4。直径2.7厘米，穿径1.0厘米（图五〇，11）。

Ⅲ式：3枚，标本M30：10-5。钱文"两"字中间不出头，两个人字迳作横划。直径2.4厘米，穿径0.8厘米（图五〇，12）。

B型　1枚，标本M30：10-6。无字钱。直径2.5厘米，穿径0.6厘米（图五〇，16）。

圆形玉片　1件，标本M30：11。青白色，无光泽。素面。直径1.4厘米，厚1.5厘米（图五〇，6）。

31号墓

1.墓葬形制

该墓开口于耕土层和扰土层之下，距地表深184厘米，方向83°。南与M99相邻，且相互平行，间隔仅20厘米。墓葬形制为竖穴土坑墓，平面呈长方形。墓室长385厘米，宽180厘米，地距地表深306厘米。墓室四壁垂直无收分，室内填五花沙土，土质疏松，未夯打。随葬品主要放置在墓室中东部，出土有陶鼎2、陶盒2、陶壶1、小陶壶2、铜钱8、铅盖弓帽若干（图五一）。

葬具、葬式：不详。

2.随葬品

该墓共出土随葬品7件和若干铅盖弓帽，另有铜钱8枚。质地有陶、铜、铅。分述如下：

陶器：7件，均为泥质灰陶。器类有鼎、盒、壶、小壶。

鼎　2件，标本M31：2、3。形制及大小相同。子母口内敛，鼓腹，圆底，外附长方形竖耳，底附三马蹄形足，足根部正面饰有人面像，腹部饰宽凹弦纹两周。上承覆钵形盖，盖上折出两周棱线，正中有两个相对的铺首纽。盖口径24.8厘米，高9.5厘米，鼎口径24.8厘米，高22厘米，通高27厘米（图五二，3）。

盒　2件，标本M31：4、5。形制及大小相同。覆碗形盖，顶有矮圈足形捉手，正中有一纽饰。器身子母口内敛，深弧腹，平底。盖和器身各饰凹弦纹一周至二周。口径24.8厘米，底径10.6厘米，高12.8厘米，通高24.2厘米（图五二，2）。

壶　1件，标本M31：1。斜盘口，宽折沿，长弧颈，颈较粗，圆肩，鼓腹，圆底，折曲状高圈足外撇。盘口底部有凸棱，肩部有对称的两铺首形耳。上承折沿扁体盖，圆

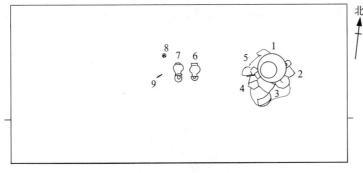

图五一　M31平、剖面图

1.陶壶　2、3.陶鼎　4、5.陶盒　6、7.陶小壶　8.铜钱　9.铅盖弓帽

弧顶，顶部折出一周棱线，正中有两个相对的铺首纽。盖径28厘米，高8厘米，壶口径28厘米，腹径38.4厘米，底径24厘米，高48.4厘米，通高56.8厘米（图五二，1）。

小壶　2件，标本M31：6、7。形制及大小相同。盘口，平口折沿，方唇稍外敞，微束颈，溜肩，鼓腹，低矮假圈足，平底。盘口下部有凸棱，肩部有对称两铺首形耳，肩和腹部各饰有凹弦纹一周。上承弧形盖，盖顶中部有一纽。盖径9.5厘米，高3厘米，壶口径8.5厘米，腹径13.5厘米，底径7厘米，高15厘米，通高17.5厘米（图五二，4）。

铜钱　8枚，标本M31：8。均为五铢钱。圆形方穿，钱的正、反两面均有郭。分二型。

A型　1枚，标本M31：8-1。钱郭径2.5厘米，穿径1.0厘米，厚0.15厘米。正面穿上无横郭。五字交叉，两笔微曲，朱字上笔方折，下笔微圆折（图五二，5）。

B型　7枚，分二式。

Ⅰ式：5枚，标本M31：8-2、3。钱郭径2.5厘米，穿径0.9厘米，厚0.15厘米。正面穿上有横郭或无横郭。五字交叉，两笔微曲。朱子头方折，下笔微圆折（图五二，6、7）。

Ⅱ式：2枚，标本M31：8-4。钱郭径2.5厘米，穿径0.9厘米，厚0.15厘米。正面穿上有横郭或无横郭。五字交叉，两笔微曲，与上、下两横相交处微收。朱子头方折，下笔微圆折（图五二，8）。

铅盖弓帽　若干件，标本M31：9。均残，已成碎片，仅能看出为盖弓帽。

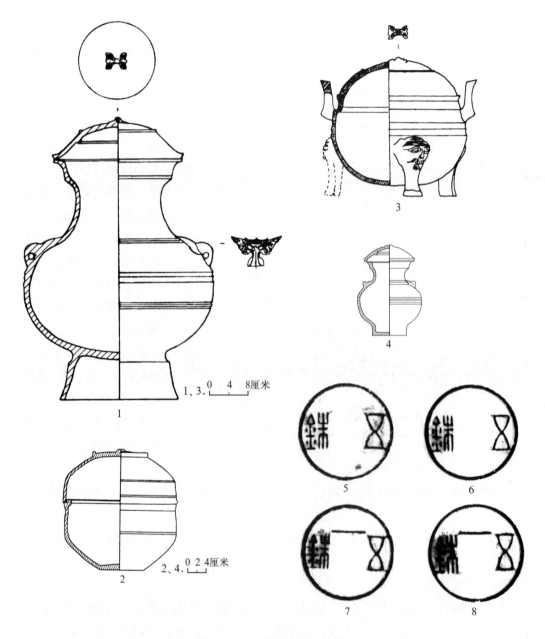

图五二　M31出土陶器、铜钱币

1.陶壶（M31：1）　2.陶盒（M31：4）　3.陶鼎（M31：2）　4.小陶壶（M31：6）　5.A型五铢铜钱
（M31：8-1）　6、7.B型Ⅰ式五铢铜钱（M31：8-2、3）　8.B型Ⅱ式五铢铜钱（M31：8-4）（5~8原大）

32号墓

1. 墓葬形制

该墓开口于耕土层和扰土层之下，距地表深240厘米，方向174°。墓葬形制为竖穴土坑墓，平面呈长方形。墓室长310厘米，宽260厘米，地距地表深320厘米。墓室四壁垂直无收分，室内填五花沙土，土质疏松，未夯打。随葬品主要放置在墓室东部，出土有铁壶1、无耳矮领折沿陶罐1、小口陶瓮1、铜盆1、铜碗1、铁刀1、铁剑1、铜镜1、铜刷1、铜钱14、玉片1、铅车軎1（图五三）。

葬式、葬具：不详。

2. 随葬品

该墓共出土随葬品11件，另有铜钱14枚。质地有陶、铜、铁、玉、铅。分述如下：

陶器：2件，均为泥质灰陶，器类有小口瓮、无耳矮领折沿罐。

无耳矮领折沿罐　1件，标本M32：2。平口折沿，方唇，矮领，圆溜肩，鼓腹，平底。肩部饰凹弦纹一周。口径10.4厘米，腹径21.4厘米，底径11.2厘米，高20.5厘米（图五四，1）。

小口瓮　1件，标本M32：3。侈口，平折沿，方唇，矮颈，折肩，下腹内凹，平底。口径14厘米，肩径31厘米，底径14厘米，高29.5厘米（图五四，2）。

铜器：4件，器类有盆、镜、刷、碗。

日明对称单层草叶纹镜　1面，标本M32：8。圆形，半球纽，四叶纹纽座。纽座外一细线方格和凹面双线大方格间按逆时针方向均佈八字铭文，铭文为"见日之明，天下大明"。大方格四内角各有一对称斜线纹方格，四外角向外伸出一株双叶花枝纹，将镜背纹饰分为四区，每区中心

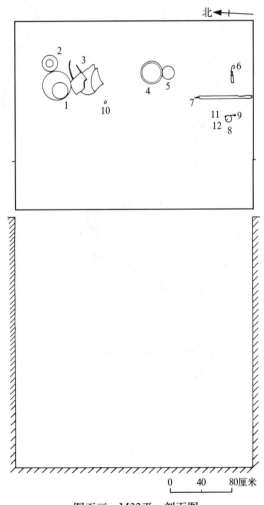

图五三　M32平、剖面图

1. 铁壶　2. 无耳矮领折沿陶罐　3. 小口陶瓮　4. 铜盆
5. 铜碗　6. 铁刀　7. 铁剑　8. 铜镜　9. 铜刷　10. 铜钱
11. 玉片　12. 铅车軎

点外各一乳钉，乳钉上方一桃形花苞，两侧各一对称单层草叶纹。内向十六连弧纹缘。直径10.15厘米，缘厚0.15厘米（图五四，10）。

　　刷　1件，标本M32：9。如一长柄烟斗，长柄末端且做蛇状，后端横穿一孔，当为穿系之用。刷头似烟斗形，中空。刷头高1.0厘米，刷径0.9厘米，通长7.6厘米（图五四，4）。

　　盆　1件，标本M32：4。敞口，平口折沿，斜弧腹，平底。口径26.8厘米，底径13.5厘米，高7.5厘米（图五四，5）。

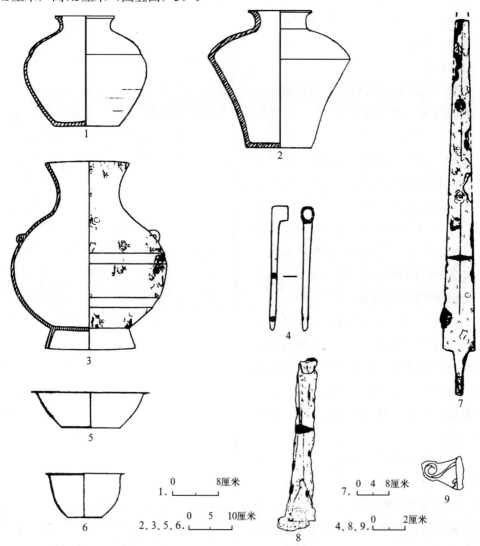

图五四-1　M32出土器物

1.陶罐（M32：2）　2.陶小口瓮（M32：3）　3.铁壶（M32：1）　4.铜刷（M32：9）　5.铜盆（M32：4）
6.铜碗（M32：5）　7.铁剑（M32：7）　8.铁刀（M32：6）　9.玉片（M32：11）

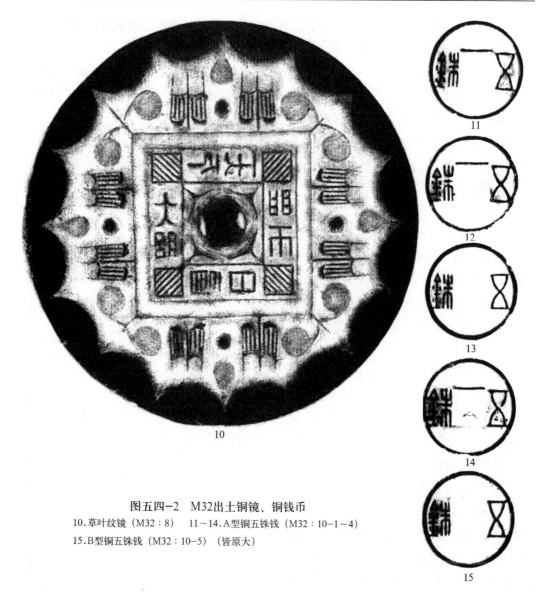

图五四-2　M32出土铜镜、铜钱币

10.草叶纹镜（M32：8）　11～14.A型铜五铢钱（M32：10-1～4）

15.B型铜五铢钱（M32：10-5）（皆原大）

碗　1件，标本M32：5。侈口，平口折沿，方唇，深弧腹，平底。口径15.5厘米，底6.5厘米，高7.5厘米（图五四，6）。

铜钱　14枚，标本M32：10。均为五铢钱。圆形方穿，钱的正、反两面均有郭。依钱文字体的变化，分二型。

A型　12枚，标本M32：10-1～4。钱郭径2.5厘米，穿径1.0厘米，厚0.15厘米。正面穿上有横郭或无横郭。五字交叉，两笔微曲，朱字上笔方折，下笔微圆折（图五四，11～14）。

B型　2枚，标本M32：10-5。钱郭径2.5厘米，穿径1.0厘米，厚0.15厘米。正面穿上无横郭。五字交叉，两笔微曲。朱字头上笔方折，下笔微圆折（图五四，15）。

铁器：3件，器类有壶、刀、剑。

壶　1件，标本M32：1。侈口，长弧颈，颈稍粗，鼓腹，宽圈足，稍外撇，腹上部有两个对称的半圆形耳。腹部饰宽凹弦纹二周。口径20厘米，腹径38厘米，底径20厘米，高42厘米（图五四，3；彩版六，5）。

剑　1件，标本M32：7。残。剑身中间微有脊，茎扁平。剑断面呈菱形。残长45.8厘米，宽4厘米（图五四，7）。

刀　1件，标本M32：6。残。从残块看刀背直，刃部亦直。断面成三角形。残长10.6厘米（图五四，8）。

玉片　1件，标本M32：11。已残。青白色，上刻纹饰（图五四，9）。

铅车軎　1件，标本M32：12。残，已成碎块。

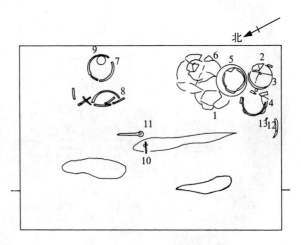

33号墓

1.墓葬形制

该墓开口于耕土层和扰土层之下，距地表深234厘米，方向28°。墓葬形制为土坑竖穴墓，平面呈长方形。墓室长260厘米，宽178厘米，地距地表深294厘米。墓室四壁垂直无收分，室内填五花沙土，土质疏松，未夯打。从墓底的灰痕分辨出葬具为单棺。随葬品主要放置在棺外东南部，出土有陶鼎2、陶盒2、陶壶2、陶车轮2、铜镜1、铜带钩1、铁刀1、铁削1、铁环1（图五五）。

葬具：位于墓室西部。质地为木质棺。从朽木灰痕看，棺痕长200厘

图五五　M33平、剖面图

1、2.陶盒　3、4.陶鼎　5、6.陶壶　7、8.陶车轮
9.铜镜　10.铜带钩　11.铁刀　12.铁削　13.铁环

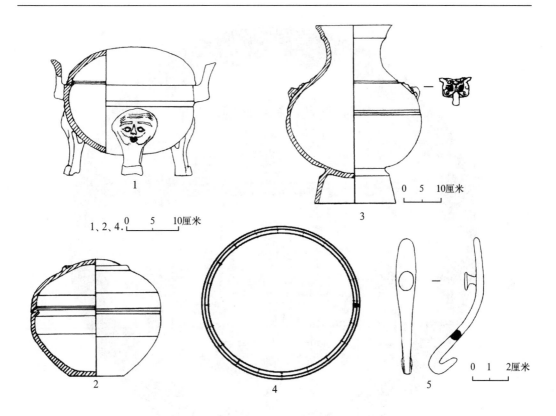

图五六-1　M33出土器物

1.陶鼎（M33：3）　2.陶盒（M33：1）　3.陶壶（M33：5）　4.陶车轮（M33：7）　5.铜带钩（M33：10）

米，宽60厘米。

葬式：不详。

2.随葬品

该墓共出土随葬品13件。质地有陶、铜、铁。分述如下：

陶器：8件，均为泥质灰陶。器类有鼎、盒、壶、车轮。

鼎　2件，标本M33：3、4。形制及大小相同。子母口内敛，鼓腹，圜底，外附长方形竖耳，底附三马蹄形足，足根部正面饰有人面像。腹部饰凹弦纹一周。上承浅覆钵形盖。盖口径24厘米，高6.8厘米，鼎口径25.2厘米，高21.2厘米，通高24厘米（图五六，1）。

盒　2件，标本M33：1、2。形制及大小相同。覆碗形盖，顶有矮圈足形捉手，弧顶。器身子母口内敛，折腹较深，平底。盖和器身各饰凹弦纹一周。口径24.5厘米，底径10厘米，高12.5厘米，通高22.5厘米（图五六，2）。

壶　2件，标本M33：5、6。形制及大小相同。浅盘口，外敞，弧形颈，溜肩，鼓

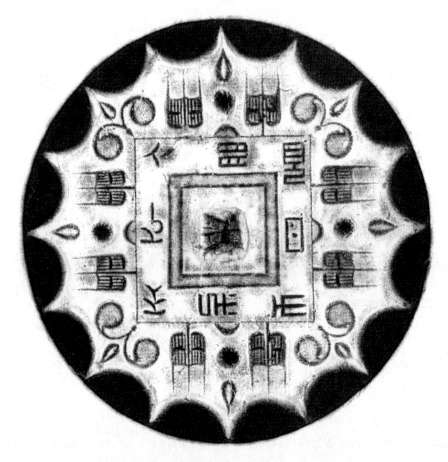

图五六－2　M33出土草叶纹铜镜（M33：9，原大）

腹，圜底，折曲状高圈足外撇。盘口下微有凸棱，肩部有两个对称的铺首形耳，肩和腹部各饰凹弦纹两周。盖口径25.5厘米，高6厘米，壶口径23厘米，腹径40厘米，底径24厘米，高50.5厘米，通高56厘米（图五六，3）。

车轮　2件，标本M33：7、8。圆环形，断面呈六边形。牙内凿有20个安装辐条的孔。轮外径31.2厘米，内径28厘米，凿孔间距3.5厘米，牙宽0.7厘米，厚0.7厘米（图五六，4）。

铜器：2件，器类有镜、带钩。

日光对称连叠草叶纹镜　1面，标本M33：9。圆形。三弦纽。纽外一周凹面形双线方格和一细线大方格间按顺时针方向均佈八字铭文，铭文为"见日之光，天下大明"。大方格四外角各向外伸出一苞双叶花枝纹，将镜背纹饰分为四区，每区中心点外各一乳钉，乳钉上下各有一桃形花苞和一半圆形底座，两侧各一株二叠草叶纹。内向十六连弧纹缘。直径11.4厘米，缘厚0.4厘米（图五六－2）。

带钩 1件，标本M33：10。钩首为蛇头形钩，身呈琵琶形，腹部较长，背部一圆形纽，尾圆。长9.4厘米（图五六，5）。

铁器：3件，器类有刀、削、环。

环 1件，标本M33：13。断面呈圆形。外径5厘米，内径3.5厘米。

刀 1件，标本M33：11。残，从残块看，刀背直，刃部亦直，刀本成环。

削 1件，标本M33：12。因锈蚀严重，已成碎块，无法复原。

34号墓

1.墓葬形制

该墓开口于耕土层和扰土层之下，距地表深120厘米，方向180°。此墓因盗扰，墓室顶部已毁。因一小部分墓室被压在北院墙之外，而无法完全发掘，因此只清理院内的一部分。墓葬形制为砖室墓，平面呈长方形。墓室由东、西室两部分组成。墓室长（用探铲探其长为）260厘米，宽212厘米，地距地表深170厘米。在墓室中部筑有留门隔墙，隔墙宽32厘米。墙高50厘米，为平砖错缝垒砌，无铺底砖。砖均为长方形小条砖，长32厘米，宽16厘米，厚5厘米。随葬品均出自室内扰土中，出土有陶釜2、陶甑1、陶鼎1、铜钱2、圆形玉片3、铁器1和罐、猪圈等残陶片（图五七）。

葬具、葬式：不详。

2.随葬品

该墓共出土随葬品8件和一部分陶片，另有铜钱2枚。质地有陶、铜、玉、铁。分述如下：

陶器：4件和一些陶片。均为泥质灰陶。器类有鼎、釜、甑、罐、猪圈等。

釜 2件，标本M34：1、2。形制相同，大小不同。敛口，圆唇，折腹，平底。口径3.8厘米，腹径7.2厘米，底径3.6

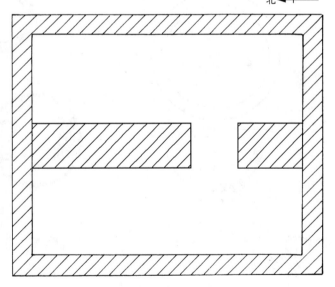

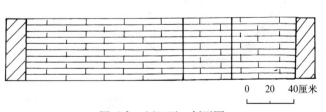

北 ←

0　20　40厘米

图五七　M34平、剖面图

厘米，高3.8厘米（图五八，1；图版八，6）。

甑　1件，标本M34：3。敞口、平沿外斜，圆唇，深弧腹、小平底。在底部分布着五个箅孔。口径9.2厘米，底径3.6厘米，高5厘米（图五八，2）。

鼎　1件，标本M34：4。子母口内敛，深弧腹，平底无足，外附长方形双耳，腹部饰宽凹弦纹二周。口径19.8厘米，底径9厘米，高14厘米（图五八，3）。

陶片：器类有罐、猪圈等，因残缺，而无法复原。

铜钱　2枚，均为五铢钱，正方形穿，钱的正、反两面均有郭。分二型。

A型　1枚，标本M34：5-1。钱郭径2.5厘米，穿径0.9厘米，厚0.15厘米。正面穿上无横郭。五字交叉，两笔微曲，与上、下二横交接处内敛，朱字头上笔方折、下笔微圆折（图五八，4）。

B型　1枚，标本M34：5-2。钱郭径2.5厘米，穿径0.9厘米，厚0.15厘米。正面穿上无横郭。五字交叉，两笔弯曲，与上、下二横交接处内敛，朱字头上笔微圆折，下笔圆折（图五八，5）。

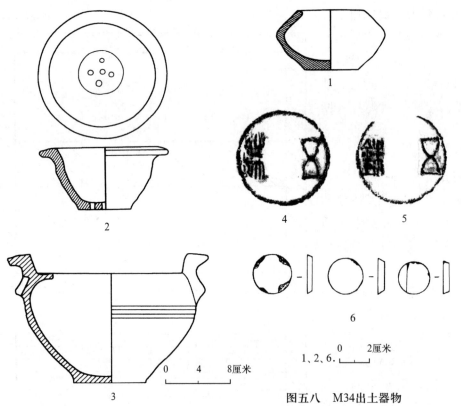

图五八　M34出土器物

1.陶釜（M34：1）　2.陶甑（M34：3）　3.陶鼎（M34：4）　4.A型五铢钱（M34：5-1）　5.B型五铢钱（M34：5-2）（4、5原大）　6.圆形玉片

　　圆形玉片　3件，标本M34：6～8。断面呈梯形。青白色或青色，无光泽，素面。上面直径1.8～2.2厘米，下面直径1.5～1.8厘米，厚均为0.4厘米（图五八，6）。

　　铁器　1件，标本M34：9。因锈蚀严重，已成碎块，无法辨认器形。

36号墓

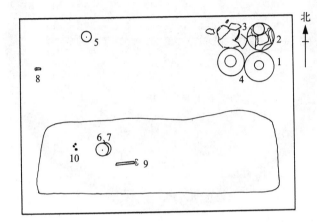

1.墓葬形制

　　该墓开口于耕土层和扰土层之下，距地表深180厘米，方向270°。墓葬形制为竖穴土坑墓，平面呈长方形。墓室长230厘米，宽159厘米，底距地表250厘米。墓室四壁垂直无收分，室内填五花沙土，土质疏松，无夯打痕迹。从墓底的灰痕分辨出葬具为单棺，在棺内西部出土牙齿3颗、铜镜2、铁削1。大部分随葬品放置在棺外的北部，出土有无耳矮领折沿陶罐4、铜镜1、铜刷1（图五九）。

　　葬具：位于墓室南部。质地为木质棺，从朽木灰痕看，棺长约206厘米，宽约64厘米。

　　葬式：头向西，葬式不详。

2.随葬品

　　该墓共出土随葬品9件，质地有陶、铜、铁。分述如下：

　　无耳矮领折沿罐　4件，形制大同小异，大小略有不同。平折沿，方唇，短颈，圆溜肩，鼓腹，平底。肩部饰宽凹弦纹一周。标本M36：1。口径10.5厘米，腹径20.8厘米，底径11厘米，高19.5厘米（图六〇，1）。

0　　20　　40厘米

图五九　M36平、剖面图

1～4.陶罐　5～7.铜镜　8.铜刷　9.铁刀　10.牙齿

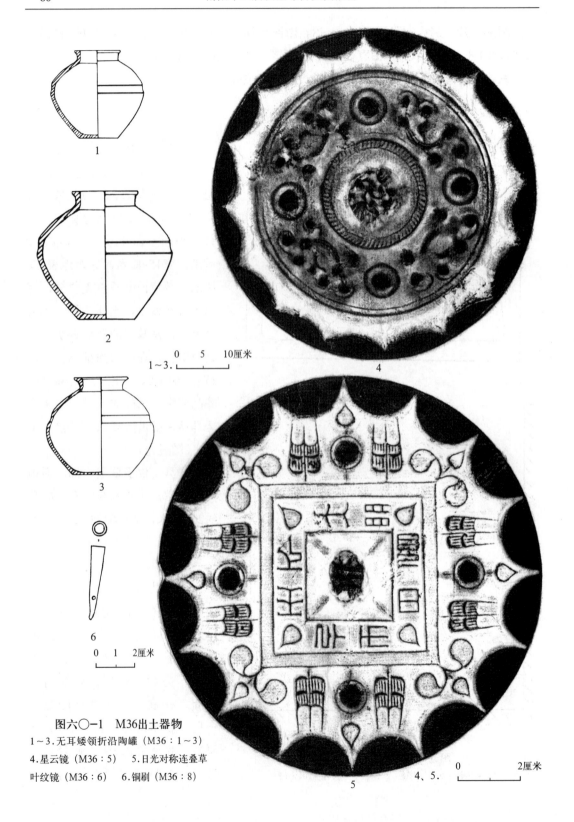

图六〇-1　M36出土器物

1~3.无耳矮领折沿陶罐（M36：1~3）

4.星云镜（M36：5）　5.日光对称连叠草

叶纹镜（M36：6）　6.铜刷（M36：8）

图六〇-2　M36出土四乳四虺龙纹铜镜（M36∶7，原大）

铜器　4件，器类有镜、刷。

铜镜：3件，有星云镜、日光对称连叠草叶纹镜、四乳四虺龙纹镜。

星云镜　1面，标本M36∶5。圆形，连峰纽。纽外一周短斜线纹和双弦纹圈带之间为主纹带。四枚带圆座乳钉间各有六至八枚小乳，每枚小乳由长短不同的弧线相连接。内向十六连弧纹缘。直径10.7厘米，缘厚0.36厘米（图六〇，4）。

日光对称连叠草叶纹镜　1面，标本M36∶6。圆形。三弦纹纽。纽外一个细线小方格和一个凹面大方格间按顺时针方向布列八字铭文，铭文为"见日之光，天下大明"，大方格四内角各一桃形花苞，四外角则伸出一苞双叶花枝纹，将镜背纹饰分为四区，每区中心点外各一枚带圆座乳钉，乳钉上方一桃形花苞，两侧各一株二叠式草叶纹。内向十六连弧纹缘。直径12.7厘米，缘厚0.2厘米（图六〇，5）。

四乳四虺龙纹镜　1面，标本M36：7。圆形。半球纽。四叶纹纽座。纽座外凹面双线圈带及弦纹圈带各一周，其外四枚带圆座乳钉将镜背纹饰分为四区，每区内各一虺龙纹，龙躬背回首，张嘴露齿，细长尾，四足呈八字形位于身躯两侧。在凹面圈带外有四个变形花苞纹饰。内向十六连弧纹缘。直径13厘米，缘厚0.2厘米（图六〇－2）。

刷　1件，标本M36：8。三角形管状，一端空、一端实，尖稍歪，状似笔帽。长4厘米，孔径0.7厘米（图六〇，6）。

铁刀　1件，标本M36：9。残。从残块看，刀背直，刃部亦直。

37号墓

1.墓葬形制

该墓开口于耕土层和扰土层之下，距地表深180厘米，方向178°。墓葬形制为砖室墓，平面呈"干"字形。墓室长994厘米，宽338厘米，底距地表235厘米。由甬道、前室、后室及连接前后室中间的过道四部分组成。此墓因扰乱。墓室顶部已毁。墙高45厘米，为三顺一丁垒砌，铺地砖为人字形平铺。砖为青灰色小条砖，分两种，一种长30厘米，宽15厘米，厚5厘米；一种长31厘米，宽15.5厘米，厚5.5厘米，随葬品均出自室内扰土之中，出土有铜钱19枚、泥钱22枚，陶泡钉2（图六一）。

甬道：平面呈长方形，长236厘米，宽203厘米，底同前室底相平，且低于后室底和过道底20厘米。

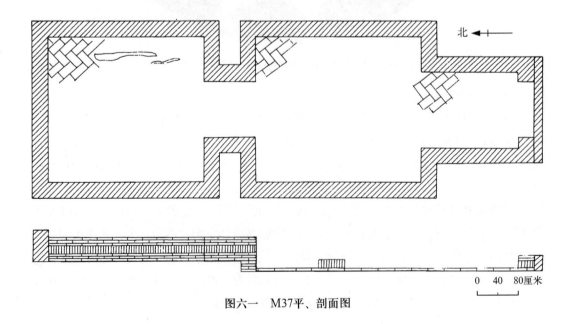

北 ←

0　40　80厘米

图六一　M37平、剖面图

前室：平面略呈方形，长320厘米，宽338厘米，底与甬道底相平，且低于过道和后室底20厘米。

后室：平面呈方形，长336厘米，宽338厘米，底与过道底相平，且高于甬道与前室底20厘米。从墓底的灰痕分辨出葬具为木棺。

过道：平面呈长方形，位于前室北部、后室南部。长102厘米，宽168厘米，底与后室底相平且高于前室和甬道底20厘米。

葬具：位于后室东部。质地为木质棺，从朽木灰痕看，棺长约170厘米，宽度不详。

葬式：不详。

2.随葬品

该墓共出土随葬品2件，另有钱币41枚，质地有陶、铜、泥。分述如下：

陶泡钉　2件，标本M37：1、2。形制及大小相同。半圆形折沿，内凹。上饰圆环和圆环外饰短齿纹。直径6.6厘米，高2.5厘米（图六二，1）。

钱币：41枚，质地有铜、泥。

铜钱　19枚，其中5枚文字已不清，仅能看出为五铢。标本M37：3。均为五铢钱，圆形方穿，钱的正、反两面均有郭。分四型。

A型　2枚，正面穿上无横郭。五字交叉，两笔微曲，与上、下二横交接处是垂直或微外撇，朱字头上部微圆折、下笔圆折。标本M37：3-1。钱郭径2.5厘米，穿径0.9厘米，厚0.15厘米（图六二，2）。标本M37：3-2。钱郭径2.4厘米，穿径0.9厘米，厚0.12厘米（图六二，3）。

B型　4枚，标本M37：3-3。正面穿上无横郭。五字交叉，两笔微曲，与上、下二横交接处垂直或内敛，朱字头上部微圆折、下笔圆折。钱郭径2.5厘米，穿径0.9厘米，厚0.15厘米（图六二，4）。

C型　4枚，标本M37：3-4。钱郭径2.4厘米，穿径0.9厘米，厚0.12厘米。正面穿上无横郭。五字交叉，两笔曲折，与上、下二横交接处垂直或内敛，朱字头上下笔微圆折。部分五铢被磨掉周郭的一部分（图六二，5）。

D型　4枚，标本M37：3-5、6。剪去部分外轮，正面穿上无横郭。钱郭径2.2～1.8厘米，穿径1.0厘米，厚0.1厘米（图六二，6、7）。

泥钱　22枚，标本M37：4。均用细泥模压制成。分五铢钱和无字钱。

五铢钱　1枚，标本M37：4-1。钱径2.4厘米，穿径0.9厘米，厚1.3厘米。穿之左右模印着"五铢"二字，铢字不清（图六二，8）。

无字泥钱　21枚，标本M37：4-2。两面均无字。钱径2.5厘米，穿径0.7厘米，厚度不同，厚1.3～0.6厘米。

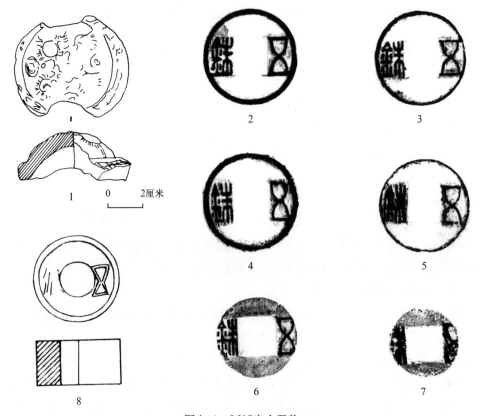

图六二　M37出土器物

1.陶泡钉（M37：1）　2、3.A型铜五铢钱（M37：3-1、2）　4.B型铜五铢钱（M37：3-3）　5.C型铜五铢钱
（M37：3-4）　6、7.D型铜五铢钱（M37：3-5、6）　8.泥五铢钱（M37：4-1）（2~8原大）

38号墓

1.墓葬形制

该墓开口于耕土层和扰土层之下，距地表深180厘米，方向89°。墓葬形制为竖穴
土坑墓，平面呈长方形。墓室长277厘米，宽186厘米，底距地表226厘米。墓室四壁垂
直无收分，室内填五花沙土，土质疏松，无夯打痕迹。随葬品主要放置在墓室的西北
部，出土有陶鼎1、陶盒1、陶壶1、模型小陶壶1、陶车轮2（图六三）。

葬具、葬式：不详。

2.随葬品

该墓共出土随葬品6件，均为泥质灰陶。器类有鼎、盒、壶、模型小壶、车轮。

鼎　1件，标本M38：3。子母口内敛，鼓腹，圜底，外附长方形竖耳，底附三马蹄
形足，足根部正面饰有人面像，腹部折出一条棱线。上承覆钵形盖，中部折出一条棱
线，顶部有两个相对的铺首纽。盖径22.5厘米，高7厘米，鼎口径23厘米，高17.5厘米，

通高22.5厘米（图六四，1）。

盒 1件，标本M38∶4。盒盖残，无法复原。盒体子母口内敛，深腹，平底。腹部饰凹弦纹一周。口径23.2厘米，底径11厘米，高11.8厘米（图六四，2）。

壶 1件，标本M38∶5。微盘口，弧形颈，圆肩，鼓腹，折曲状高圈足外撇。口下微有凸棱，肩部有两个对称的铺首形耳，颈部折出一条棱线，肩和腹部各饰凹弦纹二周。口径21.2厘米，腹径36厘米，底径22厘米，高46.4厘米（图六四，3）。

模型小壶 1件，标本M38∶6。侈口，矮颈，溜肩，鼓腹，低矮假圈足，平底。口径6.4厘米，腹径9.2厘米，底径6.6厘米，高8厘米（图六四，4）。

车轮 2件，标本M38∶1、2。圆环形，断面呈六边形。牙内凿有17个安装辐条的孔。轮外径28.8厘米，内径25.6厘米，凿孔间距3.2厘米，牙宽0.8厘米，厚0.9厘米（图六四，5）。

39号墓

1.墓葬形制

该墓开口于耕土层和扰土层之下，距地表深130厘米，方向264°。墓葬形制为竖穴土坑墓，平面呈长方形。墓室长332厘米，宽166厘米，底距地表280厘米。墓室四壁垂直无收分，室内填五花沙土，土质疏松，未夯打。在墓室西部出土牙齿2颗。随葬品主要放置在墓室中北部，出土铜镜3、铜泡钉1、无耳矮领折沿陶罐2、小陶壶1（图六五）。

葬具：不详。

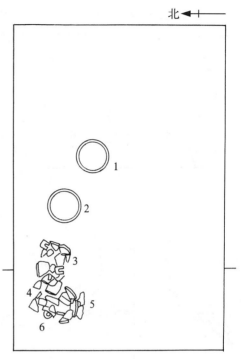

北 ◄—

0　　　　60厘米

图六三 M38平、剖面图
1、2.陶车轮 3.陶鼎 4.陶盒 5.陶壶 6.陶小壶

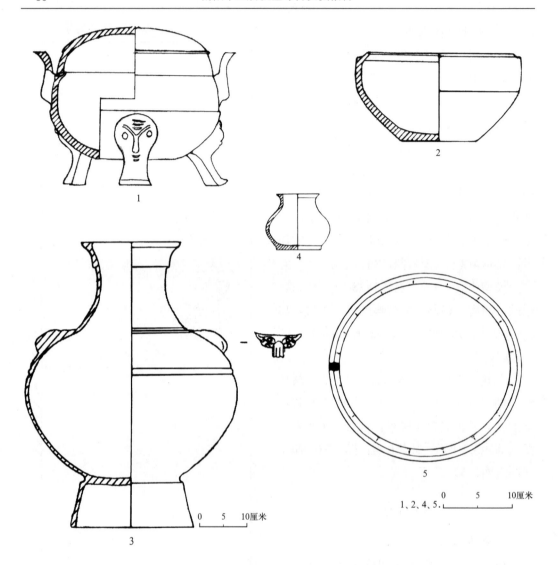

图六四 M38出土陶器

1.鼎（M38∶3） 2.盒（M38∶4） 3.壶（M38∶5） 4.模型小壶（M38∶6） 5.车轮（M38∶1）

葬式：头向西，葬式不详。

2.随葬品

该墓共出土随葬品7件，质地有陶、铜。分述如下：

陶器：3件，均为泥质灰陶，器类有无耳矮领折沿罐、小壶。

无耳矮领折沿罐 2件。形制大同小异，大小不同。口稍侈，溜肩，鼓腹，平底。

标本M39∶4，平折沿、方唇，短颈。腹部饰宽凹弦纹一周。口径9.5厘米，腹径17.5厘米，底径8厘米，高15厘米（图六六，1）。标本M39：5，平沿外斜，尖唇，短颈。腹部饰凹弦纹一周。口径9.6厘米，腹径17厘米，底径7.2厘米，高15.2厘米（图六六，2）。

小壶　1件，标本M39：6。浅盘口，微束颈，溜肩，鼓腹，假圈足，平底。肩部有对称两铺首形耳，肩、腹各饰有凹弦纹一周。上承弧形盖，顶部有两个相对的铺首纽。盖径9.8厘米，高3厘米，壶口径9.8厘米，腹径13.4厘米，底径7.8厘米，高16厘米，通高19.5厘米（图六六，3）。

铜器：4件，器类有镜、泡钉。

日明方格蟠虺镜　3面，形制相同，纹饰大同小异，大小略有不同。圆形，三弦纽，纽外凹面小方格及双线大方格间各有八字铭文，铭文为"见日之明，天下大明"。纹饰由地纹与主纹组合而成。地纹为斜线纹及重叠三角纹。大方格将圆面分成的四区内各置一虺纹，虺纹由三个C形相连，中间C形大且中心有一枚乳钉纹，两侧C形较小，与大C形同向配置。匕缘。标本M39：1，直径7.2厘米，缘厚0.2厘米（图六六，4）。标本M39：2，直径7.18厘米，缘厚0.2厘米（图六六，5；彩版四，1）。标本M39：3，直径7.2厘米，缘厚0.22厘米（图六六，6）。

泡钉　1件，标本M39：7。半圆形，中空，下垂一钉。直径1.5厘米，高1.3厘米（图六六，7）。

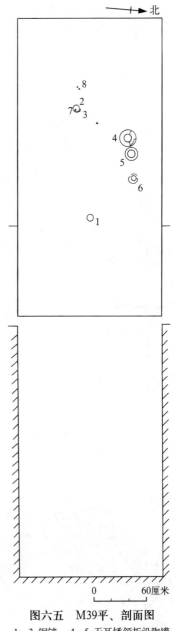

图六五　M39平、剖面图

1～3.铜镜　4～5.无耳矮领折沿陶罐
6.陶小壶　7.铜泡钉　8.牙齿

40号墓

1.墓葬形制

该墓开口于耕土层和扰土层之下，距地表深190厘米，方向86°。墓葬形制为竖穴土坑墓，平面呈长方形。墓室长260厘米，宽200厘米，底距地表280厘米。墓室四壁垂

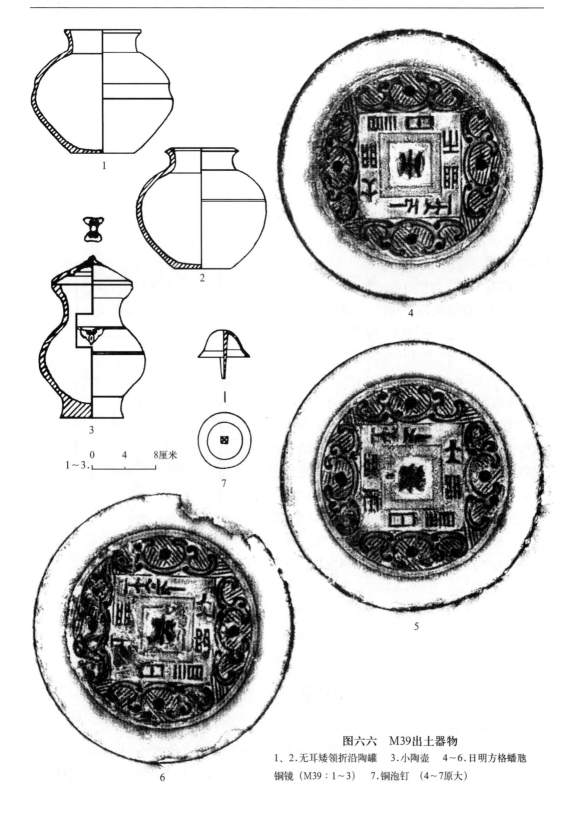

图六六　M39出土器物

1、2.无耳矮领折沿陶罐　3.小陶壶　4～6.日明方格蟠虺

铜镜（M39：1～3）　7.铜泡钉　（4～7原大）

直无收分，室内填五花沙土，土质疏松，未夯打。从墓底的灰痕分辨出葬具为单棺，随葬品主要放置在棺内，出土有小口陶瓮1、陶鼎1、陶盒1、铜镜1、铁钩2（图六七）。

葬具：位于墓室中东部。质地为木质棺，从朽木灰痕看，棺长190厘米，宽100厘米。

葬式：不详。

2.随葬品

该墓共出土随葬品6件，质地有陶、铜、铁。分述如下：

陶器：3件，均为泥质灰陶，器类有鼎、盒、小口瓮。

鼎 1件，标本M40：3。子母口内敛，鼓腹，圜底，外附长方形竖耳，底附三马蹄形足，足根部正面饰有人面像。腹部折出一条棱线。上承浅覆钵形盖。盖径22.4厘米，高5.5厘米，鼎口径21.8厘米，高17厘米，通高20厘米（图六八，1）。

盒 1件，标本M40：6。覆碗形盖，顶有矮圈足形捉手，弧顶。器身子母口内敛，折腹较深，平底。盖和器身

北

图六七　M40平、剖面图
1.小口陶瓮　2.铜镜　3.陶鼎　4、5.铁钩　6.陶盒

各饰凹弦纹一周。口径22.2厘米，底径10.4厘米，高9.5厘米，通高19厘米（图六八，2）。

小口瓮 1件，标本M40：1。平口折沿、方唇，矮颈，斜折肩，下腹弧收，平底。肩和腹部饰有间断绳纹。口径15.2厘米，肩径40.8厘米，底径15.2厘米，高36厘米（图六八，3）。

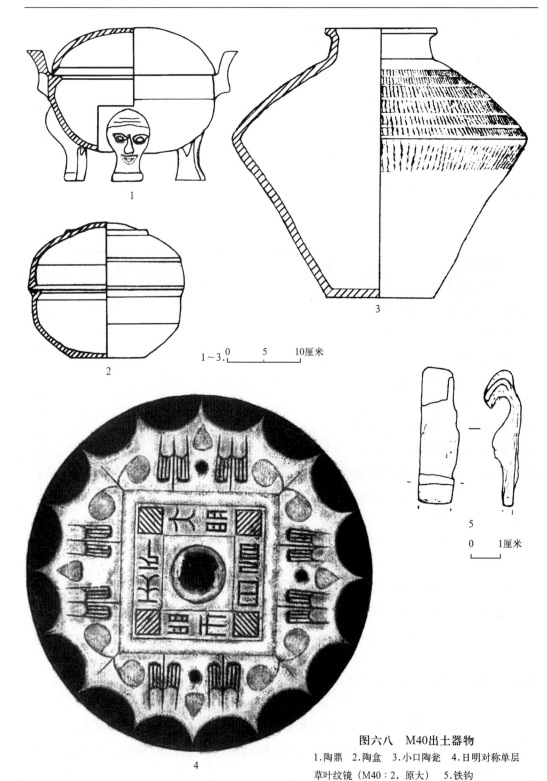

1~3. 0　　5　　10厘米

0　　1厘米

图六八　M40出土器物

1.陶鼎　2.陶盒　3.小口陶瓮　4.日明对称单层
草叶纹镜（M40：2，原大）　5.铁钩

日明对称单层草叶纹镜　1面，标本M40：2。圆形。半球纽。圆纽座。纽座外一细线小方格和凹面双线大方格间按顺时针方向均佈八字铭文，铭文为"见日之明，天下大明"。外方格四内角各有一个对称斜线纹方格，四外角则向外伸出一株双叶花枝纹，将镜背纹饰分为四区，每区中心点外各一乳钉，乳钉上方一桃形花苞，两侧各一对称单层草叶纹。内向十六连弧纹缘。直径9.45厘米，缘厚0.18厘米（图六八，4）。

铁钩　2件（1件已成碎块），标本M40：4、5。残。铁片一端窝成半圆形。残长4.6厘米，宽1.3厘米（图六八，5）。

41号墓

1.墓葬形制

该墓开口于耕土层和扰土层之下，距地表深130厘米，方向282°。墓葬形制为竖穴土坑墓，平面呈长方形，墓口大于墓底，墓壁垂直无收分，四边设二层台，台宽32～56厘米，台高120厘米。墓室口长396厘米，宽275厘米，墓底长330厘米，宽190厘米，底距地表340厘米。室内填五花沙土，土质疏松，未夯打。随葬品主要放置在墓室中南部，出土有无耳矮领折沿陶罐1、陶车轮2、陶瓶1、小口陶瓮1、铜钱13、铜环1（图六九）。

葬具、葬式：不详。

2.随葬品

该墓共出土随葬品6件，另有铜钱13枚，质地有陶、铜。分述如下：

陶器　5件，均为泥质灰陶，器类有小口瓮、罐、车轮、瓶。

无耳矮领折沿罐　1件，标本M41：5。口稍侈，平口折沿，方唇，矮颈，溜肩，鼓腹、平底。肩部饰宽凹弦纹一周。口径10.2厘米，腹径21.5厘米，底径10厘米，高20厘米（图七〇，1）。

瓶　1件，标本M41：6。侈口，平口折沿，方唇，高领，圆肩，鼓腹、下腹内收，平底。最大腹径在上部。口径9.4厘米，腹径14.4厘米，底径10.2厘米，高20厘米（图七〇，2）。

小口瓮　1件，标本M41：7。平口折沿，方唇，矮颈，圆肩，鼓腹、下腹斜收，小平底。最大腹径在上部。肩和腹部饰间断绳纹。口径14厘米，腹径39.2厘米，底径16厘米，高34厘米（图七〇，3）。

车轮　2件，标本M41：3、4。圆环形，断面呈六边形。牙内凿有20个安装辐条的孔。轮外径30厘米，内径26.5厘米，凿孔间距3.5厘米，牙宽1.0厘米，厚1.0厘米（图七〇，4）。

铜环　1件，标本M41：2。圆环形，断面呈圆形。外径2.8厘米，内径2.2厘米。

铜钱　13枚，其中2枚钱不清，仅能看出为半两钱，标本M41：1。均为半两钱，圆

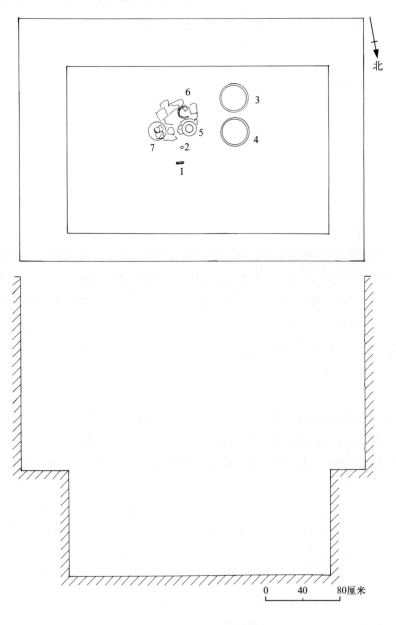

图六九　M41平、剖面图
1.铜钱　2.铜环　3、4.陶车轮　5、6.陶罐　7.小口陶瓮

形方穿。分三式。

Ⅰ式：6枚，钱纹"两"字中间不出头，两个人字上部三竖划缩短呈波浪形。标本 M41∶1-1，直径2.25厘米，穿径0.6厘米（图七〇，5）。

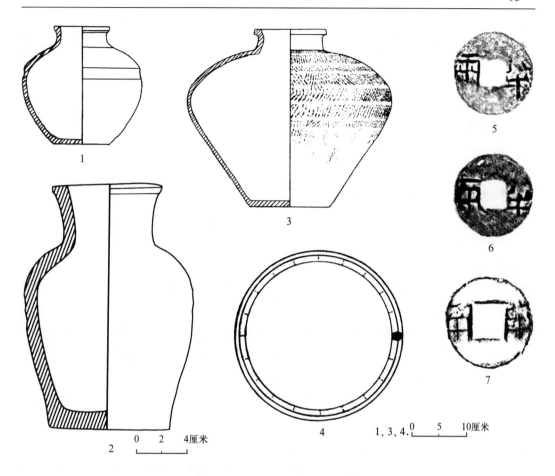

图七〇 M41出土陶器、铜钱币

1.无耳矮领折沿陶罐（M41∶5） 2.陶瓶（M41∶6） 3.小口陶瓮（M41∶7） 4.陶车轮（M41∶3） 5.Ⅰ式
铜半两钱（M41∶1-1） 6.Ⅱ式铜半两钱（M41∶1-2） 7.Ⅲ式铜半两钱（M41∶1-3）（5～7原大）

Ⅱ式：4枚，钱纹"两"字中间不出头，两个人字迳作横划。标本M41∶1-2，字体笔画较粗。直径2.2厘米，穿径0.7厘米（图七〇，6）。

Ⅲ式：1枚，有外郭。钱纹"两"字中间不出头，两个人字迳作横划。标本M41∶1～3。直径2.4厘米，穿径0.9厘米（图七〇，7）。

42号墓

1.墓葬形制

该墓开口于耕土层和扰土层之下，距地表深120厘米，方向84°。此墓因盗扰已全毁。从墓框平面看，呈长方形，墓葬形制为砖室墓。墓室长320厘米，宽210厘米，底距地表150厘米。在墓室西南部，出土有陶狗1、陶釜2、陶磨1、陶鸡1、陶猪圈1、铜钱

4，另在室内扰土中出土有鼎、井、博山炉盖等残陶片（图七一）。

葬具、葬式：不详。

2.随葬品

该墓共出土6件随葬品和一些陶片，另有铜钱4枚，质地有陶、铜。分述如下：

陶器：6件和一些残陶片，均为泥质灰陶。器类有狗、釜、磨盖、鸡、猪圈、鼎、井、博山炉盖等。

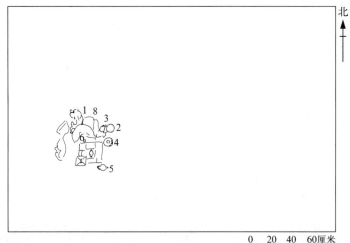

图七一　M42平面图
1.陶狗　2、3.陶釜　4.陶磨盖　5.陶鸡　6.铜钱　7.陶猪圈　8.陶片

猪圈　1件，标本M42：7。两端各有一望亭，四阿式顶，亭前各有一4.4厘米×1.6厘米的长方形小门。院前部有两个长方形小门，圈内底部有三个圆形孔，院内立有一猪。圈长18厘米，宽22厘米，厚壁高7.2厘米，通高20厘米（图七二，1）。

狗　1件，标本M42：1。左卧姿，竖耳，鼓目，昂首，卷尾落地，内空。体长27厘米，高20.5厘米（图七二，2）。

鸡　1件，标本M42：5。立姿。体长9.9厘米，高11.6厘米（图七二，3）。

磨　1件，标本M42：4。残，仅存磨盖。盖中部有两个相对应的半圆形磨眼，安柄处作兽形。盖径9.5厘米，2.5厘米（图七二，4）。

釜　2件，标本M42：2、3。形制相同，大小不同。敛口，圆唇，折腹，平底。口径4.2厘米，腹径7.2厘米，底径3.8厘米，高3厘米（图七二，5）。

陶片：因残缺而无法复原。器类有鼎、井、博山炉式盖等。

铜钱　4枚，其中1枚残，仅能看出为五铢钱，标本M42：6。均为五铢，圆形方穿，钱的正、反两面均有郭。分二型。

A型　2枚，标本M42：6-1。钱郭径2.6厘米，穿径1.0厘米，厚0.12厘米。正面穿上无横郭。两笔微曲，与上、下二横交接处是垂直的，朱字头上笔微圆折，下笔圆折（图七二，6）。

B型　1枚，标本M42：6-2。郭的一部分被剪掉。径2.4厘米，穿径1.0厘米，厚0.1厘米。正面穿上无横郭。两笔微曲，与上、下二横交接处是垂直的，朱字头上笔圆折，下笔微圆折（图七二，7）。

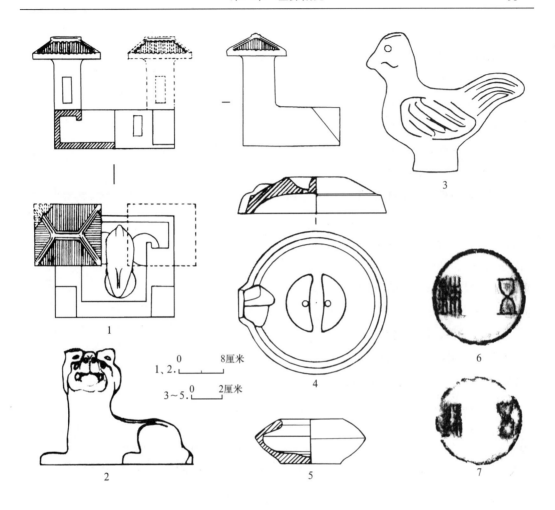

图七二　M42出土陶器、铜钱币
1.陶猪圈（M42：7）　2.陶狗（M42：1）　3.陶鸡（M42：5）　4.陶磨盖（M42：4）
5.陶釜（M42：2）　6.A型铜五铢钱（M42：6-1）　7.B型铜五铢钱（M42：6-2）（6、7原大）

43号墓

1.墓葬形制

该墓开口于耕土层和扰土层之下，距地表深130厘米，方向84°。北与M12相邻，且互相平行，相间仅30厘米。墓葬形制为竖穴土坑墓，平面呈长方形。墓室长320厘米，宽210厘米，底距地表234厘米。墓室四壁垂直无收分，室内填五花沙土，土质疏松，未夯打。从墓底的灰痕分辨出葬具为单棺，在棺内中北部出土陶车轮2件、棺外西部和北部出土小口瓮1、铜环3、铁削1（图七三；图版二，1）。

葬具：位于墓室南部。质地为木质棺，从朽木灰痕看，棺长200厘米，宽90

厘米。

　　葬式：不详。

　　2.随葬品

　　该墓共出土随葬品7件，质地有陶、铜、铁。分述如下：

　　陶器：3件，均为泥质灰陶，器类有车轮、小口瓮。

　　小口瓮　1件，标本M43∶1。侈口，双唇，矮颈，折肩，下腹弧收，平底。肩部饰凹弦纹一周，肩、腹部饰绳纹。口径15.6厘米，肩径42厘米，底径18厘米，高31厘米（图七四，1）。

　　车轮　2件，标本M43∶2、3。形制及大小相同。圆环形，断面呈六边形。牙内凿有18个安装辐条的孔，有的孔内留有辐

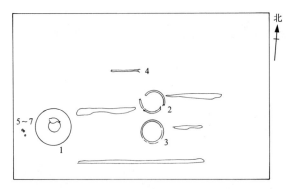

图七三　M43平、剖面图
1.小口陶瓮　2、3.陶车轮　4.铁削　5~7.铜环

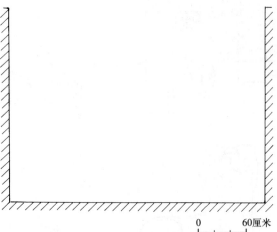

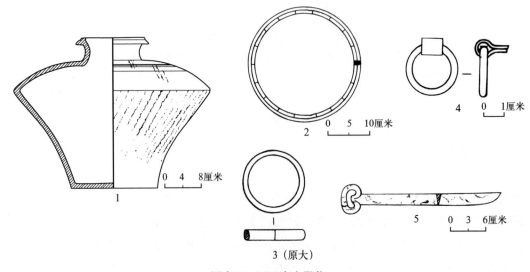

图七四　M43出土器物
1.小口陶瓮（M43∶1）　2.陶车轮（M43∶2）　3.铜环（M43∶5）　4.铜环（M43∶6）　5.铁削（M43∶4）

条朽木痕迹。轮外径27厘米，内径23.5厘米，凿孔间距4厘米，牙宽0.7厘米，厚1.0厘米（图七四，2）。

铜环　3件，形制相同，大小不同。断面呈圆形。标本M43：5，外径2.4厘米，内径2.0厘米（图七四，3）。标本M43：6、7。环上套有扁形铁条。外径2.0厘米，内径1.5厘米（图七四，4）

铁削　1件，标本M43：4。刀背直，刃部亦直，仅在刀末一小段斜杀呈弧形，断面呈三角形。刀本成一环，环成扁圆形。长27.3厘米（图七四，5）。

44号墓

1.墓葬形制

该墓开口于耕土层和扰土层之下，距地表深230厘米，方向24°。墓葬形制为竖穴土坑墓。平面呈长方形。墓室长470厘米，宽260厘米，底距地表深340厘米。墓室四壁垂直无收分，室内填五花沙土，未夯打。随葬品放置在墓室西北部，仅出土一面铜镜（图七五）。

葬具、葬式：不详。

2.随葬品

该墓共出土随葬品1件，质地铜，器类为镜。

圈带蟠螭镜　1面，标本M44：1。圆形。三弦纽。外围一周凹面圈形带。纹饰由地纹与主纹组合而成，地纹为斜线纹及重叠三角纹。主纹是四乳钉及由C形弧线连续相接形成的四个S形螭纹。之外为内向十六连弧纹带。七缘。直径7.5厘米，缘厚0.2厘米（图七六）。

图七五　M44平、剖面图
1.铜镜

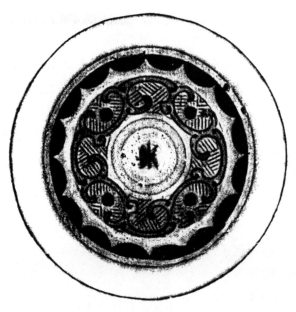

图七六　M44出土圈带蟠虺镜拓片（M44：1，原大）

45号墓

1.墓葬形制

该墓开口于耕土层和扰土层之下，距地表深170厘米，方向270°。墓葬形制为竖穴土坑墓，平面呈长方形。墓室长310厘米，宽139厘米，底距地表深222厘米。墓室四壁垂直无收分，室内填五花沙土，土质疏松，未夯打。随葬品主要放置在墓室西北部，出土有铜镜1、无耳矮领折沿陶罐1（图七七）。

葬具、葬式：不详。

2.随葬品

该墓共出土随葬品2件，质地为陶、铜。分述如下：

无耳矮领折沿陶罐　1件，标本M45：2，为泥质灰陶。侈口，平沿外斜，尖唇，矮颈，圆肩，鼓腹，平底。腹部饰宽凹弦纹一周。口径10.5厘米，腹径17.6厘米，底径9厘米，高15

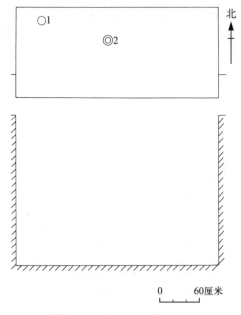

0　　　　60厘米

图七七　M45平、剖面图
1.铜镜　2.无耳矮领折沿陶罐

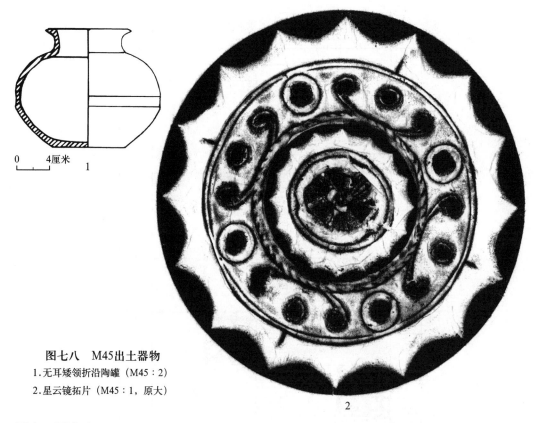

图七八　M45出土器物
1.无耳矮领折沿陶罐（M45：2）
2.星云镜拓片（M45：1，原大）

厘米（图七八，1）。

　　星云镜　1面，标本M45：1。圆形。连峰纽。圆纽座。座内有三月牙纹。其外一周内向十六连弧纹带。之外一周短斜线纹和双弦纹圈带之间为主纹带，四枚圆座乳钉间各有三枚小乳，其中两侧小乳钉纹则用一弧线连接，形成一个弧形四边形。中间小乳钉则与其外侧弦纹圈带上短直线相对应。内向十六连弧纹缘。直径10.15、缘厚0.42（图七八，2）。

46号墓

1.墓葬形制

　　该墓开口于耕土层和扰土层之下，距地表深130厘米，方向262°。此墓因盗扰，墓顶已毁，仅存部分墙体和铺地砖。墓葬形制为砖室墓，平面呈长方形。由南、北两室组成。墓室长350厘米，宽254厘米，底距地表深187厘米。在墓室中部筑有隔墙，把墓室分为南、北二室。墙高57厘米，为一丁一顺垒砌，铺地砖为竖排对缝平铺。砖分两种，一种为长方形小条砖，用于垒砌墙体，长25.5厘米，宽13厘米，厚2.6厘米；一种为菱形花纹方砖，用于铺地，长、宽各40厘米，厚2.5厘米。随葬品均出自室内扰土中，出土

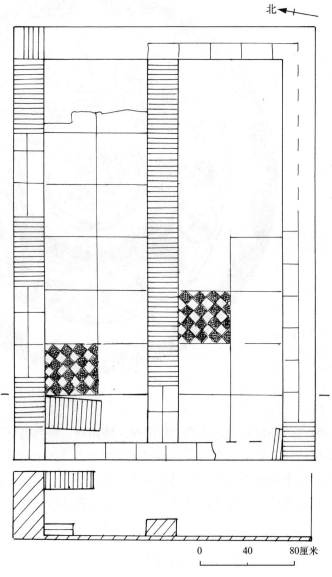

北

0　　40　　80厘米

图七九　M46平、剖面图

有残陶片和铅饰件（图七九）。

葬具、葬式：不详。

2.随葬品

该墓因盗扰，随葬品仅出有陶片和铅饰件。

陶片：均为泥质灰陶。因残缺而无法复原。器类有磨、楼房、炙炉等。

铅饰件：残，已成碎块，无法辨认器形。

47号墓

1.墓葬形制

该墓开口于耕土层和扰土层之下，距地表深230厘米，方向354°。西与M97相邻，且相互平行，间隔仅10厘米。墓葬形制为竖穴土坑墓，平面呈长方形，墓室长248厘米，宽150厘米，底距地表深250厘米。墓室四壁垂直无收分，室内填五花沙土，土质疏松，未夯打。但在底距地表深160厘米处，整个平面的土质为特硬沙土层，似被夯打过，其厚度约60厘米。从墓底的灰痕分辨出葬具为单棺，在棺内分别出土了3件铁器，其余随葬品则放置在棺外的西部，出土有陶鼎1、陶盒1、陶壶1、模型小陶壶1（图八〇）。

葬具：位于墓室东部。质地为木质棺，从朽木灰痕看，棺长210厘米，宽60厘米。

葬式：不详。

2.随葬品

该墓共出土随葬品7件，质地陶、铁。分述如下：

陶器：4件，均为泥质灰陶，器类有鼎、盒、壶、模型小壶。

鼎 1件，标本M47：2。陶质差，已成碎块，无法复原。从残块看鼎足为蹄形足，足根部正面饰有人面像。

盒 1件，标本M47：3。盒体残，无法复原。盒盖覆碗形，顶有矮圈足形捉手，正中有两个相对的铺首纽。中部折出一条棱线。盖口径21.8厘米，高7厘米（图八一，1）。

壶 1件，标本M47：1。斜盘口，宽折沿，弧形颈，颈较粗，圆肩，鼓腹，圜底，折曲状高圈足外撇。盘口底部有凸棱，肩部有对称两铺首形耳，肩和腹部各饰有凹弦纹两周。上承折沿弧形盖，顶部折出一条棱线，正中有两个

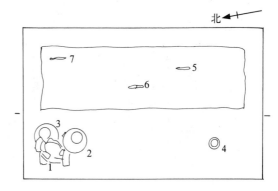

图八〇 M47平、剖面图

1.陶壶 2.陶鼎 3.陶盒 4.陶小壶 5~7.铁器

相对的铺首纽。盖径20厘米，高6.8厘米，壶口径20厘米，腹径29.6厘米，底径20厘米，高36.4厘米，通高42.8厘米（图八一，2；图版九，1）。

模型小壶　1件，标本M47：4。侈口，方唇，微束径，斜肩，鼓腹，假圈足，平底。肩和腹部各饰有凹弦纹一周。口径7.8厘米，腹径11.2厘米，底径6.4厘米，高11.2厘米（图八一，3）。

铁器　3件，标本M47：5~7。残已成碎块，看不出器形。

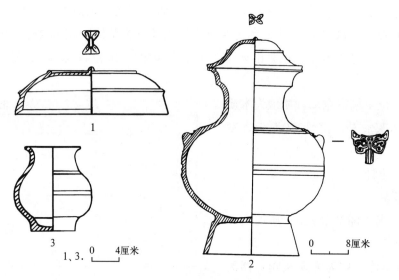

图八一　M47出土陶器
1.盒盖（M47：3）　2.壶（M47：1）　3.模型小壶（M47：4）

48号墓

1.墓葬形制

该墓开口于耕土层和扰土层之下，距地表深180厘米，方向90°。北与M90相邻，且相互平行，间隔仅20厘米。墓葬形制为竖穴土坑墓，平面呈长方形，墓室长320厘米，宽200厘米，底距地表深220厘米。墓室四壁垂直无收分，室内填五花沙土，土质疏松，未夯打。随葬品主要放置在墓室西南角，出土有陶鼎2、陶盒2、陶壶1、小陶壶2（图八二）。

葬具、葬式：不详。

2.随葬品

该墓共出土随葬品7件，均为泥质灰陶，器类有鼎、盒、壶、小壶。

鼎　2件，标本M48：3、4。陶质差，已成碎片，无法复原。从残块看鼎足为蹄形足，足根部正面饰有人面像。

图八二　M48平、剖面图

1、2.陶小壶　3、4.陶鼎　5.陶壶　6、7.陶盒

　　盒　2件，标本M48：6、7。形制大同小异，大小相同。覆碗形盖，顶有矮圈足形捉手，正中有两个相对的铺首纽。器身子母口内敛，深弧腹，平底。盖和器身饰有凹弦纹。口径27.8厘米，底径11.7厘米，高15厘米，通高26厘米（图八三，1；图版九，3）。

　　壶　1件，标本M48：5。斜盘口，宽折沿，弧形颈，颈较粗，溜肩鼓腹，圜底，折曲状高圈足外撇。盘口底部有凸棱，肩部有对称两铺首形耳，肩和腹部饰有凹弦纹三组（每组两周）。上承折沿弧形盖，顶部折出一条棱线，正中有两个相对的铺首纽。盖径26.5厘米，高10厘米，壶口径26.5厘米，腹径44厘米，底径27.5厘米，高55厘米，通高70厘米（图八三，2）。

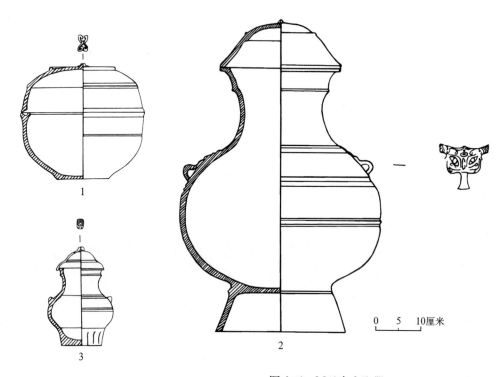

图八三　M48出土陶器

1.盒（M48：6）　2.壶（M48：5）　3.小壶（M48：1）

　　小壶　2件，标本M48：1、2。盘口，微束颈，颈较粗，圆肩，鼓腹，假圈足，平底。盘口下部有凸棱，肩部有对称两铺首形耳，肩和腹各饰有凹弦纹二周，足部有刀削楞痕迹。上承折沿弧形盖，中部饰凹弦纹一周，正中一兽形头纽。盖径11厘米，高4.5厘米，壶口径9.5厘米，腹径15厘米，底径9厘米，高15.5厘米，通高20厘米（图八三，3）。

49号墓

1.墓葬形制

　　该墓开口于耕土层和扰土层之下，距地表深222厘米，方向282°。墓葬形制为竖穴土坑墓，平面呈长方形。墓室长243厘米，宽136厘米，底距地表深270厘米。墓室四壁垂直无收分，室内填五花沙土，土质疏松，未夯打。随葬品主要摆放在墓室的东北部，出土有陶鼎1、陶盒1、陶壶1、模型小陶壶1，铜镜则放置在墓室的西北部（图八四）。

　　葬具、葬式：不详。

2.随葬品

　　该墓共出土随葬品5件，质地有陶、铜。分述如下：

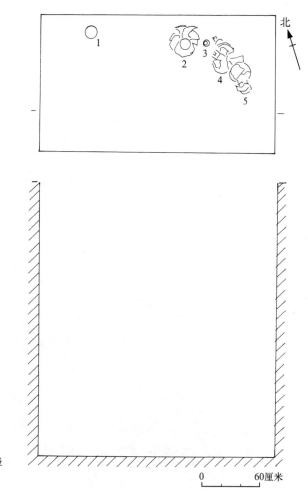

图八四　M49平、剖面图
1.铜镜　2.陶盒　3.小模型陶壶　4.陶鼎　5.陶壶

0　　　　60厘米

　　陶器：4件，均为泥质灰陶，器类有鼎、盒、壶、模型小壶。

　　鼎　1件，标本M49：4。陶质差，已成碎块，无法复原。仅存鼎盖，盖呈浅覆钵形。盖径18.4厘米，高4.8厘米（图八五，1）。

　　盒　1件，标本M49：2。盖陶质差，已成碎块，无法复原。盒体子母口内敛，浅斜腹，平底。口径16.5厘米，底径10厘米，高12厘米。

　　壶　1件，标本M49：5。敞口，尖唇，弧形颈，溜肩，鼓腹，折曲状高圈足外撇。肩部有两个对称的铺首形耳，肩和腹部各饰凹弦纹一周。口径17.5厘米，腹径27厘米，底径17.7厘米，高34厘米（图八五，2）。

　　模型小壶　1件，标本M49：3。侈口，微束颈，溜肩，鼓腹，假圈足，平底。口径4.5厘米，腹径5.8厘米，底径3.5厘米，高6.2厘米（图八五，3）。

　　蟠螭菱纹镜　1面，标本M49：1。圆形。五弦纽。圆纽座。座外围绹纹及凹面形环带各一周。其外两组凸弦纹、短斜线纹间有主纹与地纹组合而成的纹饰带。地纹为圆涡

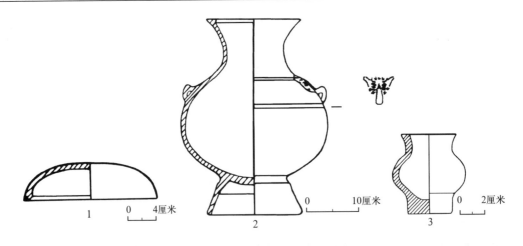

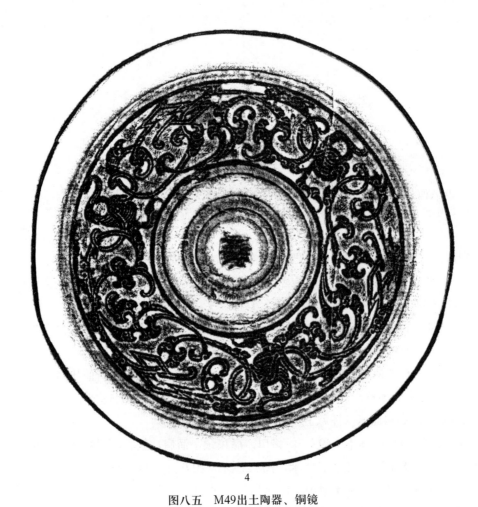

图八五　M49出土陶器、铜镜

1.陶鼎盖（M49：4）　2.陶壶（M49：5）　3.模型小陶壶（M49：3）　4.蟠螭菱纹镜拓片（M49：1，原大）

纹与三角雷纹组成云雷纹。在地纹之上，有三螭禽伫立于纽座外圈上，禽为实心圆点纹眼，长冠上勾，嘴衔卷尾，作回首反顾状，双翼为弧形线条，向两侧展开，翼端向上勾卷。三禽之间配三束缠绕的蔓枝，禽的双翼与蔓枝勾连，各束蔓枝又与菱形纹相接。主纹皆双线。素卷缘。直径11.8厘米，缘厚0.5厘米（图八五，4；彩版四，2）。

50号墓

1.墓葬形制

该墓开口于耕土层和扰土层之下，距地表深200厘米，方向0°。墓葬形制为竖穴土坑墓，平面呈长方形。墓室长216厘米，宽120厘米，底距地表深300厘米。墓室四壁垂直无收分，室内填五花沙土，土质疏松，未夯打。随葬品主要放置在墓室的东南部，出土有铜镜1、铜带钩1、无耳高领折沿陶罐1（图八六）。

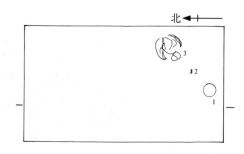

葬具、葬式：不详。

2.随葬品

该墓共出土随葬品3件，质地有陶、铜。分述如下：

无耳高领折沿陶罐　1件，标本M50：3。泥质灰陶。侈口，平沿外斜，圆唇，高领，圆肩，鼓腹，平底。口径11.2厘米，腹径20.8厘米，底径11.2厘米，高20厘米（图八七，1）。

铜器：2件，器类有镜、带钩。

蟠螭菱纹镜　1面，标本M50：1。圆形。三弦纽。圆纽座。纽座外一周凹面形圈带。之外两周短斜线纹间有地纹与主纹组合而成的纹饰带。地纹为不清晰的云雷纹。主纹为四蟠螭纹，蟠螭头近缘处，张嘴，身躯及足呈弧形蔓枝蜷曲。四螭之间有四折叠菱形纹相隔。素卷缘。直径12.7厘米，缘厚0.15厘米（图八七，2）。

带钩　1件，标本M50：2。残，无法复原。

0　　　　60厘米

图八六　M50平、剖面图
1.铜镜　2.铜带钩　3.无耳高领折沿陶罐

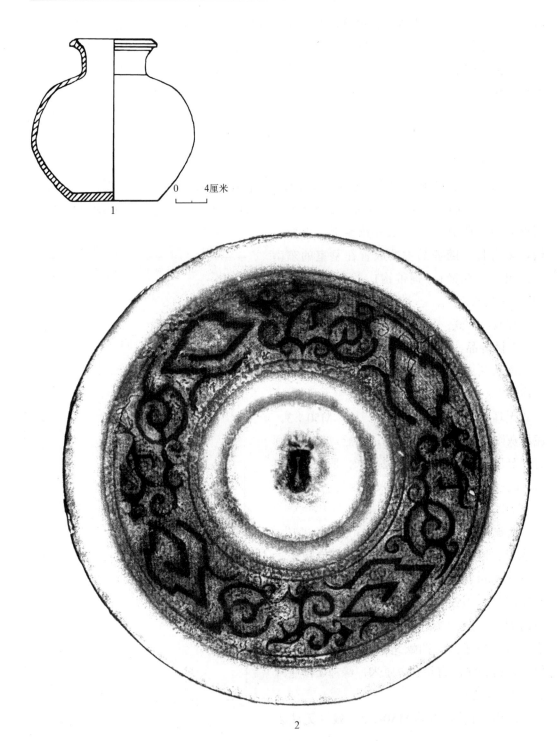

图八七　M50出土陶器、铜镜

1.无耳高领折沿陶罐（M50：3）　2.蟠螭菱纹镜拓片（M50：1，原大）

51号墓

1.墓葬形制

该墓开口于耕土层和扰土层之下，距地表深186厘米，方向354°。墓葬形制为竖穴土坑墓，平面呈长方形。墓室长308厘米，宽180厘米，底距地表深314厘米。墓室四壁垂直无收分，室内填五花沙土，土质疏松，未夯打。随葬品主要放置在墓室的西南部。出土陶鼎1、陶盒1、陶壶1、模型小陶壶1、无耳高领折沿陶罐1、铜镜1（图八八）。

葬具、葬式：不详。

2.随葬品

该墓共出土随葬品6件，质地有陶、铜。分述如下：

陶器：5件，均为泥质灰陶，器类有鼎、盒、壶、模型小壶、无耳高领折沿罐等。

鼎 1件，标本M51：4。子母口内敛，鼓腹，圜底，外附长方形竖耳，底附三马蹄形矮足。上承浅覆钵形盖。盖径18.8厘米，高4.4厘米，鼎口径18厘米，高14厘米，通高15.6厘米（图八九，1）。

盒 1件，标本M51：3。覆碗形盖，顶有矮圈足形捉手。器身子母口内敛，浅斜腹，平底，稍内凹。口径16.5厘米，高7厘米，通高13.5厘米（图八九，2）。

壶 1件，标本M51：2。敞口，弧形颈，圆肩，鼓腹，折曲状宽圈足外撇。肩部有两个对称的铺首形耳，肩和腹部饰有凹弦纹。上承浅覆钵形盖。盖径18.5厘米，高4厘米，壶口径17.5厘米，腹径26.5厘米，底径17.5厘米，高

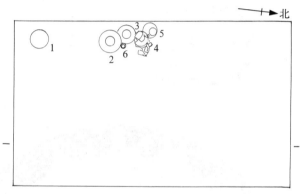

图八八 M51平、剖面图

1.铜镜 2.陶壶 3.陶盒 4.陶鼎 5.陶罐 6.陶小壶

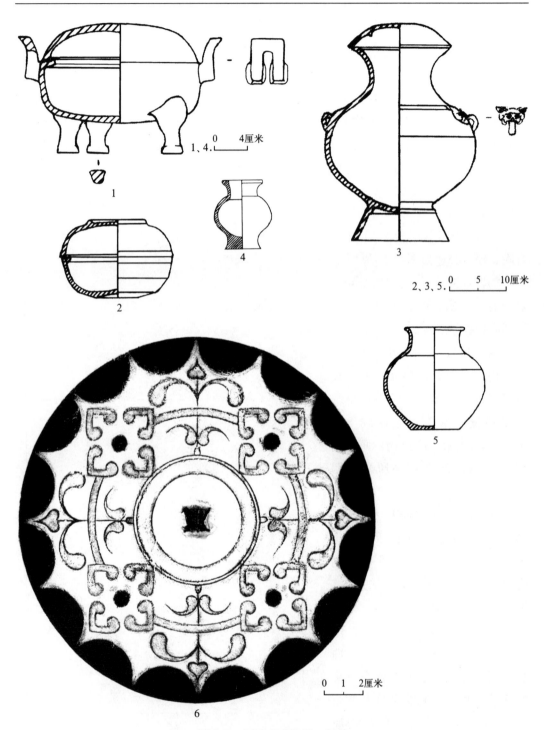

1、4.　0　　　4厘米

2、3、5.　0　　5　　10厘米

0　1　2厘米

6

图八九　M51出土陶器、铜镜

1.陶鼎（M51：4）　2.陶盒（M51：3）　3.陶壶（M51：3）　4.模型小陶壶（M51：6）
5.无耳高领折沿陶罐（M51：5）　6.圈带四花瓣四花叶镜拓片（M51：1）

35厘米，通高39厘米（图八九，3）。

模型小壶　1件，标本M51：6。侈口，平口折沿，圆唇，束颈，溜肩，鼓腹，假圈足，平底。口径4.6厘米，腹径6.8厘米，底径4.2厘米，高7.8厘米（图八九，4）。

无耳高领折沿罐　1件，标本M51：5。侈口，圆唇，高领，溜肩，鼓腹，平底。肩部饰凹弦纹二周。口径10.5厘米，腹径18.5厘米，底径8.7厘米，高19.5厘米（图八九，5）。

圈带四花瓣四花叶镜　1面，标本M51：1。圆形。三弦纹纽。纽外有大小两个凹面形圈带，大圈带上均匀叠压着四枚乳钉纹，乳钉围以桃形四花瓣，构成一朵盛开的花瓣纹。四乳钉间有一苞二叶纹与双叶纹分别位于大圈带内外，叶纹不仅大小不同，而且方向相反。内向十六连弧纹缘。直径18.55厘米，缘厚0.36厘米（图八九，6；彩版四，3）。

52号墓

1.墓葬形制

该墓开口于耕土层和扰土层之下，距地表深140厘米，方向83°。此墓因盗扰，墓室已全毁，仅存部分铺地砖。从墓框平面看，呈长方形，墓葬形制为砖室墓。墓室长510厘米，宽220厘米，底距地表250厘米。铺地砖为竖排错缝平铺，砖均为长方形小条砖，长27厘米，宽13.5厘米，厚5厘米。随葬品仅在室内扰土中出土1件陶猪圈。

葬具、葬式：不详。

2.随葬品

陶猪圈　1件，标本M52：1。两端各有一望亭，四阿式顶，亭前各有一长2.8、宽1.6厘米的长方形小门。院前部有一长方形小门，门宽3.6厘米，高4厘米。猪圈长23厘米，宽26.8厘米，后壁高10厘米，通高20厘米（图九〇）。

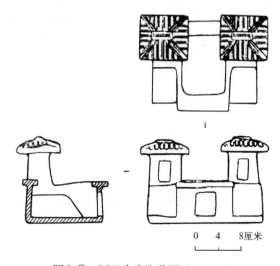

图九〇　M52出土陶猪圈（M52：1）

53号墓

1.墓葬形制

该墓开口于耕土层和扰土层之下，距地表深150厘米，方向90°。此墓因盗扰，墓室顶部已毁。墓葬形制为砖室墓，平面呈长方形。墓室长320厘米，宽146厘米，底距地表深340厘米。墙残高50厘米，为一丁二顺垒砌，铺地砖为人字形平铺。随葬品均出自室内扰土中，出土有陶奁1、陶壶1、陶灯1、陶器盖1、陶方盒1、铜钱2枚（图九一）。

葬式、葬具：不详。

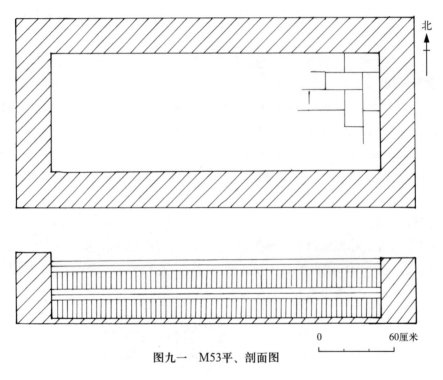

北

0　　　　60厘米

图九一　M53平、剖面图

2.随葬品

该墓共出土随葬品5件，另有铜钱2枚。质地有陶、铜。分述如下：

陶器：共5件，陶质有泥质灰陶和泥质红陶，红陶外饰黄褐色釉，器类有奁、壶、灯、器盖、方盒。

壶　1件，标本M53：2。泥质红陶，施黄褐色釉。斜直盘口，方唇，束长颈，颈较粗，圆肩，鼓腹，折曲状矮圈足。肩部有两个对称的辅首形耳，肩、腹部各饰凹弦纹三周。口径16厘米，腹径32.8厘米，底径16厘米，高42厘米（图九二，1；图版九，2）。

奁　1件，标本M53：1。泥质灰陶。由盒盖和盒体两部分组成，均圆筒形，盖顶为圆弧形，盒盖口部微内敛。盒体平底。盒盖口径22.5厘米，高21.4厘米，盒体口径16厘米，底径19.7厘米，高20.8厘米，通高25.6厘米（图九二，2；图版九，4）。

方盒　1件，标本M53：6。泥质灰陶。由盒盖和盒体两部分组成。盒盖顶部为长方形凹槽，四角各饰一乳钉。盒体系长方形槽状，底部有四乳钉。盒盖长42.1厘米，宽16.4厘米，高14厘米，盒体长39.9厘米，宽14.4厘米，高13厘米，通高18.8厘米（图九二，3；图版九，5）。

灯　1件，标本M53：3。泥质灰陶。浅盘，斜折壁，平底，中心凸出一锥柱。圆柱形高柄，喇叭形底座，座表面呈阶梯形。盘口径10.7厘米，底径10.3厘米，高13.6厘米

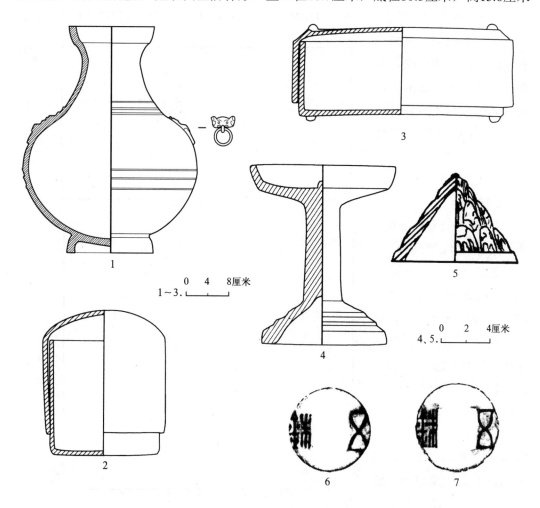

图九二　M53出土陶器、铜钱币

1.陶壶（M53：2）　2.陶奁（M53：1）　3.陶方盒（M53：6）　4.陶灯（M53：3）

5.陶器盖（M53：4）　6、7.铜五铢钱拓片（M53：5-1、2，原大）

（图九二，4）。

器盖　1件，标本M53：4。泥质红陶，外施黄褐色釉。博山炉式盖，盖上模印着山峦、动物、树木及人物等纹饰。口径10.5厘米，高7厘米（图九二，5）。

铜钱　2枚。均为五铢钱，圆形方穿。郭的一部分被磨掉。标本M53：5-1、2，直径2.3厘米，穿径0.9厘米，厚0.13厘米（图九二，6、7）。

54号墓

1.墓葬形制

该墓开口于耕土层和扰土层之下，距地表深235厘米，方向48°。墓葬形制为竖穴土坑墓。平面呈长方形。墓室长310厘米，宽160厘米，底距地表深270厘米。墓室四壁垂直无收分，室内填五花沙土，土质疏松，未夯打。随葬品主要放置在墓室北部，出土有双耳陶罐1、无耳高领折沿罐1件（图九三）。

葬具、葬式：不详。

2.随葬品

共2件，均为泥质灰陶罐。分无耳和有耳两种。

无耳高领折沿罐1件，标本M54：1。侈口，平沿外斜，尖唇，束颈，高领，圆肩，鼓腹，平底。口径12厘米，腹径20.5厘米，高18.5厘米（图九四，1）。

双耳罐　1件，标本M54：2。侈口，尖唇，高束颈，丰肩，扁鼓腹，圜底内凹。两牛鼻式耳。上腹饰间断绳纹，下腹部密集的交叉绳纹。口径16厘

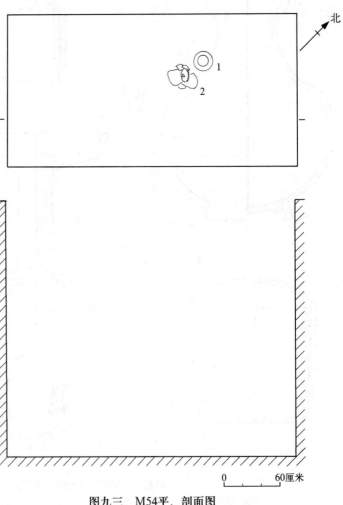

图九三　M54平、剖面图

1.无耳高领折沿罐　2.双耳罐

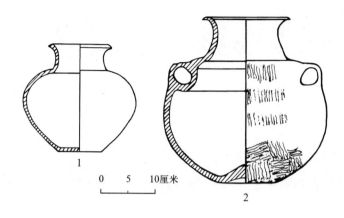

图九四　M54出土陶器
1.无耳高领折沿罐（M54∶1）
2.双耳罐（M54∶2）

米，腹径29.5厘米，高29厘米（图九四，2）。

55号墓

1.墓葬形制

该墓开口于耕土层和扰土层之下，距地表深200厘米，方向84°，此墓因盗扰，墓室顶部已毁，仅存部分墙体和铺地砖。墓葬形制为砖室墓，平面呈长方形，由南前室、南后室和北室组成。墓室长384厘米，宽280厘米，底距地表深330厘米。砖分两种：一种为长方形，用于垒砌墙体和铺地，长33厘米，宽16厘米，厚8厘米；一种为楔形砖，用于砌券顶，长33厘米，宽16.5厘米，厚上宽7厘米，下宽5厘米（图九五）。在室内扰土中出土有陶灶1、陶磨1、陶井1、陶狗1。

前室：平面呈长方形，由南前室和北前室组成。长90厘米，通宽280厘米，中部筑留门隔墙，小券门位于前后室中间，使南北两室相同，底低于后室底24厘米。墙高130厘米，为平砖错缝垒砌，铺地砖从残存部分看，应为人字形平铺。在南前室出土有陶仓1、陶盆2、陶钵1、陶鸡2、陶鸭2、陶甑1、陶盒1、铜钱1。

后室：平面呈长方形，由南后室和北后室组成。长294厘米，通宽280厘米，中部筑有留门隔墙，使南北两室相通，墙高130厘米，为平砖错缝垒砌，铺地砖从残存部分看，应为人字形平铺。

葬具、葬式：不详。

2.随葬品

该墓共出土随葬品14件，另有铜钱1枚。质地有陶、铜。分述如下：

陶器：14件，陶质有泥质灰陶和泥质红陶，红陶外饰黄褐色釉。器类有仓、盆、钵、甑、鸡、鸭、磨、井、狗、灶等。

仓　1件，标本M55∶1。泥质红陶，外施黄褐色釉。残，仅存上半部。小口，圆唇，圆肩，直壁微收。下有熊形足。残高28.5厘米，口径8.5厘米，腹径19.5厘米（图

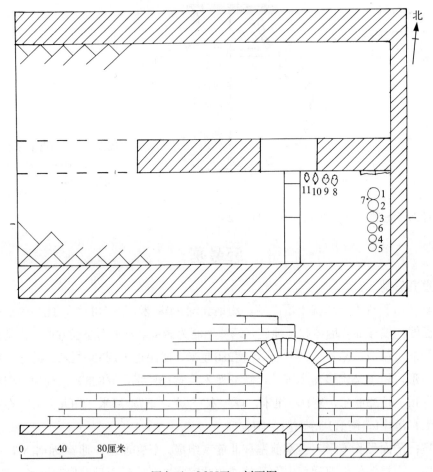

图九五　M55平、剖面图
1.陶仓　2、3.陶盆　4、5.陶钵　6.陶甑　7.铜钱　8、9.陶鸭　10、11.陶鸡

九六，1）。

磨　1件，标本M55：12。泥质红陶，外施黄褐色釉。圆盘，由上、下两部分组成，上扇中部有两个相对应的半月形磨眼，安柄处作兽形。上扇皆饰篦纹。下扇中部隆起，下部与磨盘相连，磨盘呈凹槽形，口径大于底径，斜壁，平底，中空，下有三熊形足。磨径11.4厘米，磨盘径20.6厘米，通高13.5厘米（图九六，2；图版一〇，1）。

井　1件，标本M55：13。泥质红陶，外施黄褐色釉。平口折沿，方唇，圆筒形，斜腹外张，平底。口径19.2厘米，底径17.2厘米，高16厘米（图九六，3）。

盆　2件，均为泥质红陶，施黄褐色釉。形制大同小异，大小不同。口唇平，深弧腹，平底。标本M55：2，腹中部有一凸棱，下部有刀削楞痕迹。口径11.7厘米，底径3.4厘米，高6.4厘米（图九六，4）。标本M55：3，腹部饰有凹弦纹五周。口径10.8厘米，底径4.4厘米，高4.8厘米（图九六，5）。

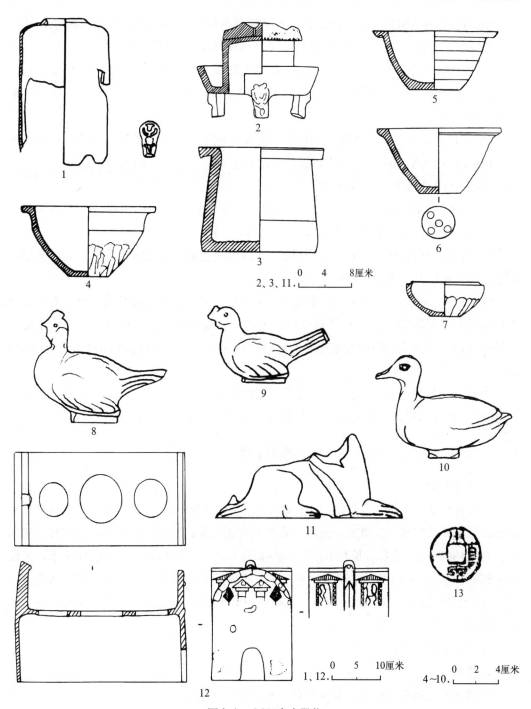

图九六　M55出土器物

1.陶仓（M55：1）　2.陶磨（M55：12）　3.陶井（M55：13）　4、5.陶盆（M55：2、3）　6.陶甑（M55：6）

7.陶钵（M55：4）　8、9.陶鸡（M55：10、11）　10.陶鸭（M55：8）　11.陶狗（M55：14）　12.陶灶（M55：15）

13.小泉值一铜钱拓片（M55：7，原大）

甑　1件，标本M55：6。泥质红陶，外施黄褐色釉。平口折沿，方唇，斜弧腹，小平底，在底部分布着四算孔。口径10.8厘米，底径3.5厘米，高5.5厘米（图九六，6）。

钵　2件，标本M55：4-5。泥质红陶，外施黄褐色釉。形制相同，大小略有不同。敛口，双唇，深弧腹，平底。下部有刀削楞痕迹。口径7厘米，底径2.6厘米，高2.8厘米（图九六，7）。

鸡　2件，泥质红陶，外施黄褐色釉。形制大同小异，大小不同。高冠，卧姿，内空。标本M55：10，昂首。体长12.2厘米，高9.2厘米（图九六，8）。标本M55：11，勾首，翘尾。体长10.6厘米，高7厘米（图九六，9）。

鸭　2件，标本M55：8、9。泥质红陶，外施黄褐色釉。形制相同，大小略有不同。立姿。昂首，肢体丰满。体长12厘米，高8.6厘米（图九六，10）。

狗　1件，标本M55：14。泥质红陶，外施黄褐色釉。头部残，卧姿，卷尾落地，内空。体长28厘米，残高12.6厘米（图九六，11）。

灶　1件，标本M55：15。泥质灰陶。立体长方形，灶台上面开有三个火眼。灶身前后均设有遮烟隔墙，前壁有拱形火门，正面模印着阙和树木。灶身后壁有一象征性的柱形烟囱，烟囱两侧模印着硬山式房屋，屋内各有一人。灶身长36.8厘米，宽16.4厘米，高21.2厘米（图九六，12）。

小泉值一铜钱　1枚，标本M55：7。圆形方穿，钱的正、反两面均有郭。钱郭径1.5厘米，穿径0.4厘米。穿之上下，左右有篆文"小泉值一"（图九六，13）。

56号墓

1.墓葬形制

该墓开口于耕土层和扰土层之下，距地表深130厘米，方向0°。墓葬形制为竖穴土坑墓，平面呈长方形。墓口大于墓底，墓壁垂直无收分，四边设二层台，台宽70～50厘米，台高136厘米。墓室口长470厘米，宽340厘米，墓底长360厘米，宽216厘米，底距地表深416厘米。室内填五花沙土，未夯打。随葬品主要放置在墓室的南部、西北部，出土有陶壶2、陶鼎2、陶盒2、铁钩9、铜环5、铜环圈1、铜铃10、陶盖弓帽51、铜带钩1、铁锸3（图九七；彩版一）。

葬具、葬式：不详。

2.随葬品

该墓共出土随葬品86件，质地有陶、铜、铁。分述如下：

陶器：共57件，均为泥质灰陶，器类有鼎、盒、壶、盖弓帽。

鼎　2件，标本M56：3-4。形制及大小相同。子母口内敛，鼓腹，圜底，外附长方形竖耳，底附三马蹄形足，足根部正面饰有人面像。腹部折出一条棱线。盖径25.2厘

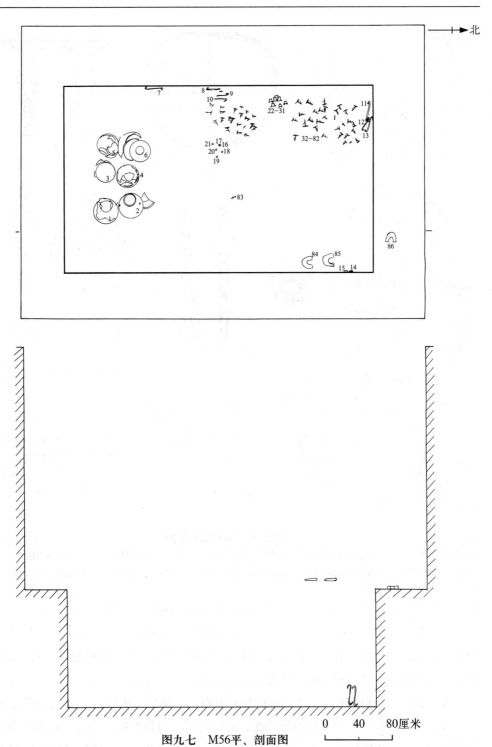

图九七　M56平、剖面图

1、2.陶壶　3、4.陶鼎　5、6.陶盒　7~15.铁钩　16~20.铜环　21.铜环圈

22~31.铜铃　32~82.陶盖弓帽　83.铜带钩　84~86.铁镅

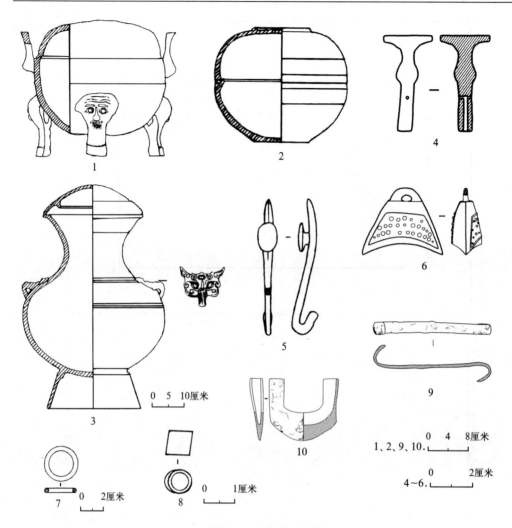

图九八　M56出土器物

1.陶鼎（M56：3）　　2.陶盒（M56：5）　　3.陶壶（M56：1）　　4.陶盖弓帽（M56：32）　　5.铜带钩（M56：83）
6.铜铃（M56：22）　7.铜环（M56：16）　8.铜环圈（M56：21）　9.铁钩（M56：7）　10.铁锸（M56：84）

米，高7.2厘米，鼎口径25.6厘米，高22.4厘米，通高25.2厘米（图九八，1）。

　　盒　2件，标本M56：5-6。形制及大小相同。覆碗形盖，顶有矮圈足形捉手。器身子母口内敛，弧鼓腹较深，平底。盖和器身各饰凹弦纹二周。口径25.8厘米，底径10.5厘米，高12厘米，通高22厘米（图九八，2；图版一〇，2）。

　　壶　2件，标本M56：1、2。形制及大小相同。敞口，平折沿，方唇，弧形颈，圆肩，扁鼓腹，圜底，折曲状高圈足外撇。肩部有两个对称的铺首形耳，肩和腹部各饰有凹弦纹二周。上承弧形盖，盖顶折出一条棱线。壶内涂朱砂。盖径27厘米，高7.5厘米，壶口径27.6厘米，腹径39厘米，底径5.2厘米，高52厘米，通高60厘米（图九八，3）。

盖弓帽 51件，标本M56：32～82。形制及大小相同。外涂朱砂。圆筒形，中空成銎，顶部饰一圆片，在器中上部有一圆球，球中部有一穿孔。顶部直径1.9厘米，底部口径1厘米，高3.8厘米（图九八，4）。

铜器：17件，器类有环、环圈、铃、带钩等。

带钩 1件，标本M56：83。钩首为蛇头形钩，身呈琵琶形，腹部较长，背部有圆柱帽形椭圆纽，尾尖。长6.6厘米（图九八，5；彩版六，3）。

铃 10件，标本M56：22～31。形制及大小相同。半圆环形纽，身较扁，器内部悬一舌，身上饰乳钉纹。高3厘米，下缘宽4厘米（图九八，6；彩版六，4）。

环 5件，标本M56：16～20。形制相同，大小不同。断面呈圆形。直径在1.7～3厘米（图九八，7）。

环圈饰 1件，标本M56：21。如一两端不闭塞的直筒，中空。口径0.8厘米，高0.8厘米（图九八，8）。

铁器：12件，器类有钩、锸。

钩 9件，标本M56：7～15。形制及大小相同。扁铁条，窝呈"S"形。长23.8厘米（图九八，9）。

锸 3件，标本M56：84～86。形制及大小相同。平面作"凹"字形，侧面作"V"字形，后面较平，前面刃上部微鼓，顶部长方形銎口，刃呈弧形，单面刃。通长11.5厘米，銎口长12.4厘米，刃部宽3.6厘米（图九八，10；彩版六，6）。

57号墓

1.墓葬形制

该墓开口于耕土层和扰土层之下，距地表深160厘米，方向72°，M91打破墓室的南部，打破深度为180厘米，未及底。墓葬形制为竖穴土坑墓，平面呈长方形。墓室长330厘米，宽234厘米，地距地表深260厘米。墓室四壁垂直无收分，室内填五花沙土，土质疏松，未夯打。从墓底的灰痕分辨出葬具为单棺。在棺内放置有铜带钩1、铜钱7、铁剑1、铁刀1、石塞1。大件随葬品则主要放置在棺外西南部，出土有陶鼎1、陶盒1、陶壶1、模型小陶壶1、铜器耳1、铅车害1、铅衔1、铁戈1、铜镜1、铜刷1、（图九九，1）。在随葬品下部向下约25厘米，有一片圆形泥柱，泥柱粗细均匀，直径均为2.5厘米，长度5厘米左右，最长有13厘米，其用途不明（图九九，2）。

葬具：位于墓室北部。质地木质棺，从朽木灰痕看，棺痕残长106厘米，宽约60厘米。

葬式：不详。

2.随葬品

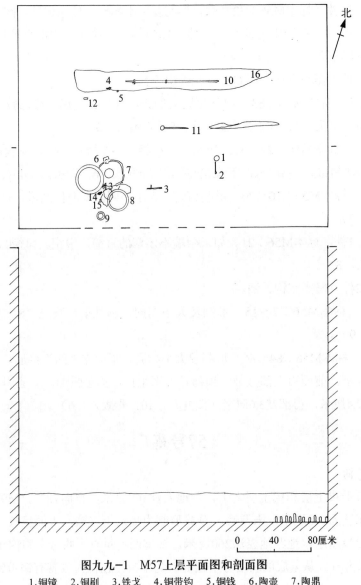

图九九-1　M57上层平面图和剖面图

1.铜镜　2.铜刷　3.铁戈　4.铜带钩　5.铜钱　6.陶壶　7.陶鼎
8.陶盒　9.模型小陶壶　10.铁剑　11.铁刀　12.石塞　13.铅车害
14.铜器耳　15.铅衔　16.棺痕

该墓共出土随葬品14件，另有铜钱7枚，质地有陶、铜、铁、铅。分述如下：

陶器：4件，均为泥质灰陶，器类有鼎、盒、壶、模型小壶。

鼎　1件，标本M57：7。子母口内敛，鼓腹，圜底。外附长方形竖耳，底附三马蹄形足，足根部正面饰有人面像。腹部饰凹弦纹三周。上承覆碗形盖，顶有矮圈足形捉手，正中有两个相对的铺首纽，中部折出一条棱线。盖径23.6厘米，高8厘米。鼎口径

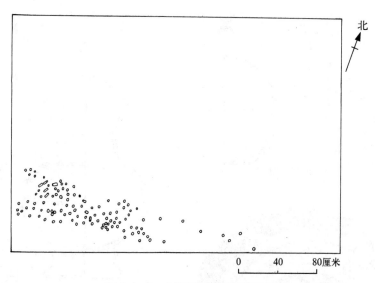

图九九-2　M57下层泥柱平面图

24厘米，高21.5厘米，通高26厘米（图一〇〇，1；图版一〇，5）。

盒　1件，标本M57：8。覆碗形盖，顶有矮圈足形捉手，正中有两个相对的铺首纽。器身子母口内敛，深弧腹，平底。口径22.5厘米，底径10.5厘米，高10.3厘米，通高22.6厘米（图一〇〇，2；图版一〇，4）。

壶　1件，标本M57：6。斜盘口，窄折沿，弧形颈，颈较粗，溜肩，鼓腹，圜底，折曲状高圈足外撇。盘口底部有凸棱，肩部有两个对称的铺首形耳，肩、腹部饰凹弦纹二周。上承折沿扁体盖，圆弧顶，盖顶有矮圈足形捉手，正中有两个相对的铺首形纽。盖径23厘米，高9厘米，壶口径22.5厘米，腹径33厘米，底径22.5厘米，高45.5厘米，通高54.5厘米（图一〇〇，3；图版一〇，3）。

模型小壶　1件，标本M57：9。侈口，束颈，颈较粗，圆肩，鼓腹，低矮假圈足，平底。肩、腹各饰凹弦纹一周。口径7.6厘米，腹径11.8厘米，底径6厘米，高10.5厘米（图一〇〇，4）。

铜器：4件，器类有镜、刷、带钩、器耳。

日光连弧铭带镜　1面，标本M57：1。圆形。半球纽。圆纽座。纽座圆周均匀地伸出四条短竖线间有月牙纹。其外一周内向八连弧纹和短斜线纹间有铭文带，铭文为"见日之光，长毋相忘"。铭文每两字之间隔以"ㄥ"形符号。素平缘。直径7.2厘米，缘厚0.3厘米（图一〇〇，5；彩版四，4）。

刷　1件，标本M57：2。如一长柄烟斗，长柄末端且作蛇状，后端横穿一孔，当为穿系之用。刷头似烟斗形，中空。刷径1厘米，高1.3厘米，通长12.8厘米（图一〇〇，6）。

带钩　1件，标本M57：4。钩首为蛇头形钩，身呈琵琶形，背部有圆柱帽形纽，尾

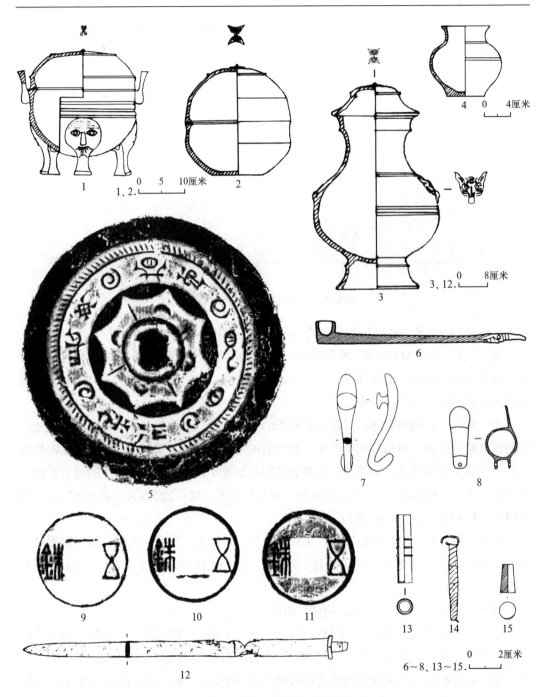

图一〇〇　M57出土器物

1.陶鼎（M57：7）　2.陶盒（M57：8）　3.陶壶（M57：6）　4.模型小陶壶（M57：9）　5.日光连弧铭带镜拓片（M57：1，原大）　6.铜刷（M57：2）　7.铜带钩（M57：4）　8.铜器耳（M57：14）　9.铜五铢Ⅰ式钱（M57：5-1）　10.铜五铢Ⅱ式钱（M57：5-2）　11.铜五铢钱Ⅲ式（M57：5-3）　12.铁剑（M57：10）　13.铅车軎（M57：13）　14.铅衔（M57：15）　15.石塞（M57：12）　（9～11，原大）

圆。长5.8厘米（图一〇〇，7）。

器耳 1件，标本M57：14。侧面看，形如一把靠椅。高3.6厘米（图一〇〇，8）。

铜钱 7枚，均为五铢钱，圆形方穿，钱的正、反两面均有郭。五字交叉，两笔微曲，朱字上笔方折，下笔微圆折。分三式。

Ⅰ式：4枚，标本M57：5-1，钱郭径2.5厘米，穿径0.9厘米，厚0.15厘米（图一〇〇，9）。

Ⅱ式：2枚，标本M57：5-2，正面穿上有横郭或无横郭。钱郭径2.5厘米，穿径0.9厘米，厚0.15厘米（图一〇〇，10）。

Ⅲ式：1枚，标本M57：5-3，正面穿下有横郭。钱郭径2.5厘米，穿径0.9厘米，厚0.15厘米（图一〇〇，11）。

铁器：3件，器类有剑、刀、戈。

剑 1把，标本M57：10。剑身中间微有脊，茎扁平面细，茎与剑身交界处有铜镡，镡平素无纹饰，中间隆起成脊，但两端平整，断面呈菱形。长92.2厘米（图一〇〇，12；彩版七，1）。

刀 1把，标本M57：11。残，无法复原。从残块看，刀背直，刃部亦直，断面呈三角形。

戈 1件，标本M57：3。残，无法复原。

铅器 2件，器类有衔、车軎。

车軎 1件，标本M57：13。形状如一端不闭塞的直筒，外壁突起三道弦纹。长4.2厘米，口径0.9厘米（图一〇〇，13）。

衔 1件，标本M57：15。两端呈环形，残长5.2厘米（图一〇〇，14）。

石塞 1件，标本M57：12。圆柱体，上小下大。长1.8厘米，上径0.7厘米，下径0.9厘米（图一〇〇，15）。

58号墓

1.墓葬形制

该墓开口于耕土层和扰土层之下，距地表深130厘米，方向348°。墓葬形制为竖穴土坑墓，平面呈长方形。墓室长310厘米，宽215厘米，地距地表247厘米。墓室四壁垂直无收分。室内填五花沙土，土质疏松，未夯打。从墓底的灰痕分辨出葬具为单棺。随葬品主要放置在棺外东部，出土有陶鼎2、陶盒2、陶壶2、陶车轮2、模型小壶2、铜镜1、铜钱8枚（图一〇一）。

葬具：位于墓室西部。质地为木质棺，从朽木灰痕看，棺痕长约210厘米，宽约50厘米。

葬式：不详。

2.随葬品

该墓共出土随葬品11件，另有铜钱8枚。质地有陶、铜。分述如下：

陶器：10件，均为泥质灰陶，器类有鼎、盒、壶、模型小壶、车轮。

鼎　2件，标本M58：3、4。形制及大小相同。子母口内敛，鼓腹，圜底。外附长方形竖耳，底附三马蹄形足，足根部正面饰有人面像，腹部折出一条棱线。上承呈浅覆钵形

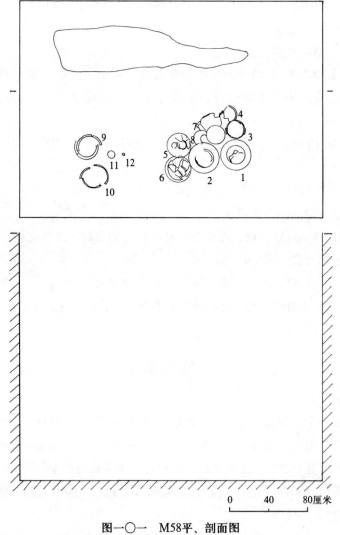

图一〇一　M58平、剖面图

1、2.陶壶　3、4.陶鼎　5、6.陶盒　7、8.模型小陶壶

9、10.陶车轮　11.铜镜　12.铜钱

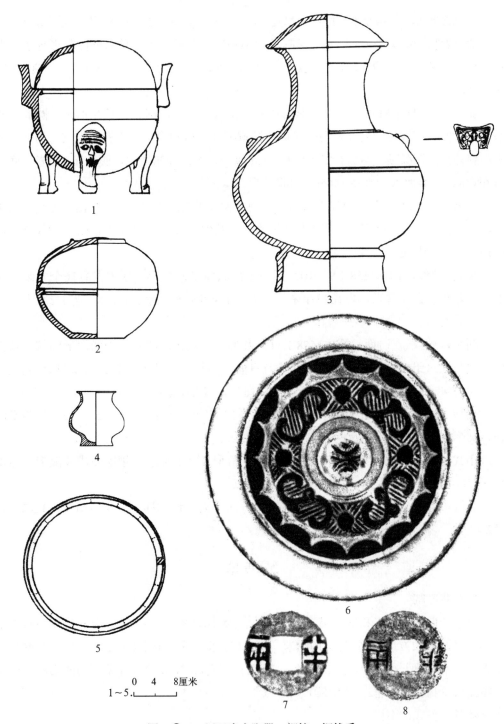

图一〇二　M58出土陶器、铜镜、铜钱币

1.陶鼎（M58：3）　2.陶盒（M58：5）　3.陶壶（M58：1）　4.模型小陶壶（M58：7）　5.陶车轮（M58：9）

6.圈带蟠虺纹镜拓片（M58：11）　7.铜半两钱Ⅰ式（M58：12-1）　8.铜半两钱Ⅱ式（M58：12-2）　（6~8，原大）

盖。盖径28厘米，高6.4厘米，鼎口径22厘米，高18厘米，通高21.2厘米（图一○二，1）。

盒　2件，标本M58：5、6。形制及大小相同。覆碗形盖，顶有矮圈足形捉手。器身子母口内敛，斜弧腹略深，平底。口径22.4厘米，底径10厘米，高8.4厘米，通高17.6厘米（图一○二，2）。

壶　2件，标本M58：1、2。形制及大小相同。敞口，圆唇，长弧形颈，圆肩，扁鼓腹，折曲状高圈足。肩部有两个对称的铺首形耳，肩和腹部各饰有凹弦纹一周。上承折沿扁体盖，圆弧顶。盖口径23.6厘米，高6厘米，壶口径20厘米，腹径36.8厘米，底径21.6厘米，高44厘米，通高50.4厘米（图一○二，3）。

模型小壶　2件，标本M58：7、8。形制及大小相同。侈口，平口折沿，方唇，微束颈，颈较粗，溜肩，鼓腹，矮假圈足，平底。口径6.8厘米，腹径10.4厘米，底径6厘米，高10.5厘米（图一○二，4）。

车轮　2件，标本M58：9、10。圆环形，断面呈六边形。牙内凿有16个安装辐条的孔。轮外径25.8厘米，内径23厘米，凿孔间距4.5厘米，牙宽1厘米，厚1.2厘米（图一○二，5）。

圈带蟠螭纹镜　1面，标本M58：11。圆形。三弦纽。纽外一周凹面形圈带。纹饰由主纹与地纹组合而成。地纹为斜线纹及重叠三角纹。主纹为四乳钉间以四S形螭纹。之外为内向十六连弧纹带。匕缘。直径7.65厘米，缘厚0.2厘米（图一○二，6）。

铜钱　8枚，其中2枚文字不清，仅能够看出铜钱为半两，标本M58：12。均为半两钱，圆形方穿，钱的正、反两面均无郭。分二式。

Ⅰ式：2枚，钱文"两"字中间不出头，两个人字上部之竖划缩短成波浪形。标本M58：12-1，直径2.3厘米，穿径0.8厘米（图一○二，7）。

Ⅱ式：4枚，钱文"两"字中间不出头，两个人字迳作横划。标本M58：12-2，直径2.4厘米，穿径0.7厘米（图一○二，8）。

59号墓

1.墓葬形制

该墓开口于耕土层和扰土层之下，距地表深216厘米，方向0°。墓葬形制为竖穴土坑墓，平面呈长方形。墓室长410厘米，宽300厘米，地距地表250厘米。墓室四壁垂直无收分，室内填五花沙土，土质疏松，未夯打。随葬品主要放置在墓室的西南部，出土有陶鼎1、陶壶1、陶仓2、小陶罐1（图一○三）。

葬具、葬式：不详。

2.随葬品

该墓共出土随葬品5件，质地为陶质，均为泥质灰，器类有鼎、壶、罐、仓等。

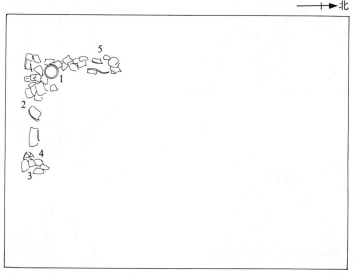

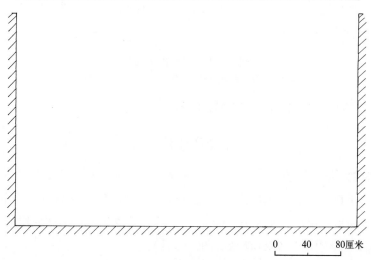

图一〇三 M59平、剖面图

1.陶壶 2.陶鼎 3、4.陶仓 5.陶小罐

鼎 1件，标本M59：2。陶质差，已成碎块，无法复原。从残块看鼎足为熊形足。博山炉式盖，盖上模印着山峦、树木、动物及人物等纹饰。口径20厘米，高8.8厘米（图一〇四，1）。

壶 1件，标本M59：1。陶质差，已成碎块，无法复原。

小罐 1件，标本M59：5。侈口，双唇，束颈，圆肩，鼓腹，平底。口径9.2厘米，腹径12.8厘米，底径5.6厘米，高13.2厘米（图一〇四，2）。

仓 2件，标本M59：3、4。陶质差，均已成碎片，无法复原。仅存仓盖，博山炉式盖，盖上模印着山峦、树木、动物及人物等纹饰，下饰菱形纹一周。标本M59：3，

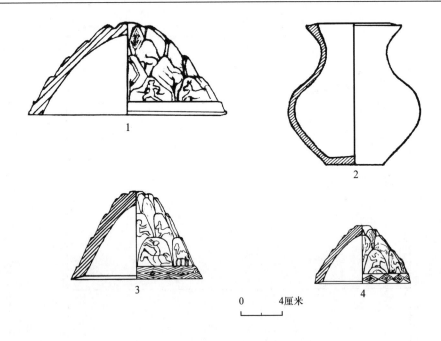

图一〇四　M59出土陶器

1.鼎盖（M59：2）　2.罐（M59：5）　3、4.仓盖（M59：3、4）

口径13厘米，高8.6厘米，标本M59：4较小（图一〇四，3、4）。

60号墓

1.墓葬形制

该墓开口于耕土层和扰土层之下，距地表深170厘米，方向176°。墓葬形制为竖穴土坑墓，平面呈凸字形。墓室宽于墓道，全墓由墓道和墓室两部分组成。墓长860厘米，宽410厘米，地距地表深406厘米（图一〇五）。

墓道：位于墓室南部。平面呈长方形，斜坡状，坡度为40°。墓道长380厘米，宽150厘米。近墓室处距地表深346厘米。墓道壁面较平直，填五花沙土，土质疏松，未夯打。

墓室：平面呈长方形，墓口大于墓底，有收分，呈斗形。墓口长480厘米，宽410厘米。墓底长330厘米，宽210厘米，底距地表深406厘米。在东、西、北三边设二层台，台宽16～20厘米，台高60厘米。从墓底的灰痕分辨出葬具为单棺。小件随葬品放置在棺内的东南部和西南部，出土有铁钩2、铁削1、铜印章1。而大件随葬品和部分小件则放置在棺外的西部和东南部，出土有陶鼎2、陶盒2、陶壶2、陶车轮2、铜镜1、铜带钩1。

葬具：位于墓室中部。质地为木质棺，棺已朽没成灰，仅存灰痕。棺痕长188厘米，宽86厘米。

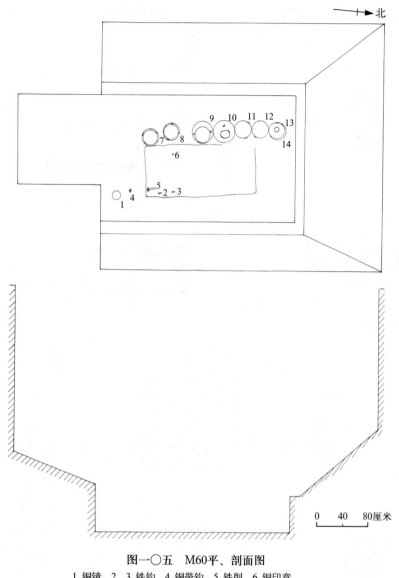

图一〇五 M60平、剖面图
1.铜镜 2、3.铁钩 4.铜带钩 5.铁削 6.铜印章
7、8.陶车轮 9、10.陶壶 11、12.陶鼎 13、14.陶盒

葬式：不详。

2.随葬品

该墓共出土随葬品14件，质地有陶、铜、铁。分述如下：

陶器：8件，均为泥质灰陶，器类有鼎、盒、壶、车轮。

鼎 2件，标本M60：11、12。形制及大小相同。子母口内敛，鼓腹，圆底，外附长方形竖耳，底附三马蹄形足，足根部正面饰有人面像，腹部折出一条棱线。上承

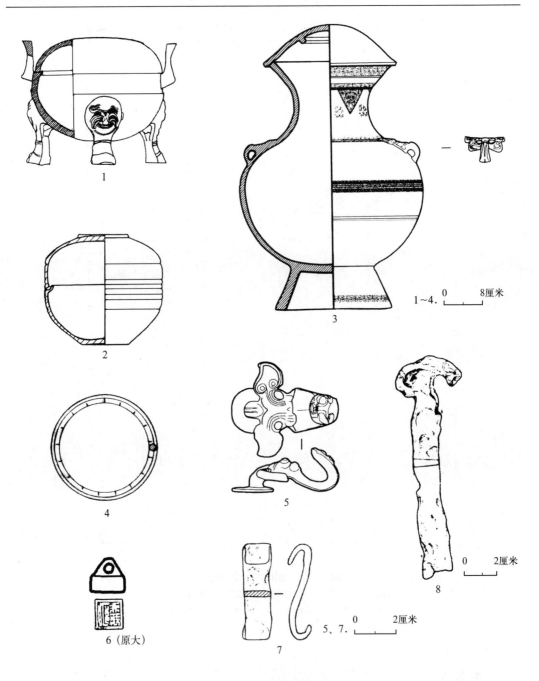

图一〇六-1　M60出土器物

1.陶鼎（M60：11）　2.陶盒（M60：13）　3.陶壶（M60：9）　4.陶车轮（M60：7）

5.铜带钩（M60：4）　6.铜印章（M60：6）　7.铁钩（M60：2）　8.铁削（M60：5）

呈浅覆钵形盖。盖径26.8厘米，高8厘米，鼎口径25.6厘米，高25.2厘米，通高26厘米（图一〇六，1）。

盒　2件，标本M60：13、14。形制及大小相同。覆碗形盖，顶有矮圈足形捉手。器身子母口内敛，弧鼓腹较深，平底。盖和器身饰有凹弦纹。内涂朱砂。口径25.2厘米，底径9.6厘米，高11.8厘米，通高22厘米（图一〇六，2）。

壶　2件，标本M60：9、10。形制及大小相同。敞口，长弧颈，圆肩，鼓腹，圜底，喇叭形圈足。肩部有两个对称的铺首形耳，肩和腹部饰凹弦纹三组（每组两周）。上承弧形盖。壶身施有彩绘。盖径28厘米，高8厘米，壶口径25厘米，腹径38厘米，底径3.5厘米，高59厘米，通高57厘米（图一〇六，3；图版一一，1）。

车轮　2件，M60：7、8。形制及大小相同。圆环形，断面呈六边形。牙内凿有17个安装辐条的孔。外径22.8厘米，内径19.2厘米，凿孔间距3.6厘米，牙宽0.9厘米，厚1.1厘米（图一〇六，4）。

铜器：3件，器类有镜、印章、带钩。

蟠螭叶纹镜　1面，标本M60：1。圆形。三弦纽。圆纽座。座外三周短斜线纹间有凹面形圈带纹和由地纹与主纹组合而成的纹饰带。地纹为圆涡纹。在地纹之上于纽座外伸出三叶，将镜背分为三区，每区配一蟠螭纹。蟠螭头居中，作回首状，张嘴露齿，头顶有角，一足踏于纽外斜线纹圈带上，身躯弯卷柔长，从颈向后曲折作菱形。主纹皆双线。素卷缘。直径14.6厘米，缘厚0.32厘米（图一〇六-2；彩版四，5）。

带钩　1件，标本M60：4。短小，兽首形，背部有圆柱帽形纽（图一〇六，5；彩版七，4）。

印章　1件，标本M60：6。正方形，上部有鼻纽，正面为阴刻的篆文，因篆文不清，而无法辨认。边长0.8厘米，高0.3厘米，通高0.8厘米（图一〇六，6；彩版七，9）。

铁器：3件，器类有钩、削。

钩　2件，标本M60：2、3。形制及大小相同。扁形铁条，窝折成"S"形。长4.8厘米，长4.5厘米（图一〇六，7）。

削　1件，标本M60：5。残，背直，刃部亦直，刀本呈扁圆形状。残长10厘米（图一〇六，8）。

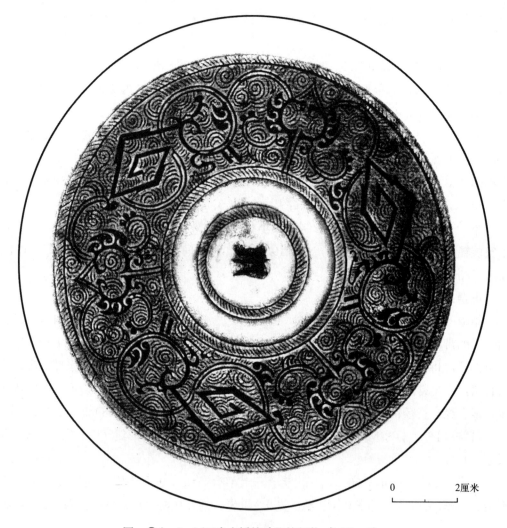

0　　　　　　　　2厘米

图一〇六-2　M60出土蟠螭叶纹镜拓片（M60：1）

62号墓

1.墓葬形制

该墓开口于耕土层和扰土层之下，距地表深148厘米，方向174°。此墓因盗扰，墓室顶部已毁，仅存部分墙体和铺地砖。墓葬形制为砖室墓，平面呈长方形。在墓室中部筑有留门隔墙，使墓室分为东、西两室。墓室长450厘米，宽234厘米，地距地表深196厘米。墙高48厘米，为一丁二顺垒砌，铺地砖为竖排对缝平铺。砖分两种，一种为长方形小条砖，用于垒砌墙体，长26.5厘米，宽13厘米，厚4厘米；另一种则为菱形花纹方砖和素面方砖用于铺地，长、宽各40厘米，厚5厘米。随葬品均出自室内扰土

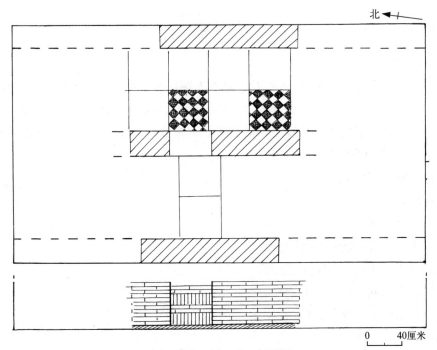

北 ←

0   40厘米

图一○七 M62平、剖面图

中，出土有铁器2、陶仓1和鼎、仓盖、奁、灶、罐等残陶片（图一○七）。

葬具、葬式：不详。

2.随葬品

该墓共出土随葬品3件和一些陶片。质地有陶、铁。分述如下：

陶器：1件，陶片器类有仓、鼎、奁、灶、罐等。

仓 1件，标本M62：3。泥质灰陶。上部残，直筒形，下部略内收，平底稍内凹。近底部刻划两条竖线用来表示仓门。底径12.8厘米，残高27.6厘米（图一○八）。

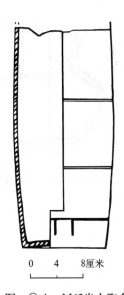

0   4   8厘米

图一○八 M62出土陶仓

陶片：均已残缺，无法复原。器类有灰陶熊足鼎、仓盖、奁、灶、罐等。

铁器：2件，标本M62：1、2。因锈蚀严重，已成碎块，无法辨认器形。

63号墓

1.墓葬形制

该墓开口于耕土层和扰土层之下，距地表深145厘米，方向162°。墓葬形制为竖穴土坑墓，平面呈长方形。墓室长360厘米，宽220厘米，地距地表220厘米。墓室四壁垂直无收分，室内填五花沙土，土质疏松，未夯打。随葬品主要放置在墓底西南部，出土陶罐3件（图一〇九）。

葬具、葬式：不详。

2.随葬品

共3件。均为泥质灰陶罐，陶质较差，已成碎块，其中2件已无法复原。标本M63：1。侈口，圆唇，束颈，高领，圆肩，鼓腹，平底。口径9.4厘米，腹径13.4厘米，底径6.5厘米，高13.6厘米（图一一〇）。

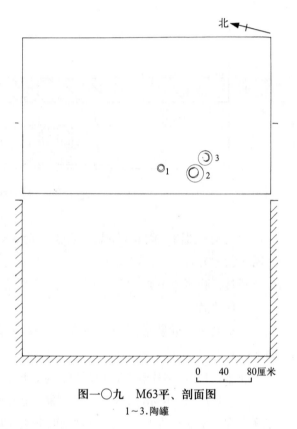

图一〇九　M63平、剖面图
1～3.陶罐

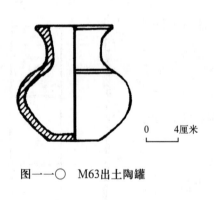

0　　　4厘米

图一一〇　M63出土陶罐

65号墓

1.墓葬形制

该墓开口于耕土层和扰土层之下，距地表深135厘米，方向358°。此墓因扰乱，墓顶已毁，仅存部分墙体和铺地砖。墓葬形制为砖室墓，平面略呈"T"字形。由前室和后室两部分组成，墓室长366厘米，宽150厘米，底距地表215厘米。封门朝北，为一丁一顺垒砌。墙高80厘米，东、西、南三墙为平砖错峰垒砌，铺地砖为竖排错缝平铺。砖均为长方形小条砖，长32厘米，宽16厘米，厚5厘米（图一一一）。

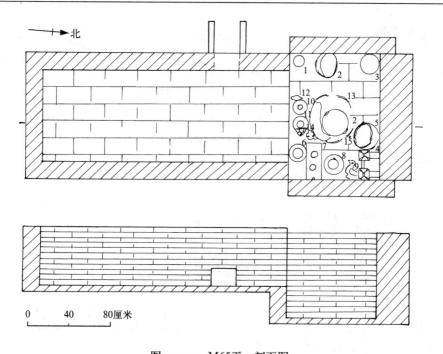

图一一一 M65平、剖面图

1.铜镜 2.陶盒 3.陶奁 4.陶猪圈 5.陶鼎 6.陶井 7.陶灶 8.陶磨 9.陶鸭
10、11.陶仓 12.陶鸡 13.无耳矮直领无沿陶罐 14.陶狗 15.铜钱

前室：平面呈长方形，长116厘米，宽150厘米，底低于后室底30厘米。随葬品主要放置于该室中，出土有铜镜1、陶奁1、陶猪圈1、陶盒1、陶鼎1、陶井1、陶灶1、陶磨1、陶鸭1、陶仓2、无耳矮直领无沿陶罐1、陶鸡1、陶狗1、铜钱8枚。

后室：平面呈长方形，长250厘米，宽118厘米，其底高于前室底30厘米。在西墙北部留有一小门，门高16厘米，宽24厘米，墙外与小门相对应处，两边各横立一砖。

葬具、葬式：不详。

2.随葬品

该墓共出土随葬品14件，另有铜钱8枚，质地有陶、铜。分述如下：

陶器：13件，均为泥质灰陶，器类有鼎、盒、猪圈、井、灶、磨、鸭、仓、奁、鸡、狗、罐等。

盒 1件，标本M65：2。器身子母口内敛，折腹较深，平底。腹部饰凹弦纹三周。上承博山炉式盖，盖上面模印着山峦、树木、动物及人物等纹饰，下饰菱形纹一周。盖径22厘米，高12厘米，盒口径22厘米，底径12.8厘米，高15.6厘米，通高27.6厘米（图一一二，1；图版一一，2）。

鼎 1件，标本M65：5。子母口，深弧腹，平底，无足，外附长方形竖耳，腹部饰凹弦纹二周。上承博山炉式盖，盖上面模印着山峦、树木、动物及人物等纹饰。盖径

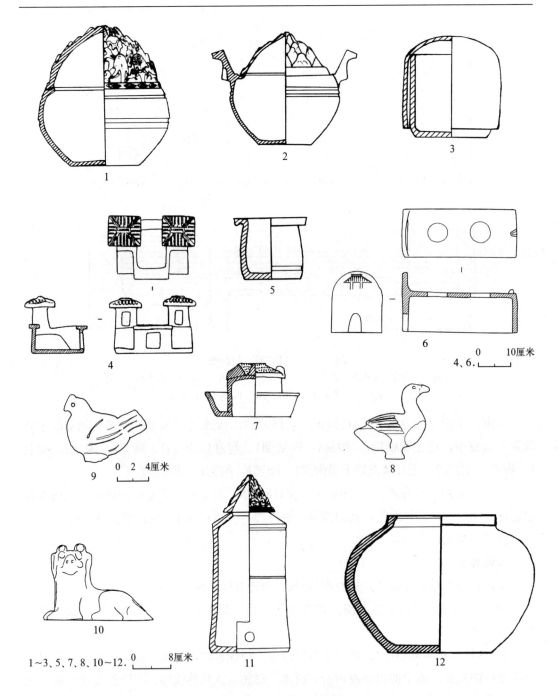

图一一二-1　M65出土陶器

1.陶盒（M65：2）　　2.陶鼎（M65：5）　　3.陶奁（M65：3）　　4.陶猪圈（M65：4）　　5.陶井（M65：6）
6.陶灶（M65：7）　　7.陶磨（M65：8）　　8.陶鸭（M65：9）　　9.陶鸡（M65：12）　　10.陶狗（M65：14）
11.陶仓（M65：10）　　12.无耳矮直领无沿陶罐（M65：13）

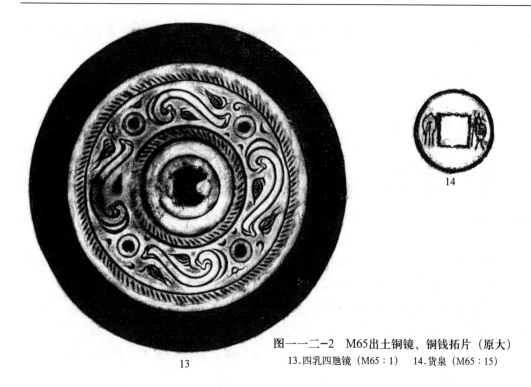

14

13

图一一二-2　M65出土铜镜、铜钱拓片（原大）
13.四乳四虺镜（M65：1）　14.货泉（M65：15）

17.6厘米，高8.4厘米，鼎口径18.8厘米，底径10.8厘米，高19.2厘米，通高22.4厘米（图
一一二，2；图版一一，4）。

　　奁　1件，标本M65：3。由盒盖和盒体两部分组成。均呈圆筒形，盖顶呈圆弧形，
盒体平底。盒盖口径20.5厘米，高20厘米，盒体口径17.3厘米，高17厘米，通高21.5厘米
（图一一二，3）。

　　猪圈　1件，标本M65：4。两端各有一望亭，四阿式顶，亭前各有一长方形小门。
院前部有一近方形小门。圈长23厘米，宽20厘米，后壁高8.5厘米，通高19厘米（图
一一二，4；图版一二，2）。

　　井　1件，标本M65：6。平口折沿，方唇，圆筒形，腹部微弧，平底。近底部饰宽
凹弦纹一周。口径15.5厘米，底径13厘米，高12.4厘米（图一一二，5）。

　　灶　1件，标本M65：7。立体长方形，灶台上面开有两个火眼，灶身前面设有遮烟
隔墙和拱形火门，正面模印着房屋，内有一人，灶身后壁扬起弯管状烟囱。灶身长34.1
厘米，宽14厘米，高18.3厘米（图一一二，6；图版一一，3）。

　　磨　1件，标本M65：8。圆盘，由上下两扇组成，上扇中部有两个相对应的半圆形
磨眼，安柄处作兽形，上扇顶部饰箅纹。下扇中央隆起，中部有一圆孔，下部与磨盘相
连。磨盘呈凹槽形，口径大于底径，斜壁，平底，中空。磨径10厘米，磨盘17.2厘米，
盘高4.8厘米，通高10厘米（图一一二，7）。

鸭　1件，标本M65：9。昂首挺胸，肢体丰圆，腹部刻有羽毛。体长16厘米，高15.4厘米（图一一二，8；图版一一，5）。

鸡　1件，标本M65：12。矮冠，立姿。体长10.2厘米，高8厘米（图一一二，9）。

狗　1件，标本M65：14。左卧姿，竖耳鼓目，昂首，卷尾落地，内空。体长23厘米，高14.6厘米（图一一二，10；图版一一，6）。

仓　2件，标本M65：10、11。形制大同小异，大小略有不同。小口圆唇，斜折肩，直壁，下部稍外撇，平底，在近底部有一圆形仓门。腹部饰凹弦纹二周。上承博山炉式盖，盖口模印着山峦、树木、动物及人物等纹饰，下饰波折纹。仓底部有刀削棱痕。盖口径10.4厘米，高7.2厘米，仓口径6.4厘米，底径15.2厘米，高27.6厘米，通高35.2厘米（图一一二，11；图版一二，1）。

无耳矮直领无沿罐　1件，标本M65：13。直口，方唇，圆肩，鼓腹，平底。最大腹径在上部。口径20厘米，腹径35厘米，底径19.4厘米，高27.4厘米（图一一二，12）。

四乳四虺镜　1面，标本M65：1。圆形。半球钮。圆钮座。座外有短线纹。之外两周细短斜线纹之间为主纹。主纹是四枚带圆座乳钉与四虺纹相间环绕，四虺成钩形躯体，两端同形，在身躯内外两侧各有一鸟纹。宽平缘。直径8.9厘米，缘厚0.32厘米（图一一二，13；彩版四，6）。

铜钱　8枚，标本M65：15。均为货泉，圆形方穿，钱的正、反两面均有郭。钱郭径2.2厘米，穿径0.8厘米，厚0.2厘米。钱文笔画纤细，内外郭窄，穿之左右有篆文"货泉"两字（图一一二，14）。

66号墓

1.墓葬形制

该墓开口于耕土层和扰土层之下，距地表深182厘米，方向90°。此墓因盗扰已全毁，仅存部分铺地砖。从墓框平面看，呈长方形，墓葬形制为砖室墓。墓室长260厘米，宽200厘米，底距地表深220厘米。铺地砖为竖排错缝平铺。砖均为长方形小条砖，长31厘米，宽15.5厘米，厚5厘米。随葬品均出自室内扰土中，出土有泥钱2、铜钱1、陶磨1和狗、博山炉盖等残陶片。

葬具、葬式：不详。

2.随葬品

该墓共出土1件较完整器物和一些残陶片，另有铜钱1枚、泥钱2枚。质地有陶、铜、泥。分述如下：

陶器：1件和一些陶片，均为泥质灰陶，器类有磨、狗、博山炉式盖等。

磨　1件，标本M66：1。圆盘，由上下两扇组成。磨盖残，无法复原。下扇中央隆

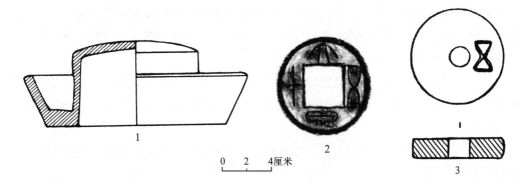

图一一三　M66出土器物

1.陶磨（M66：1）　2.大泉五十铜钱拓片（M66：5）　3.五铢泥钱（M66：3）（2、3原大）

起，下部与磨盘相连，磨盘呈凹槽形，口径大于底径，斜壁，平底，中空。磨径10.4厘米，盘径18.6厘米，高6.2厘米（图一一三，1）。

陶片：因残缺而无法复原。器类有狗、博山炉盖等。

钱币：3枚，有铜钱、泥钱。

大泉五十铜钱　1枚，标本M66：5。圆形方穿，钱的正、反两面均有郭。钱郭径2.7厘米，穿径0.9厘米。穿的两面俱有郭,穿之上下左右有篆文，"大泉五十"。钱文的书法工整，铸造精细（图一一三，2）。

泥钱　2枚，标本M66：3、4。用细泥模压而成。钱径2.6厘米，穿径0.6厘米，厚0.5厘米。正面模印着"五"字，铢字已模糊不清（图一一三，3）。

67号墓

1.墓葬形制

该墓开口于耕土层和扰土层之下，距地表深180厘米，方向90°。此墓因扰乱，墓室顶部已毁，仅存部分墙体和铺地砖。墓葬形制为砖室墓，平面呈"┿"形。由墓道、封门、甬道、前室、后室及连接前、后室中间的过道组成。总长1243厘米，最宽处348厘米，底距地表深280厘米。砖均为长方形小条砖，长30厘米，宽15厘米，厚5厘米（图一一四）。

墓道：位于墓室东部，平面呈长方形，斜坡状，坡度约40°。长195厘米，宽180厘米，底距地表深280厘米。壁面较直。墓道内填五花沙土，土质疏松，未夯打。

封门：宽176厘米，高130厘米，为二顺一丁、一顺一丁（5组）垒砌。

甬道：平面呈长方形，长296厘米，宽176厘米。墙高100厘米，为三顺一丁垒砌，铺地砖为"人"字形平铺。

前室：平面呈方形，长338厘米，宽348厘米。在门口处设有一门槛石，石长180厘米，宽32厘米，厚20厘米。上有两门枢，原应设有木质门。墙高96厘米，为三顺一丁垒砌，铺地砖为"人"字形平铺。在墓室的西南部出有下颌骨和腿骨。随葬品散放于墓底各处，出土有铜簪1、铜钱22、铜饰2、铁器1。

后室：平面呈长方形，长312厘米，宽198厘米。墙高64厘米，为三顺一丁垒砌，铺地砖为"人"字形平铺。随葬品散放于墓底，出土有铜泡钉8、金叶子2、金球1、金环1、铁器1。

葬具：从后室出土的铁棺钉看，葬具质地应为木质棺，但棺已腐朽，其结构和尺寸不详。

葬式：虽在前室出土有下颌骨和腿骨，但骨架凌乱，葬式不详。

2.随葬品

该墓共出土随葬品17件，另有铜钱22枚。质地有铜、铁、金。分述如下：

铜器：11件，器类有簪、饰件、泡钉等。

簪　1件，标本M67：1。截面成圆形。长18.5厘米。

饰件　2件，标本M67：3、4。形制相同、大小不同。薄形铜片呈"L"形直角，近中部折出一条棱线，断面呈钝角形。长6.4厘米，宽2.6厘米，高6.4厘米（图一一五，1）。

泡钉　8件，标本M67：6～13。形制相同，大小不同。半圆形，折沿，中空，下垂一钉。直径2.4厘米，高1.5厘米（图一一五，2）。

铁器　2件，标本M67：5、18。因锈蚀严重，已辨不出器形。

金器：4件，器类有叶子、球、环。

叶子　2件，标本M67：14、15，形制及大小相同。树叶形，上有一穿孔，正面印有叶脉纹。长0.9厘米（图一一五，3）。

球　1件，标本M67：16。圆球形，中空，有穿孔。直径0.6厘米（图一一五，4）。

环　1件，标本M67：17。断面呈圆形。外径1.7厘米，内径1.3厘米。

铜钱　22枚，标本M67：2。有大泉五十和五铢钱。皆圆形方穿，钱的正、反两面均有郭。

大泉五十　2枚，标本M67：2-1。钱郭径2.6厘米，穿径0.8厘米。正方形穿,穿的两面俱有郭,穿之上下左右有篆文，"大泉五十"。钱文的书法工整，铸造精细（图一一五，5）。

五铢钱：20枚，其中7枚文字已不清，仅能够看出为五铢钱。分二型。

A型　11枚，分三式。

Ⅰ式：2枚。标本M67：2-2。钱郭径2.5厘米，穿径0.9厘米，厚0.15厘米。正面穿上有横郭或无横郭。五字交叉，两笔微曲，与上下两横交界处是垂直的，朱字头上部有圆

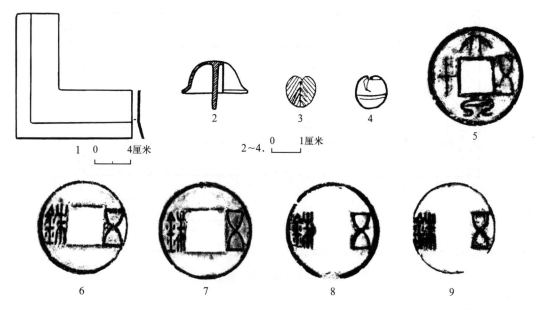

图一一五　M67出土器物

1.铜饰件（M67：3）　　2.铜泡钉（M67：6）　　3.金叶子（M67：14）　　4.金球（M67：16）　　5.大泉五十铜钱
（M67：2-1）　6.五铢钱A型Ⅰ式（M67：2-2）　7.五铢钱A型Ⅱ式（M67：2-3）　8.五铢钱A型Ⅲ式（M67：2-4）
9.五铢钱B型（M67：2-5）（5～9.原大）

折意，下笔圆折（图一一五，6）。

Ⅱ式：3枚，标本M67：2-3。直径2.3厘米，穿径0.9厘米，厚0.1厘米。正面穿上无横
郭。五字交叉，两笔微曲，与上下两横交界处是垂直的，朱子头上笔微圆折，下笔圆折
（图一一五，7）。

Ⅲ式：6枚，标本M67：2-4。钱郭径2.5厘米，穿径1.0厘米，厚0.15厘米，正面穿
上无横郭，五字交叉，两笔微曲，与上下两交接处内敛。"朱"字头上下笔圆折（图
一一五，8）。

B型　2枚，标本M67：2-4。剪掉或磨掉周郭的一部分。直径2.3厘米，穿径0.9厘
米，厚0.1厘米（图一一五，9）。

68号墓

1.墓葬形制

该墓开口于耕土层和扰土层之下，距地表深255厘米，方向78°。此墓因盗扰，墓
顶已毁，仅存部分墙体和铺地砖。墓葬形制为砖室墓，平面呈长方形，由前室和后室两
部分组成。墓室长400厘米，宽160厘米，底距地表深280厘米。砖均为长方形小条砖，
长32厘米，宽16厘米，厚4厘米。随葬品均出自室内扰土中，出土陶鸡1、陶碓1和仓、

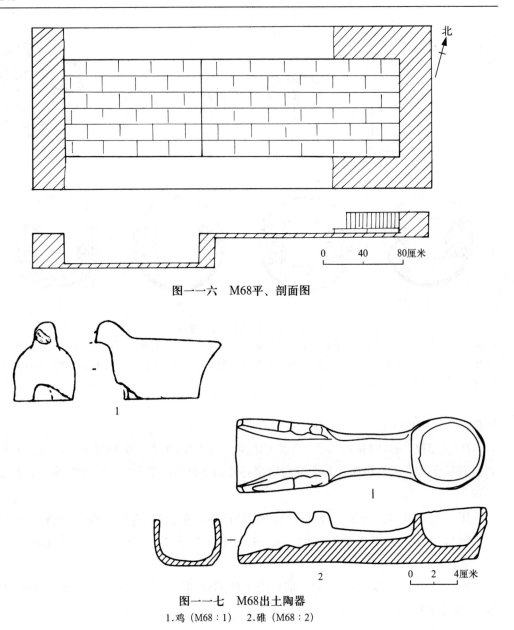

北

0　　40　　80厘米

图一一六　M68平、剖面图

0　　2　　4厘米

图一一七　M68出土陶器

1.鸡（M68：1）　2.碓（M68：2）

盆等残陶片（图一一六）。

　　前室：平面呈长方形，长170厘米，宽160厘米，底低于后室底30厘米。墙高20厘米，为一丁一顺垒砌，铺地砖为竖排错缝平铺。

　　后室：平面呈长方形，长230厘米，宽160厘米。底高于前室底30厘米。墙高20厘米，为一丁一顺垒砌，铺地砖为竖排错缝平铺。

　　葬具、葬式：不详。

2.随葬品

该墓共出随葬品2件和一些残陶片，均为泥质灰陶，器类有碓、鸡、仓、盆。

鸡 1件，标本M68：1。卧姿，头前伸，嘴残，体内空。体长10.8厘米，高6.6厘米（图一一七，1）。

碓 1件，标本M68：2。前端有一凸出的杆窝，后部有一长条形凹槽，在凹槽的两侧还设有挡墙。长20.8厘米，高4厘米（图一一七，2；图版一二，3）。

陶片：因残缺，而无法复原。器类有仓、盆等。

69号墓

1.墓葬形制

该墓开口于耕土层和扰土层之下，距地表深210厘米，方向342°。墓葬形制为竖穴土坑墓，平面呈长方形。墓室长343厘米，宽200厘米，底距地表深328厘米。墓室四壁垂直无收分，室内填五花沙土，土质疏松，未夯打。随葬品主要放在墓室中东部，出土有陶鼎2、陶盒2、陶壶2、模型小陶壶2、陶车轮2、陶甬头2、玉片1、铜盖弓帽1（图一一八）。

葬具、葬式：不详。

2.随葬品

该墓共出土随葬品14件，质地有陶、铜。分述如下：

陶器：12件，均为泥质灰陶，器类有鼎、盒、壶、模型小壶、车轮、甬头等。

鼎 2件，标本M69：5、6。形制及大小相同。子母口内敛，鼓腹，圆底，外附长方形竖

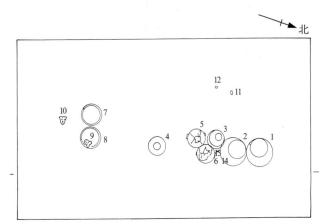

图一一八 M69平、剖面图

1、2.陶壶 3、4.陶盒 5、6.陶鼎 7、8.陶车轮 9、10.陶甬头 11.玉片 12.铜盖弓帽 13、14.模型小陶壶

耳，底附三马蹄形矮足。腹部折出一条棱线。上承浅覆钵形盖。盖径19.2厘米，高5.6厘米，鼎口径16.8厘米，高15.6厘米，通高15.6厘米（图一一九，1）。

盒　2件，标本M69∶3、4。形制及大小相同。覆碗形盖，顶有矮圈足形捉手。器

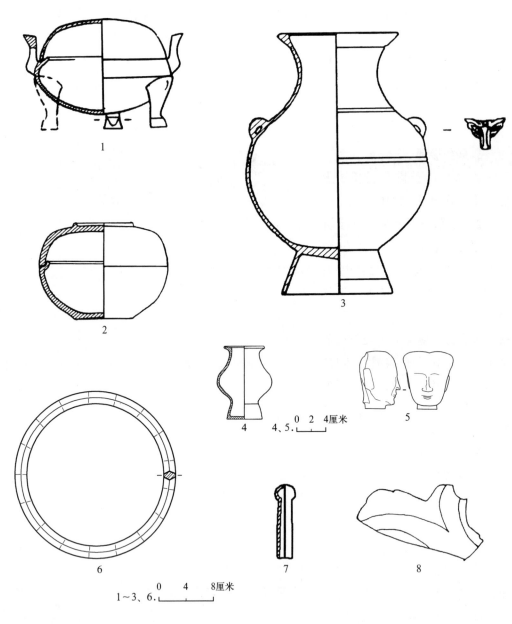

图一一九　M69出土器物

1.陶鼎（M69∶5）　　2.陶盒（M69∶3）　　3.陶壶（M69∶1）　　4.模型小陶壶（M69∶13）　　5.陶俑头（M69∶9）
6.陶车轮（M69∶7）　　7.铜盖弓帽（M69∶12）　　8.玉片（M69∶11）（7、8，原大）

身子母口内敛，浅斜腹，平底。口径18.8厘米，底径8.4厘米，高8厘米，通高13.8厘米（图一一九，2；图版一二，4）。

壶　2件，标本M69：1、2。形制及大小相同。敞口，束颈，颈较粗，圆肩，鼓腹，喇叭形宽圈足，外撇。肩部有两个对称的铺首形耳，口沿下部、肩和腹部各饰有凹弦纹一周。口径17.4厘米，腹径26.4厘米，底径16.8厘米，高35.6厘米（图一一九，3）。

模型小壶　2件，标本M69：13、14。形制及大小相同。口微敛，平口内斜，圆唇，斜肩，鼓腹，高假圈足，平底。口径5.4厘米，腹径7.6厘米，底径4.8厘米，高9.6厘米（图一一九，4）。

俑头　2件，标本M69：9、10。形制大同小异，大小略有不同。深目似闭，小口，阔鼻，大耳。表情端庄，中分双鬟，头顶两侧作月牙形发髻。高7.1厘米（图一一九，5）。

车轮　2件，标本M69：7、8。形制及大小相同。圆环形，断面呈六边形。牙内凿有17个安装辐条的孔。轮外径23.6厘米，内径20厘米，凿孔间距3.6厘米，牙宽0.8厘米，厚1.0厘米（图一一九，6）。

铜盖弓帽　1件，标本M69：12。下部圆筒形，中空，呈銎，口缘处略宽大，上端稍缩小，顶部如圆球形。顶部直径1厘米，残高2厘米（图一一九，7）。

玉片　1件，标本M69：11。残。青色。上刻纹饰（图一一九，8）。

71号墓

1.墓葬形制

该墓开口于耕土层和扰土层之下，距地表深150厘米，方向0°。此墓因盗扰，墓室顶部已毁。墓葬形制为砖室墓，平面呈"⊢"字形，由两前室、两后室和西侧室五部分组成。墓室长396厘米，最宽处296厘米，底距地表深235厘米。墙高84厘米，均为平砖错缝垒砌，铺地砖均为"人"字形平铺。砖为长方形小条砖，长30厘米，宽15厘米，厚4.5厘米。在室内扰土中出土陶仓1件（图一二〇）。

前室：平面呈长方形，长140厘米，通宽220厘米，底低于后室底和侧室底4.5厘米。在墓室中部筑有留门隔墙，形成东、西两前室。随葬品主要放置在东前室，出土有陶盆1、陶釜2、陶甑1、陶磨1、陶奁1、陶仓1、陶器盖1、铁带钩1。而西前室出土有陶鸡2、陶鸭1件。

后室：平面呈长方形，长256厘米，通宽220厘米，底高于前室底4.5厘米，与西侧室底相平。在墓室中部筑有隔墙，形成东、西两后室。

西侧室：平面呈方形，长宽各92厘米，其底与后室底相平，且高于前室底4.5厘米。在侧室西部有一高15厘米，宽15厘米，长62厘米的小土台，台面上横着平放两块砖。

葬具、葬式：不详。

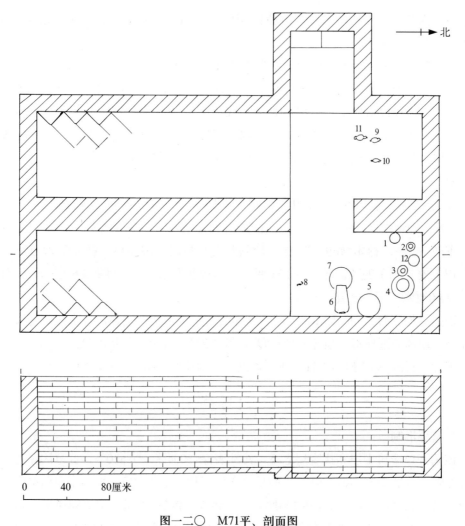

图一二〇　M71平、剖面图

1.陶盆　2、3.陶釜　4.陶磨　5.陶奁　6.陶仓　7.陶器盖　8.铁带钩　9、10.陶鸡

11.陶鸭　12.陶甑

2.随葬品

该墓共出土随葬品13件，质地有陶、铁。分述如下：

陶器：12件，均为泥质灰陶，器类有磨、奁、仓、器盖、鸡、鸭、盆、釜、甑。

磨　1件，标本M71：4。圆盘，由上下两扇组成，上扇中部有两个相对应的半圆形磨眼，安柄作兽形，上扇顶部饰篦纹，下扇中央隆起，下部与磨盘相连，磨盘呈凹槽形，口径大于底径，斜壁，平底，中空。磨径9.2厘米，盘径19.1厘米，通高10.8厘米（图一二一，1；图版一三，1）。

奁　1件，标本M71：5。由盒盖和盒体两部分组成。盒体残，无法复原。盖圆筒

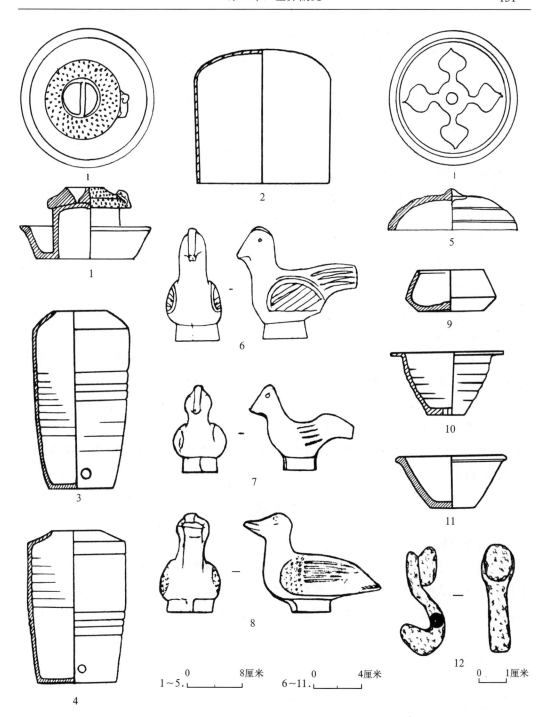

图一二一 M71出土器物

1.陶磨（M71：4） 2.陶奁（M71：5） 3、4.陶仓（M71：6、13） 5.陶器盖（M71：7） 6、7.陶鸡（M71：9、10） 8.陶鸭（M71：11） 9.陶釜（M71：2） 10.陶甑（M71：12） 11.陶盆（M71：1） 12.铁带钩（M71：8）

形，顶呈圆弧形。盒盖口径19.2厘米，高18.4厘米（图一二一，2）。

仓 2件，形制大同小异，大小不同。标本M71：6，小口圆唇，溜肩，直壁微收，平底，在近底部有一圆形仓门。腹部饰凹弦纹七周。口径7厘米，底径9.4厘米，高25厘米（图一二一，3）。标本M71：13，小口尖唇，斜折肩，直壁微收，平底，在近底部有一圆形仓门。腹部饰凹弦纹五周。口径7厘米，底径11厘米，高21.6厘米（图一二一，4）。

器盖 1件，标本M71：7。浅覆钵形，盖顶有圆纽，纽的周围模印着柿梯纹样，器表饰凹弦纹两周。口径19厘米，高5厘米（图一二一，5；图版一三，3）。

鸡 2件，形制大同小异，大小不同。矮冠，立姿，体中空。标本M71：9，昂首。体长10厘米，高8.9厘米（图一二一，6）。标本M71：10，头前伸。体长8.6厘米，高6.8厘米（图一二一，7）。

鸭 1件，标本M71：11。昂首挺胸，肢体丰圆，背部刻有羽线。体中空。体长11.4厘米，高8.2厘米（图一二一，8）。

釜 2件，标本M71：2、3。形制及大小相同。敛口，圆唇，折腹，平底，稍内凹。口径4.9厘米，腹径7厘米，底径5厘米，高3厘米（图一二一，9）。

甑 1件，标本M71：12。敞口，宽平沿，方唇，深弧腹，小平底，底部有一个箅孔。口径9.2厘米，底径3.3厘米，高4.6厘米（图一二一，10）。

盆 1件，标本M71：1。敞口，平沿，圆唇，深弧腹，小平底。口径9.2厘米，底径3.8厘米，高4.2厘米（图一二一，11；图版一三，2）。

铁带钩 1件，标本M71：8。腹短略鼓成弧形，背部有圆柱帽形纽。长3.6厘米（图一二一，12）。

72号墓

1.墓葬形制

该墓开口于耕土层和扰土层之下，距地表深150厘米，方向90°。此墓因盗扰已全毁，仅存几块铺地砖。从墓框平面看，呈长方形，墓葬形制为砖室墓。墓室长320厘米，宽110厘米，底距地表深240厘米。铺地砖为竖排对缝平铺。砖为长方形小条砖，长30厘米，宽15.5厘米，厚5厘米。随葬品均出自室内扰土中，出土有陶方盒1、陶猪圈1、铅衔镳2、铅当卢1、铅扣3。

葬具、葬式：不详。

2.随葬品

该墓共出土随葬品8件。质地有陶、铅。分述如下：

陶器：2件，有泥质灰陶和泥质红釉陶。器类有方盒、猪圈。

方盒 1件，标本M72：1。泥质灰陶。由盒盖和盒体两部分组成。盒盖顶部为长方形凹槽，四角各饰一乳钉。盒体系长方形槽状，底部有四乳钉。盒盖长42.8厘米，宽16.4厘米，高14.8厘米，盒体长40厘米，宽14.4厘米，高13.6厘米，通高17.2厘米（图一二二，1）。

　　猪圈　1件，标本M72：2。泥质红陶，外施黄褐色釉。残。两端各有一望亭，四阿式顶，亭前各有一长2.8、宽1.6厘米的长方形小门。圈长21.2厘米，宽27.2厘米，后壁高

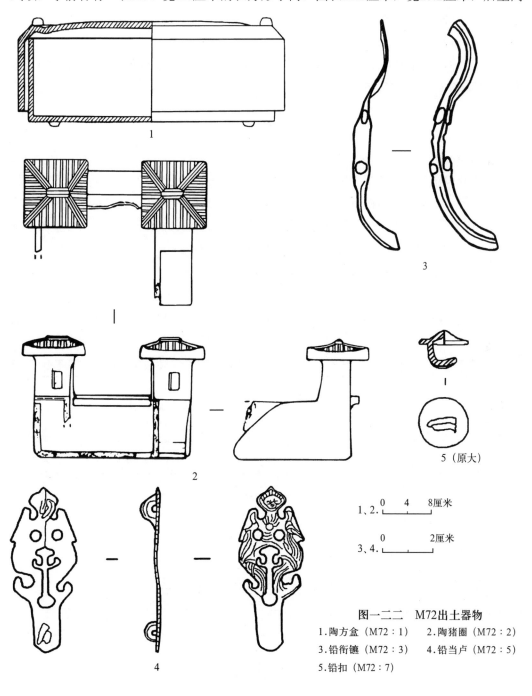

图一二二　M72出土器物

1.陶方盒（M72：1）　　2.陶猪圈（M72：2）
3.铅衔镳（M72：3）　　4.铅当卢（M72：5）
5.铅扣（M72：7）

10厘米，通高19.6厘米（图一二二，2）。

铅器　6件，器类有衔镳、当卢、扣。

衔镳　2件，标本M72：3、4。全身弯曲如"S"形，身上有两孔，两端为弧形薄片。长9厘米（图一二二，3）。

当卢　1件，标本M72：5、6。其轮廓线如正视的马头，中间镂空，背面有两个半环形纽。长6.5厘米（图一二二，4）。

扣　3件，标本M72：7、8。器很小。顶部中心鼓起，背部下垂一环。直径1.4厘米，高1厘米（图一二二，5）。

73号墓

1. 墓葬形制

该墓开口于耕土层和扰土层之下，距地表深150厘米，方向270°。此墓因盗扰，墓室顶部已毁。墓葬形制为砖室墓，平面呈长方形。由封门、前室、后室和侧室组成。墓室长460厘米，宽112厘米，底距地表深240厘米。砖均为长方形小条砖，长31厘米，宽15.5厘米，厚5厘米。在室内扰土中出土有陶奁1件（图一二三）。

封门：用平砖错缝垒砌成弧形。高136厘米。

前室：平面呈长方形，长180厘米，宽112厘米，底低于后室底16厘米，与侧室底相平。墙高120厘米，为平砖错缝垒砌，铺地砖为竖排错缝平铺。随葬品放置在前室北

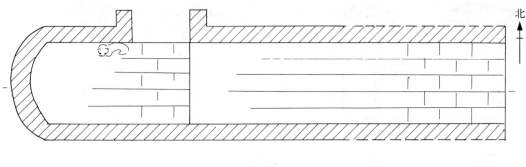

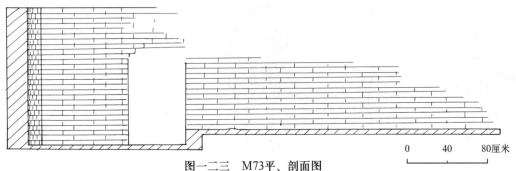

图一二三　M73平、剖面图

图一二四　M73出土陶器
1.狗（M73：1）　2.奁（M73：2）

部，出土陶狗1件。

后室：平面呈长方形，长280厘米，宽112厘米，底高于前室底和侧室底16厘米。墙高65厘米，为平砖错缝垒砌，铺地砖为竖排错缝平铺。

侧室：位于前室东北部。成长方形，长32厘米，宽58厘米，高100厘米，底低于后室底16厘米，与前室底相平。无铺地砖。

葬具、葬式：不详。

2.随葬品

该墓共出土随葬品2件，均为泥质灰陶，器类狗、奁。

狗　1件，标本M73：1。左卧姿，昂首，竖耳，鼓目，卷尾落地，内空。体长40.4厘米，高36厘米（图一二四，1）。

奁　1件，标本M73：2。由盒体和盒盖两部分组成。盖残无法复原。盒体呈圆柱体，直壁，口稍内敛，平底。口径16.4厘米，底径18厘米，高19.6厘米（图一二四，2）。

75号墓

1.墓葬形制

该墓开口于耕土层和扰土层之下，距地表深140厘米，方向90°。西与M107相邻，间隔仅10厘米，但M107方向则为0°。墓葬形制为竖穴土坑墓，平面呈长方形。墓室长325厘米，宽175厘米，底距地表250厘米。墓室四壁垂直无收分，室内填五花沙土，土质疏松，未夯打。从墓底的灰痕分辨出葬具为单棺。随葬品放置在棺内南部和北部，出土有铜镜1面和铜钱8枚（图一二五）。

葬具：位于墓室东北部。质地为木质棺，从朽木灰痕看，棺长220厘米，宽约85厘米。

葬式：不详。

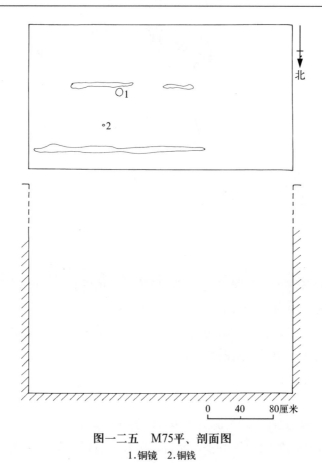

图一二五　M75平、剖面图

1.铜镜　2.铜钱

2.随葬品

该墓共出土随葬品1件，另有铜钱8枚。质地为铜。分述如下：

星云镜　1面，标本M75：1。圆形。连峰纽，双线圆纽座。座外一周内向十六连弧纹和双弦纹圈带间为主纹。四枚带圆座乳钉间各有五枚小乳和二月牙纹，每枚小乳由长短不同的弧线相连接。内向十六连弧纹缘。直径10.7厘米，缘厚0.32厘米（图一二六，1）。

铜钱　8枚，均为五铢钱，圆形方穿，钱的正、反两面均有郭。分二型。

A型　6枚，标本M75：2-1。钱郭径2.5厘米，穿径0.9厘米，厚0.15厘米。正面穿上有横郭或无横郭，五字交叉，两笔微曲，与上下两横交界处是垂直的，朱字头上笔方折，下笔圆折（图一二六，2）。

B型　2枚，标本M75：2-2。钱郭径2.5厘米，穿径0.9厘米，厚0.15厘米。正面穿上有横郭或无横郭，五字交叉，两笔微曲，与上下两横交界处微内敛。朱字头上笔方折，

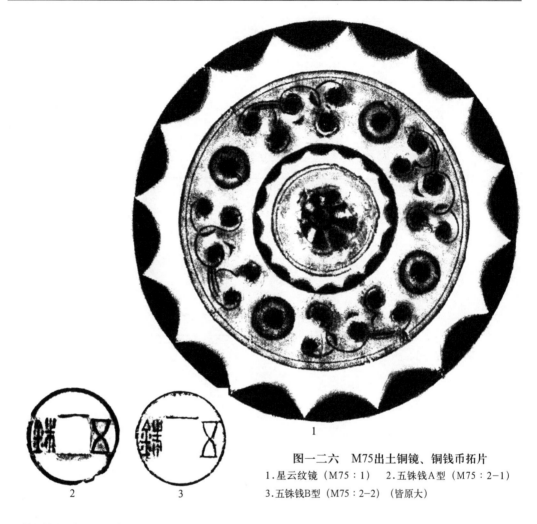

图一二六　M75出土铜镜、铜钱币拓片
1.星云纹镜（M75：1）　2.五铢钱A型（M75：2-1）
3.五铢钱B型（M75：2-2）（皆原大）

下笔圆折（图一二六，3）。

76号墓

1.墓葬形制

该墓开口于耕土层和扰土层之下，距地表深155厘米，方向84°。北与M98相邻，且相互平行，间隔仅20厘米。墓葬形制为竖穴土坑墓，平面呈长方形。墓室长348厘米，宽156厘米，底距地表222厘米。墓壁垂直无收分，室内填五花沙土，土质疏松，未夯打。随葬品主要放置在墓室西南部，出土有陶鼎1、陶盒1、陶壶1、模型小陶壶1（图一二七，1）。向下28厘米，距地表深250厘米，出土一种圆柱状泥柱，直径均在2.5厘米，长度5厘米左右。有的直立、有的平放，散布于整个墓室底部，随葬品放置在与在上一平面的鼎、盒相对应的位置下，出土铁刀1把、铜带钩1件（图一二七，2）。

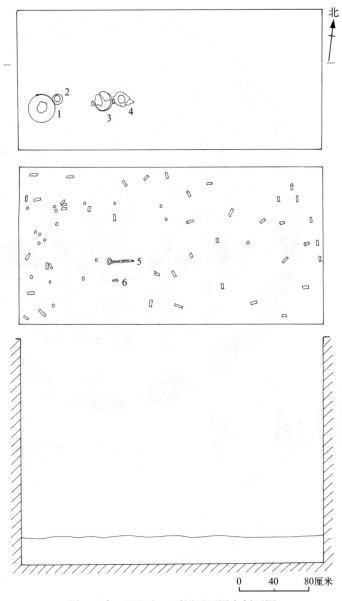

图一二七　M76上、下层平面图和剖面图
1.陶壶　2.模型小陶壶　3.陶鼎　4.陶盒　5.铁刀　6.铜带钩

葬式：不详。

2.随葬品

该墓共出土随葬品6件，质地有陶、铜、铁。分述如下：

陶器：4件，均为泥质灰陶。器类有鼎、盒、壶、模型小壶。

鼎　1件，标本M76：3。子母口内敛，鼓腹，圜底，外附长方形竖耳，底附三马蹄

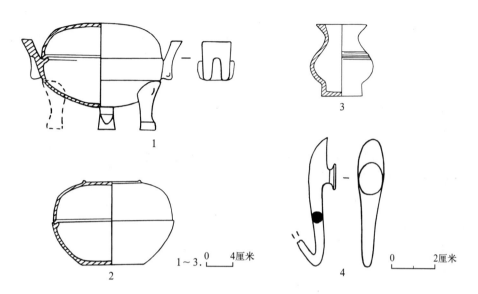

图一二八　M76出土器物

1.陶鼎（M76：3）　2.陶盒（M76：4）　3.模型小陶壶（M76：2）　4.铜带钩（M76：6）

形足。腹部折出一条棱线。上承浅覆钵形盖。盖口径19厘米，高4.8厘米，鼎口径17.6厘米，高12.8厘米，通高15.2厘米（图一二八，1）

　　盒　1件，标本M76：4。覆碗形盖，顶有矮圈足形捉手。器身子母口内敛，浅斜腹，平底。口径18.9厘米，底径9.1厘米，高6.8厘米，通高13.2厘米（图一二八，2）。

　　壶　1件，标本M76：1。因陶质差已成碎片，无法复原。

　　模型小壶　1件，标本M76：2。侈口，尖唇，斜肩，鼓腹，假圈足，平底。肩部饰凹弦纹三周。口径8厘米，腹径10.2厘米，底径6.6厘米，高11厘米（图一二八，3）。

　　铜带钩　1件，标本M76：6。钩首残，身呈琵琶形，腹部较短，背部有圆柱帽形纽，尾圆。长5.9厘米（图一二八，4）。

　　铁刀　1件，标本M76：5，残。从残块看，刀背直，刃部亦直。

77号墓

1.墓葬形制

　　该墓开口于耕土层和扰土层之下，距地表深130厘米，方向84°。墓葬形制为竖穴土坑墓，平面呈长方形。墓口大于墓底，墓壁垂直无收分，四边设二层台，台宽20～50厘米，台高76厘米。墓室口长440厘米，宽320厘米，墓底长354厘米，宽256厘米，底距地表256厘米。室内填五花沙土，土质疏松，未夯打。从墓底的灰痕分辨出葬具为单棺。随葬品主要放置在墓室的东部，个别小件放置在北部，出土有陶鼎2、陶盒2、陶壶

2、模型小陶壶1、小陶罐1、铜环圈1、铅衔1（图一二九）。

葬具：位于墓室东南部。质地为木质棺，从朽木灰痕看，棺残长120厘米，宽约60厘米。

葬式：不详。

2.随葬品

该墓共出土随葬品10件，质地有陶、铜、铅。分述如下：

陶器：8件，均为泥质灰陶。器类有鼎、盒、壶、模型小壶、罐。

鼎　2件，标本M77：3、4。形制及大小相同。子母口内敛，鼓腹，圜底，外附长方形竖耳，底附三马蹄形足，足根部正面饰有人面像。腹部饰凹弦纹三周。上承覆碗形盖，顶有矮圈足形捉手，正中有两个相对的铺首纽，下部折出一条棱线。盖口径23.8厘米，高7.8厘米，鼎口径22.8厘米，高22厘米，通高25.6厘米（图一三〇，1）。

盒　2件，标本M77：5、6。形制及大小相同。覆碗形盖，顶有矮圈足形捉手，

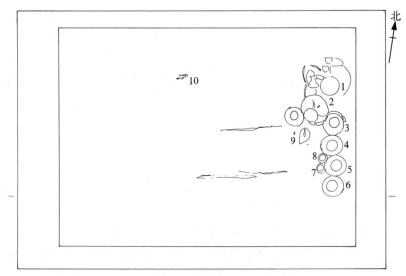

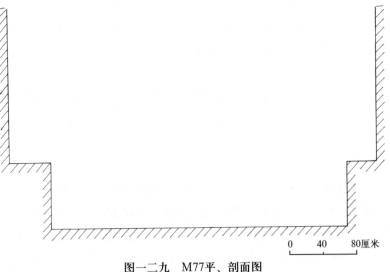

图一二九　M77平、剖面图

1、2.陶壶　3、4.陶鼎　5、6.陶盒　7、8.小陶罐　9.铜环圈　10.铅衔

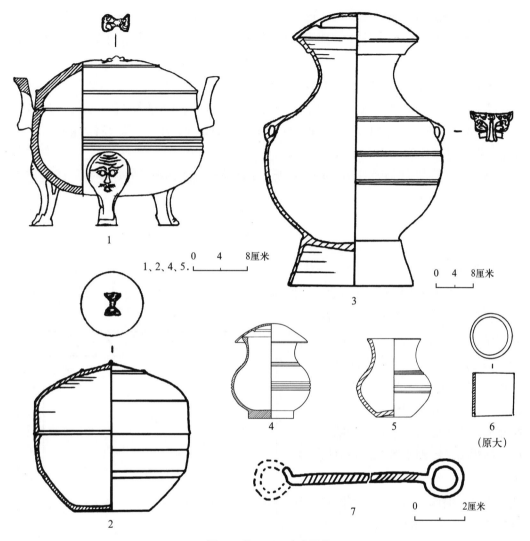

图一三〇　M77出土器物

1.陶鼎（M77∶3）　2.陶盒（M77∶5）　3.陶壶（M77∶1）　4.模型小陶壶（M77∶8）
5.陶小罐（M77∶7）　6.铜环圈（M77∶9）　7.铅衔（M77∶10）

正中有两个相对的铺首纽。器身子母口，深折腹，平底。盖和器身饰有凹弦纹。口径23.6厘米，底径11厘米，高11.2厘米，通高21.6厘米（图一三〇，2）。

　　壶　2件，标本M77∶1、2。形制及大小相同。斜盘口，窄折沿，长弧颈，颈较粗，圆肩，鼓腹，圜底，折曲状高圈足外撇。肩部有两个对称的铺首衔环形耳，肩、腹有三组凹弦纹（每组二周）。上承弧形盖。壶内涂朱砂。盖径26厘米，高5.6厘米，壶口径24.6厘米，腹径38.4厘米，底径26厘米，高51.6厘米，通高56.8厘米（图一三〇，3）。

　　模型小壶　1件，标本M77∶8。平口，尖唇，微束颈，颈较粗，溜肩，圆鼓腹，假圈足。肩腹部饰有三组凹弦纹（每组二周）。上承弧形盖。盖口径10.6厘米，高2.7厘米。壶口径8.5厘米，腹径11.6厘米，底径6.6厘米，高11.6厘米，通高13.5厘米（图一三〇，4）。

小罐　1件，标本M77：7。侈口，尖唇，斜肩，鼓腹，平底，内凹。肩、腹部各饰凹弦纹二周。口径8厘米，腹径11.2厘米，底径5.2厘米，高11.6厘米（图一三〇，5）。

铜环圈　1件，标本M77：9。如一两端不闭塞的直筒，中空。口径1.2厘米，高1.2厘米（图一三〇，6）。

铅衔　1件，标本M77：10。两截连成，每截的两端成环形，互相咬合。长7.2厘米（图一三〇，7）。

78号墓

1. 墓葬形制

该墓开口于耕土层和扰土层之下，距地表深130厘米，方向84°。此墓因扰乱，墓室顶部已毁。因大部分墓室又被压在东院墙之外，因此只能清理院内部分。墓葬形制为砖室墓，平面呈长方形。墓室（院内）长110厘米，宽184厘米，底距地表260厘米。墙高80厘米，为平砖错缝垒砌，无铺地砖。砖均为长方形小条砖，长31厘米，宽15.5厘米，厚5厘米。随葬品放置在墓室的西北角，出土有陶猪圈1、陶鸡1，另一部分随葬品则出自室内扰土之中，出土有陶鸡1、陶鸭1、陶奁1、陶灶1、陶井1、铜钱1和磨、罐、狗、方盒等残陶片（图一三一）。

葬具、葬式：不详。

2. 随葬品

该墓共出土随葬品7件和陶片，另有铜钱1枚。质地有陶、铜。分述如下：

陶器：7件和一些陶片，有泥

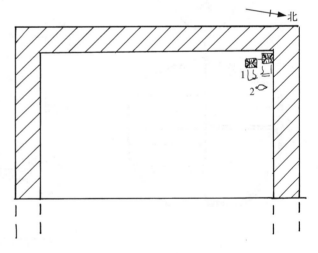

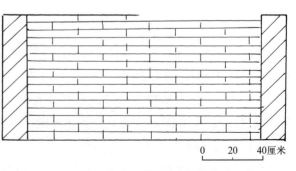

图一三一　M78平、剖面图

1.陶猪圈　2.陶鸡

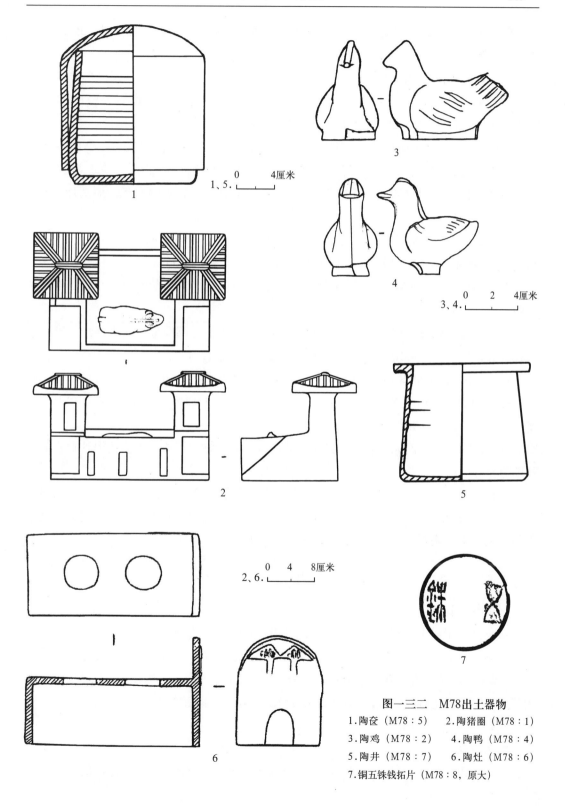

图一三二　M78出土器物

1.陶奁（M78：5）　　2.陶猪圈（M78：1）

3.陶鸡（M78：2）　　4.陶鸭（M78：4）

5.陶井（M78：7）　　6.陶灶（M78：6）

7.铜五铢钱拓片（M78：8，原大）

质灰陶、泥质红陶（有的施黄褐釉）。器类有猪圈、鸡、鸭、奁、灶、井、磨、罐、狗、方盒等。

奁　1件，标本M78：5。泥质灰陶。由盒盖和盒体两部分组成。均圆筒形，口微内敛。盖顶呈圆弧形，盒体内侧有数周凹弦纹，平底。盒盖口径21.6厘米，高21.6厘米，盒体口径16.8厘米，高19.2厘米，通高23.2厘米（图一三二，1）。

猪圈　1件，标本M78：1。泥质灰陶。两端各有一望亭，四阿式顶，亭前各有一长4.4厘米、宽2厘米的长方形小门。院前部有三个长方形小门。院内有一猪，猪立姿。猪长19.2厘米，高7.2厘米，圈长17.2厘米，宽27.6厘米，后壁高8.4厘米，通高18.8厘米（图一三二，2）。

鸡　2件（1件头部残）。泥质灰陶。形制相同，大小不同。均为卧姿。标本M78：2，矮冠，内空。体长9.4厘米，高7.2厘米（图一三二，3）。

鸭　1件，标本M78：4。泥质灰陶。立姿，昂首挺胸。体长7.8厘米，高6.8厘米（图一三二，4）。

井　1件，标本M78：7。泥质灰陶。平口折沿，方唇，圆筒形，斜腹外张，平底。口径15.2厘米，底径14.4厘米，高13.2厘米（图一三二，5）。

灶　1件，标本M78：6。泥质灰陶。立体长方形，灶台上面开有两个火眼，灶身前面设有遮烟隔墙和拱形火门，正面模印着房屋。灶身长32厘米，宽15.2厘米，高19.6厘米（图一三二，6；图版一二，5）。

陶片：因残缺，而无法复原。器类有泥质灰陶磨、罐、泥质红陶施黄褐釉狗、泥质红陶方盒等。

五铢铜钱　1枚，标本M78：8。圆形方穿，钱的正、反两面均有郭。钱郭径2.5厘米，穿径1.0厘米，厚0.15厘米。正面穿上无横郭。两笔微曲，与上、下二横交接处是垂直的，朱字头上笔方折，下笔圆折（图一三二，7）。

79号墓

1. 墓葬形制

该墓开口于耕土层和扰土层之下，距地表深170厘米，方向0°。此墓因扰乱，已全毁。从墓框平面看，呈长方形，墓葬形制为砖室墓。墓室长250厘米，宽113厘米，底距地表210厘米。砖均为长方形小条砖，长30厘米，宽15厘米，厚5厘米。随葬品均出自室内扰土之中，出土有陶磨盖1、陶猪圈1、泥钱1和仓、仓盖等陶片。

葬具、葬式：不详。

2. 随葬品

该墓共出土随葬品2件和一些陶片，另有泥钱1枚，质地有陶、泥。分述如下：

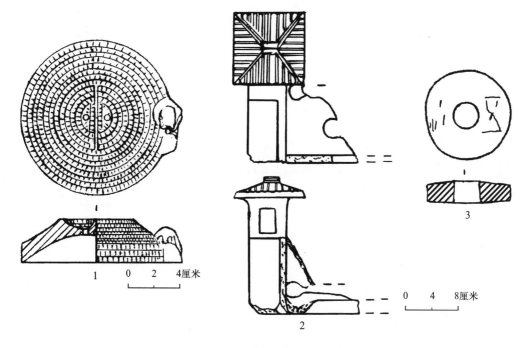

图一三三 M79出土器物

1.陶磨盖（M79：1） 2.陶猪圈（M79：2） 3.泥钱（M79：3，原大）

陶器：2件和一些陶片，器类有磨、猪圈、仓、仓盖。

磨 1件，标本M79：1。泥质灰陶。仅存磨盖，盖中部有两个相对应的半圆形磨眼，安柄作兽形，上扇顶部饰篦纹。磨径11.8厘米，高4.5厘米（图一三三，1）。

猪圈 1件，标本M79：2。残缺，仅存一部分。一端有一望亭，四阿式顶，亭前有一长3.2厘米，宽2厘米的长方形小门。底部有圆形孔。圈长10.8厘米，残宽16厘米，后壁高10.4厘米，通高19厘米（图一三三，2）。

陶片：已残缺，无法复原。器类有仓、仓盖等。

五铢泥钱 1枚，标本M79：3。用细泥模压制成。圆形，圆穿。钱之正面，穿之左右模印着"五铢"二字。钱径2.4厘米，穿径0.7厘米，厚0.5厘米（图一三三，3）。

80号墓

1.墓葬形制

该墓开口于耕土层和扰土层之下，距地表深180厘米，方向354°。墓葬形制为竖穴土坑墓，平面呈长方形。墓口大于墓底，墓壁垂直无收分，四边设二层台，台宽30～40厘米，台高60厘米。墓室口长380厘米，宽230厘米。墓底长304厘米，宽159厘米，底距地表310厘米。室内填五花沙土，土质疏松，未夯打。随葬品主要放置在墓室的东部，出土有陶鼎1、陶盒1、陶壶1、铜印章1、陶车轮2（图一三四）。

葬具、葬式：不详。

2.随葬品

该墓共出土随葬品6件，质地有陶、铜。分述如下：

陶器：5件，均为泥质灰陶，器类有鼎、盒、壶、车轮。

鼎　1件，标本M80：4。子母口内敛，鼓腹，圜底，外附长方形竖耳，底附三马蹄形足，足根部正面饰有人面像。腹部折出一条棱线。上承呈覆钵形盖。盖口径21.4厘米，高6.4厘米，鼎口径19.6厘米，高16.8厘米，通高19.2米（图一三五，1）。

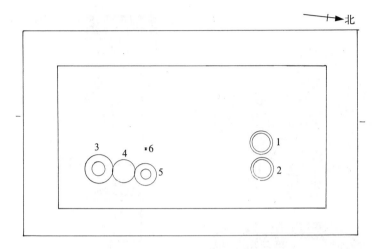

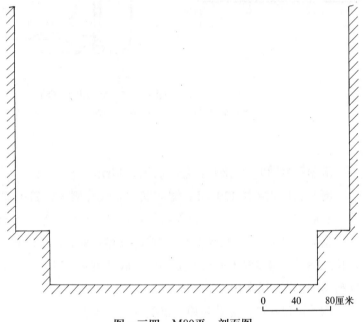

图一三四　M80平、剖面图
1、2.陶车轮　3.陶壶　4.陶鼎　5.陶盒　6.铜印章

盒　1件，标本M80：5。覆碗形盖，顶有矮圈足形捉手。器身残，从残片上看，器身子母口，平底。盖口径19.2厘米，高6厘米（图一三五，2）。

壶　1件，标本M80：3。敞口，弧形颈，圆肩，鼓腹，圆底，折曲状高圈足外撇。肩部有两个对称的铺首形耳，肩、腹部各饰凹弦纹二周，足上饰六周弦纹。上承弧形盖。盖径22.8厘米，高5.6厘米，壶口径22.4厘米，腹径31.6厘米，底径22.8厘米，高40.8厘米，通高46.4厘米（图一三五，3）。

车轮　2件，标本M80：1、2。形制及大小相同。圆环形，断面呈六边形。牙内凿有19个安装辐条的孔，外径23.2厘米，内径19.6厘米，凿孔间距4.1厘米，牙宽0.8厘米，厚1.0厘米（图一三五，4）。

铜印章　1枚，标本M80：6。正方形，鼻钮已残，字为阴刻篆文，篆文已模糊不清。边长0.8厘米，高0.25厘米，通高0.6厘米（图一三五，5；彩版七，2）。

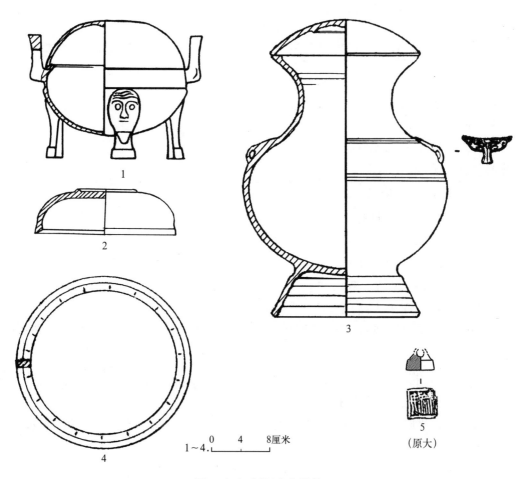

图一三五　M80出土器物

1.陶鼎（M80：4）　2.陶盒盖（M80：5）　3.陶壶（M80：3）　4.陶车轮（M80：1）　5.铜印章（M80：6）

83号墓

1.墓葬形制

该墓开口于耕土层和扰土层之下，距地表深130厘米，方向270°。M71打破墓室的东南部，打破深度为235厘米，未及底。墓葬形制为竖穴土坑墓，平面呈长方形。墓

室长300厘米，宽170厘米，底距
地表280厘米。墓室四壁垂直无
收分，室内填五花沙土，土质
疏松，未夯打。随葬品放置在
墓室的西部，出土有陶鼎1、陶
盒1、模型小陶壶1、铜镜1（图
一三六）。

葬具、葬式：不详。

2. 随葬品

该墓共出土随葬品4件，质地
有陶、铜。分述如下：

陶器：3件，均为泥质灰陶，
器类有鼎、盒、模型小壶。

鼎　1件，标本M83：2。盖
呈浅覆钵形。子母口内敛，鼓
腹圜底，外附长方形竖耳，底
附三马蹄形矮足，腹部折出一条
棱线。盖口径18.6厘米，高4.2厘
米，鼎口径17.2厘米，高12.4厘
米，通高14.4厘米（图一三七，
1）。

盒　1件，标本M83：1。盖
残，无法复原。器身子母口内

图一三六　M83平、剖面图
1.陶盒　2.陶鼎　3.模型陶小壶　4.铜镜

敛，浅斜腹，平底。腹部饰凹弦纹二周。口径15.8厘米，底径8.6厘米，高6.8厘米（图
一三七，2）。

模型小壶　1件，标本M83：3。侈口，平沿外斜，尖唇，斜肩，鼓腹，假圈足，平
底。口径4.8厘米，腹径6厘米，底径4厘米，高6.8厘米（图一三七，3）。

蟠螭叶纹镜　1面，标本M83：4。圆形。三弦纽。圆纽座，座外一周凹面圈带。纹
饰由地纹与主纹组合而成，地纹为较稀疏的圆涡纹。主纹为三蟠螭纹，间以三叶纹。蟠
螭身躯弯卷柔长，与叶纹相勾连，腹部盘结作折叠菱形。之外一周弦纹。主纹皆双线。
素卷缘。直径8.13厘米，缘厚0.2厘米（图一三七，4；彩版五，1）。

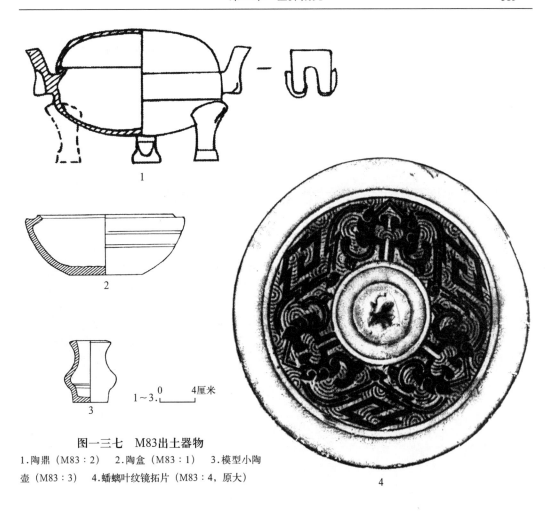

图一三七 M83出土器物

1.陶鼎（M83：2） 2.陶盒（M83：1） 3.模型小陶
壶（M83：3） 4.蟠螭叶纹镜拓片（M83：4，原大）

84号墓

1.墓葬形制

该墓开口于耕土层和扰土层之下，距地表深130厘米，方向0°。M71打破墓室西南角，打破深度为235厘米，未及底。墓葬形制为竖穴土坑墓，平面呈长方形。墓室长340厘米，宽220厘米，底距地表295厘米。墓室四壁垂直无收分，室内填五花沙土，土质疏松，未夯打。随葬品放置在墓室的西部，出土有双耳陶罐（图一三八）。

葬具、葬式：不详。

2.随葬品

双耳陶罐 1件，标本M84：1。泥质灰陶。侈口，平沿外斜，尖唇，长颈外斜，丰肩，鼓腹，圜底内凹。肩部有两对称的牛鼻式耳，上腹饰间断绳纹、下腹拍密集的交叉绳纹。口径17厘米，腹径29.4厘米，高29.2厘米（图一三九）。

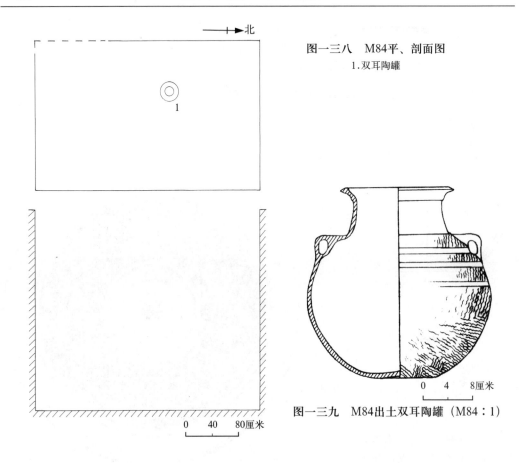

图一三八　M84平、剖面图
1.双耳陶罐

图一三九　M84出土双耳陶罐（M84：1）

85号墓

1.墓葬形制

　　该墓开口于耕土层和扰土层之下，距地表深145厘米，方向0°。此墓因盗扰，墓室顶部已毁。墓葬形制为砖室墓，平面呈"7"字形，由西侧室和主室组成。墓室长296厘米，最宽处220厘米，底距地表228厘米。所用砖均为长方形小条砖，长26厘米，宽12.5厘米，厚3.5厘米（图一四〇）。

　　主室：平面呈长方形，长296厘米，宽108厘米，底高于西侧室底15厘米。墙高84厘米，为平砖错缝垒砌，铺地砖为一竖二横一竖排，（5组）一横一竖排平铺。

　　西侧室：平面呈长方形，长136厘米，宽112厘米，底低于主室底15厘米。墙高85厘米，为平砖错缝垒砌，无铺地砖。随葬品主要放置在该室内，出土有陶鼎1、陶灶1、陶井1、陶灯1、陶奁1、陶仓2、陶方盒1、陶灯座1、陶盒1等。

　　葬具、葬式：不详。

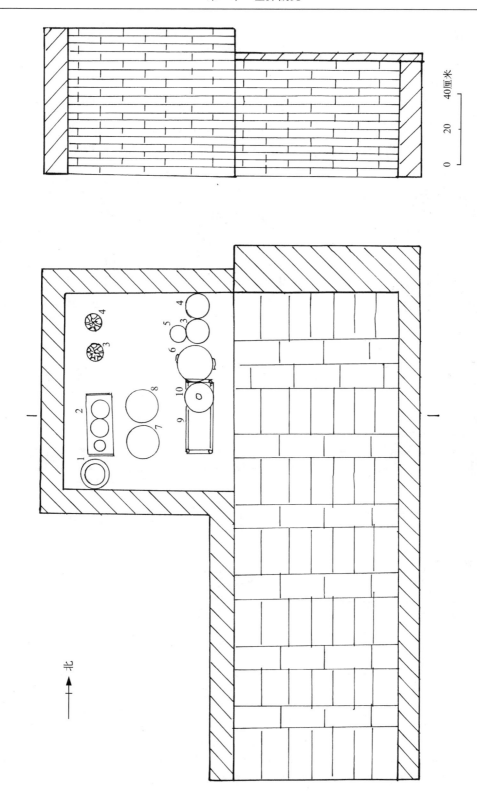

图一四〇 M85平、剖面图

1.陶井 2.陶灶 3、4.陶仓（仓盖） 5.陶灯 6.陶鼎 7.陶壶 8.陶盒 9.陶方盒 10.陶灯座

2.随葬品

该墓共出土随葬品10件，质地为陶，有泥质灰陶和泥质红釉陶。器类有鼎、盒、奁、方盒、仓、灶、井、灯、灯座等。

鼎　1件，标本M85：6。泥质灰陶。子母口内敛，鼓腹，圜底，外附长方形竖耳，底附三熊形足。腹部饰凸弦纹二周。上承博山炉式盖，盖上模印着山峦、树木、动物及人物等纹饰，下饰菱形纹一周。盖口径19.5厘米，高8.5厘米，鼎口径17.4厘米，高20.4

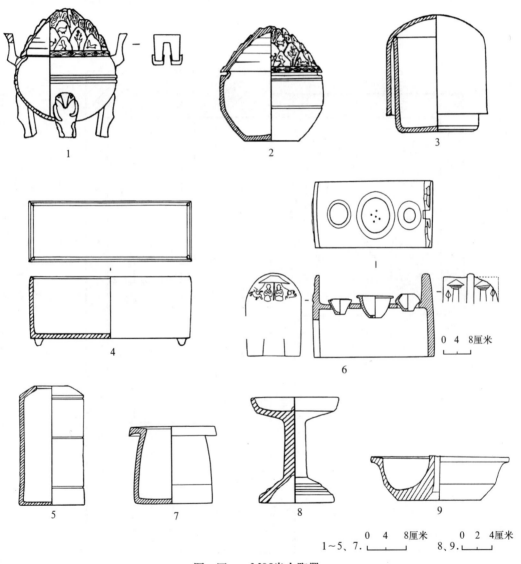

图一四一　M85出土陶器

1.陶鼎（M85：6）　2.陶盒（M85：8）　3.陶奁（M85：7）　4.陶方盒（M85：9）　5.陶仓（M85：3）　6.陶灶（M85：2）　7.陶井（M85：1）　8.陶灯（M85：5）　9.陶灯座（M85：10）

厘米，通高25.2厘米（图一四一，1；图版一三，5）。

盒 1件，标本M85：8。泥质灰陶。博山炉式盖，盖上模印着山峦、树木、动物及人物等纹饰，下饰菱形纹一周。器身子母口，折腹较深，平底，稍内凹。口、腹部各饰凹弦纹一周。盖口径19.5厘米，高8.8厘米，盒口径20厘米，底径10.5厘米，高12.8厘米，通高22厘米（图一四一，2）。

奁 1件，标本M85：7。泥质灰陶。由盖和盒体两部分组成，均呈圆筒形，盖顶为圆弧形，盒体平底，微内凹。盒盖口径20.5厘米，高19厘米，盒体口径17.5厘米，高19.7厘米，通高24厘米（图一四一，3）。

方盒 1件，标本M85：9。泥质灰陶。由盒盖和盒体两部分组成。盒盖残，无法复原，但从残片看，顶部为长方形凹槽，角上饰一乳钉。盒体系长方形槽状，底部有四乳钉。盒体长38.4厘米，宽13.4厘米，高15.2厘米（图一四一，4）。

仓 2件，标本M85：3、4。均为泥质灰陶。形制及大小相同。小口，圆唇，斜折肩，直壁，下部微外撇，平底。腹部饰三周凹弦纹。口径6厘米，底径16厘米，高27厘米（图一四一，5）。

灶 1件，标本M85：2。泥质灰陶。立体长方形，灶台上面开有三个火眼，放置釜、盆、甑等附件。灶身前后均设有遮烟隔墙，前壁有拱形火门，正面模印着四阿式顶房屋，屋中坐着两人，两侧各用绳索拴着一条犬。灶身后壁有一象征性的柱形烟囱，背面模印着阙和树木。灶身长34.8厘米，宽16.8厘米，高19.8厘米（图一四一，6；图版一三，6）。

井 1件，标本M85：1。泥质灰陶。平沿内斜，折沿，方唇，圆筒形，斜腹外张，平底。口径18厘米，底径16厘米，高16厘米（图一四一，7；图版一三，4）。

灯 1件，标本M85：5。泥质红陶，外施黄褐色釉。呈豆形。浅盘，斜壁，中心凸出一锥柱。高柄，喇叭形底座，底座表面呈阶梯形。盘径17厘米，底径9.3厘米，高16.1厘米（图一四一，8）。

灯座 1件，标本M85：10。泥质红陶，外施黄褐色釉。圆盘，盘中一圆柱，柱中空。盘平沿内斜，方唇，弧腹，平底。盘径18厘米，高3.2厘米，通高3.5厘米（图一四一，9）。

86号墓

1. 墓葬形制

该墓开口于耕土层和扰土层之下，距地表深215厘米，方向4°。西与M88相邻，且相互平行，间隔仅30厘米。M70、M82两座近代墓打破墓室的西北部，M85、M65打破西南角和南部，打破深度均未及底。墓葬形制为竖穴土坑墓，平面呈长方形。墓室

长306厘米，宽266厘米，底
距地表346厘米。墓室四壁
垂直无收分，室内填五花沙
土，土质疏松，未夯打。大
件随葬品主要放置在墓室的
北部，出土有陶鼎2、陶盒
2、陶壶2、小陶壶2，而铜
镜则放置在墓室的南部（图
一四二）。

　　葬具、葬式：不详。

　　2.随葬品

　　该墓共出土随葬品9件，
质地有陶、铜。分述如下：

　　陶器：8件，均为泥质
灰陶，器类有鼎、盒、壶、
小壶。

　　鼎　2件，标本M86：7、
8。形制及大小相同。子母
口内敛，鼓腹，圜底，外附
长方形竖耳，底附三马蹄
形足，足根部正面饰有人
面像，腹部折出一条棱线。
盖呈浅覆钵形。盖径24.5厘
米，高7厘米，鼎口径24.8厘
米，高21.5厘米，通高25.2厘
米（图一四三，1）。

　　盒　2件，标本M86：5、
6。形制及大小相同。覆碗
形盖，顶有矮圈足形捉手，

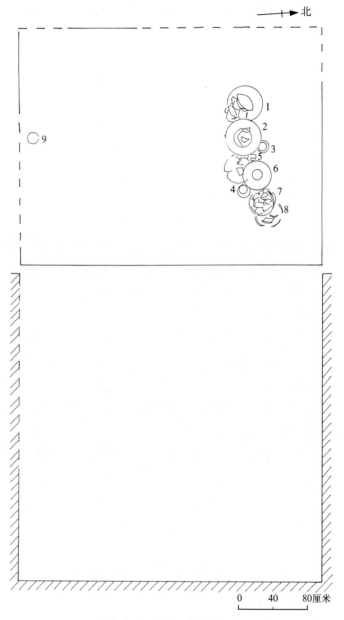

图一四二　M86平、剖面图

1、2.陶壶　3、4.陶小壶　5、6.陶盒　7、8.陶鼎　9.铜镜

弧顶。器身子母口，折腹较深，平底，微内凹。盖和器身各饰凹弦纹一周。口径24厘
米，底径11厘米，高11厘米，通高20厘米（图一四三，2）。

　　壶　2件，标本M86：1、2。形制及大小相同。浅盘口，外敞，平口折沿，方唇，
弧形颈，颈较粗，圆肩，鼓腹，圜底，折曲状高圈足外撇。盘口下微有凸棱，肩部有两

个对称的铺首形耳，肩、腹饰凹弦纹三组（每组二周）。上承折沿扁体盖，圆弧顶。盖口径25.6厘米，高7.6厘米，壶口径24厘米，腹径37.6厘米，底径22.4厘米，高44厘米，通高51.6厘米（图一四三，3；图版一四，1）。

　　小壶　2件，标本M86∶3、4。形制及大小相同。微盘口，斜长颈，颈较粗，圆肩，鼓腹，假圈足，平底。盘口下有一凸棱，肩部有对称的两铺首耳，腹饰凹弦纹一周。上承弧形盖，壶内涂朱砂。盖径10厘米，高2.6厘米，壶口径9.7厘米，腹径14.7厘米，底径8厘米，高17厘米，通高19.8厘米（图一四三，4）。

　　日光对称单层草叶镜　1面，标本M86∶9。圆形。三弦纽。纽外一个细线小方格和一个凹面大方格间按顺时针方向布列八字铭文，铭文为"见日之光，天下大明"。外方格四内角各一桃形花苞，四外角向外伸出一株双叶花枝纹，将镜背纹饰分为四区，每区中心点外各一乳钉，乳钉上方一桃形花苞，两侧各一对称单层草叶纹。内向十六连弧纹缘。直径11.2厘米，缘厚0.32厘米（图一四三－2）。

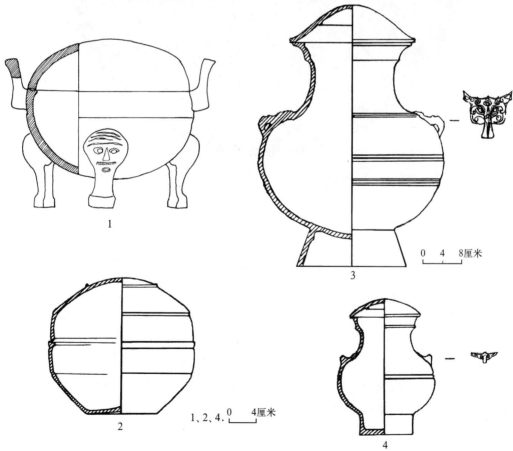

图一四三－1　M86出土陶器

1.陶鼎（M86∶7）　2.陶盒（M86∶5）　3.陶壶（M86∶1）　4.小陶壶（M86∶3）

图一四三-2　M86出土日光对称单层草叶纹镜拓片（M86：9，原大）

88号墓

1.墓葬形制

　　该墓开口于耕土层和扰土层之下，距地表深180厘米，方向0°。东与M86相邻，且相互平行，间隔仅30厘米。M70、M85打破墓室的东北角和东南部，打破深度均未及底。墓葬形制为竖穴土坑墓，平面呈长方形。墓室长330厘米，宽190厘米，底距地表328厘米。墓壁垂直无收分，室内填五花沙土，土质疏松，未夯打。随葬品主要放置在墓室北部，出土有小口陶瓮1、铜镜1（图一四四）。

　　葬具、葬式：不详。

2.随葬品

　　该墓共出土随葬品2件，质地有陶、铜。分述如下：

小口陶瓮　1件，标本
M88：1。泥质灰陶。平折沿，沿
面上有凹槽，方唇，矮颈，溜折
肩，下腹斜收，平底。肩部饰凹
弦纹一周，腹部饰间断绳纹。口
径16厘米，肩径42厘米，底径18.4
厘米，高33.6厘米（图一四五，
1；图版一四，2）。

四花瓣蟠螭龙镜　1面，标
本M88：2。圆形。半球纽。四叶
纹纽座。纽座外云雷纹和凹面形
圈带纹各一周。纹饰由地纹与主
纹组成，地纹为圆涡纹。主纹为
乳钉纹和螭纹相间环绕，乳钉纹
都围以并蒂四叶座。螭龙头小，
圆眼，张嘴，居中近边缘处，
两肢爪向左右伸张，身躯螭施
纠结，曲线流转，细腻繁缛。内
向连弧纹缘。直径11.7厘米，缘
厚0.2厘米（图一四五，2；彩版
五，2）。

89号墓

1. 墓葬形制

该墓开口于耕土层和扰土层

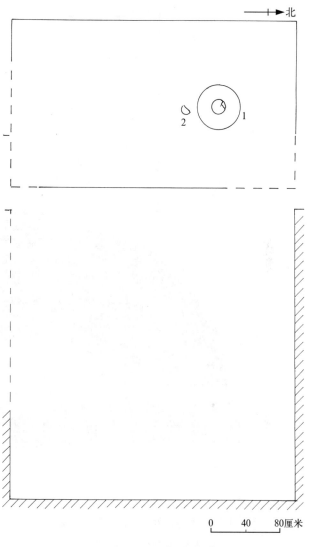

图一四四　M88平、剖面图
1.小口陶瓮　2.铜镜

之下，距地表深135厘米，方向
90°。M72打破墓室的东南部，打破深度240厘米，近底。墓葬形制为竖穴土坑墓，平
面呈长方形。墓室长244厘米，宽150厘米，底距地表249厘米。墓壁垂直无收分，室内
填五花沙土，土质疏松，未夯打。从墓底的灰痕分辨出葬具为单棺，随葬品放置在棺外
南部，出土有陶鼎1、陶盒1、陶壶1、模型小陶壶1（图一四六）。

葬具：位于墓室中部。质地为木质棺，从朽木灰痕看，棺痕残长160厘米，宽46
厘米。

葬式：不详。

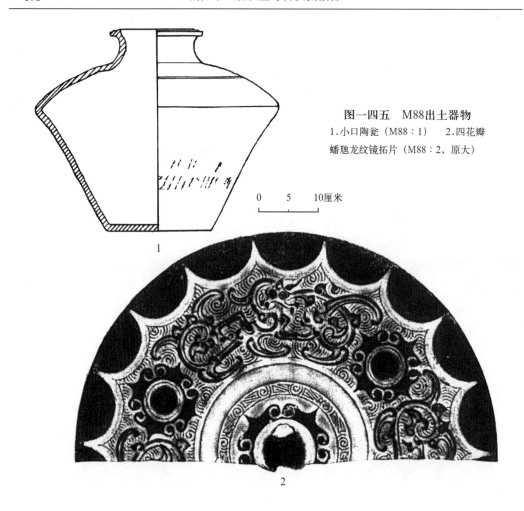

图一四五　M88出土器物

1.小口陶瓮（M88：1）　2.四花瓣
蟠螭龙纹镜拓片（M88：2，原大）

0　5　10厘米

2. 随葬品

该墓共出土随葬品4件，均为泥质灰陶，器类有陶鼎、盒、壶、模型小壶。

鼎　1件，标本M89：4。因陶质差，已成碎块，无法复原。

盒　1件，标本M89：3。覆碗形盖，顶有矮圈足形捉手。器身子母口内敛，浅斜腹，平底，微内凹。盖和器身饰有凹弦纹。盖口径20厘米，高6厘米，盒体口径19.2厘米，底径8.8厘米，高6.8厘米，通高12.8厘米（图一四七，1）。

壶　1件，标本M89：1。敞口，尖唇，束颈，圆肩，鼓腹，圜底，折曲状高圈足外撇。肩部有两个对称的铺首形耳，颈部和腹部饰凹弦纹一周。上承弧形盖。盖径20.8厘米，高7.2厘米，壶口径16.4厘米，腹径25.6厘米，底径15.4厘米，高34厘米，通高38厘米（图一四七，2）。

模型小壶　1件，标本M89：2。侈口，尖唇，溜肩，鼓腹，假圈足，平底微内凹。口径5厘米，腹径6.4厘米，底径4.8厘米，高7.4厘米（图一四七，3）。

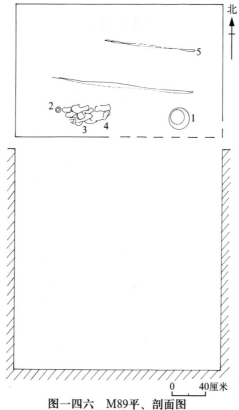

图一四六　M89平、剖面图

1.陶壶　2.陶小壶　3.陶盒　4.陶鼎　5.棺痕

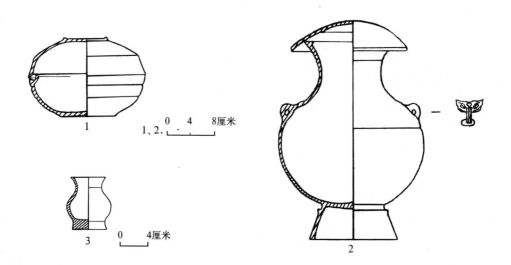

图一四七　M89出土陶器

1.陶盒（M89：3）　2.陶壶（M89：1）　3.模型小陶壶（M89：2）

90号墓

1.墓葬形制

该墓开口于耕土层与扰土层之下，距地表深180厘米，方向90°。南与M48相邻，且相互平行，间隔仅20厘米。墓葬形制为竖穴土坑墓，平面呈长方形。墓室长300厘米，宽165厘米，底距地表深288厘米。墓壁垂直无收分，室内填五花沙土，土质疏松，未夯打。从墓底的灰痕分辨出葬具为单棺，大件随葬品放置在棺外的东北部，出土有小口陶瓮1件，而小件随葬品则散放于棺内，出土有无耳矮领折沿陶罐1、铜泡钉5、铜钱4、铜管状器1、铜带钩1（图一四八）。

葬具：位于墓室中部。质地为木质棺，从朽木灰痕看，棺长220厘米，宽80厘米。

葬式：不详。

2.随葬品

该墓共出土随葬品9件，另有铜钱4枚。质地有陶、铜。分述如下：

陶器：2件，均为泥质灰陶，器类有小口瓮、无耳矮领折沿罐。

小口瓮　1件，标本M90：1。口稍侈，平折沿，方唇，矮颈，折肩，下腹斜收，平底。肩部饰间断绳纹，腹部饰绳纹。口径13.6厘米，肩径39.2

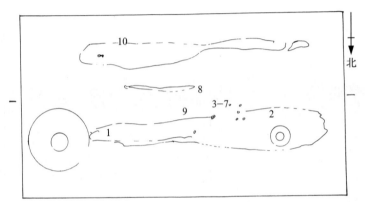

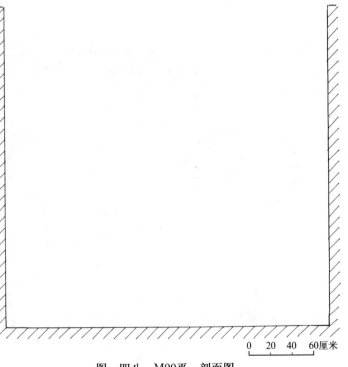

图一四八　M90平、剖面图

1.小口陶瓮　2.无耳矮领折沿陶罐　3~7.铜泡钉
8.铜钱　9.铜状器　10.铜带钩

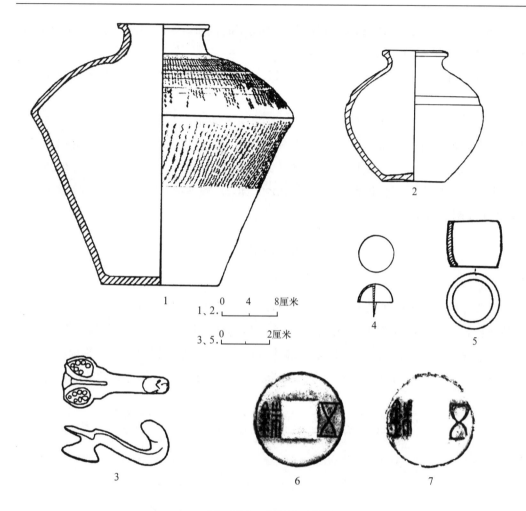

图一四九　M90出土器物

1.小口陶瓮（M90：1）　　2.无耳矮领折沿陶罐（M90：2）　　3.铜带钩（M90：10）　　4.铜泡钉（M90：3）

5.铜管状器（M90：9）　　6.A型铜五铢钱（M90：8-1）　　7.B型铜五铢钱（M90：8-2）　（4、6、7原大）

厘米，底径17.6厘米，高36.8厘米（图一四九，1）。

　　无耳矮领折沿罐　1件，标本M90：2。平沿外斜，方唇，束颈，矮领，溜肩，鼓腹，平底微凹。腹部饰宽凹弦纹一周。口径9.6厘米，腹径20.4厘米，底径9.2厘米，高18.4厘米（图一四九，2）。

　　铜器：7件，器类有泡钉、带钩、管状器。

　　带钩　1件，标本M90：10。形体较小。钩首呈蛇头形，背部有圆柱帽形纽，腹部作蝶形状。长4.5厘米（图一四九，3；彩版七，10）。

　　泡钉　5件，标本M90：3～7。形状相同，大小略有不同。半圆形，中空，下垂一钉。直径1厘米，高1.1厘米（图一四九，4）。

　　管状器　1件，标本M90：9。形如两端不闭塞的直筒，中部略鼓，中空。口径2.3厘米，高2厘米（图一四九，5）。

　　铜钱　4枚，标本M90：8。均为五铢钱，圆形方穿，钱的正、反两面均有郭。分二型。

　　A型　2枚，正面穿上无横郭。五字交叉，两笔微曲，朱字头上笔方折，下笔微圆折。标本M90：8-1。钱郭径2.5厘米，穿径0.9厘米，厚0.15厘米（图一四九，6）。

　　B型　2枚，正面穿上无横郭。五字交叉，两笔微曲，与上、下二横交接处是垂直的。朱字头上笔方折，下笔微圆折。标本M90：8-2，钱郭径2.5厘米，穿径1.0厘米，厚0.15厘米（图一四九，7）。

91号墓

1.墓葬形制

　　该墓开口于耕土层和扰土层之下，距地表深130厘米，方向348°。此墓因盗扰，墓室顶部已毁，仅存部分墙体和铺地砖。墓葬形制为砖室墓，平面呈长方形。墓室长220厘米，宽160厘米，底距地表180厘米。墙残高48厘米，为平砖错缝垒砌，铺地砖为横排对缝平铺。砖均用长方形小条砖，长27厘米，宽13厘米，厚5.5厘米。随葬品放置在墓

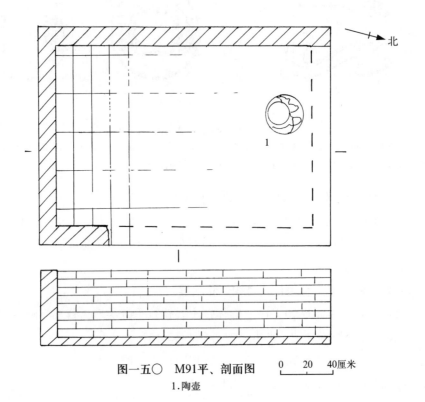

图一五〇　M91平、剖面图　　0　20　40厘米

1.陶壶

室的北部，出土陶壶1件（图一五〇）。

葬具、葬式：不详。

2.随葬品

陶壶　1件，标本M91：1。泥质红陶，外施黄褐色釉。因残缺而无法复原。从残片看，口微盘，鼓腹，有喇叭形圈足。

92号墓

1.墓葬形制

该墓开口于耕土层和扰土层之下，距地表深210厘米，方向6°。墓葬形制为竖穴土坑墓，平面呈长方形。墓室长385厘米，宽275厘米，底距地表深254厘米。墓室四壁垂直无收分，室内填五花沙土，土质疏松，未夯打。随葬品主要放置在墓室的东南部，出土有陶鼎1、陶盒1、陶壶1、模型小陶壶1、铜带钩1、铁环1、铁器1（图一五一）。

葬具、葬式：不详。

2.随葬品

该墓共出土随葬品7件，质地有陶、铜、铁。分述如下：

陶器：4件，均为泥质灰陶。器类有鼎、盒、壶、模型小壶。

鼎　1件，标本M92：3。子母口内敛，鼓腹，圜底，外附长方形竖耳，底附三马蹄形矮足。腹部折出一条棱

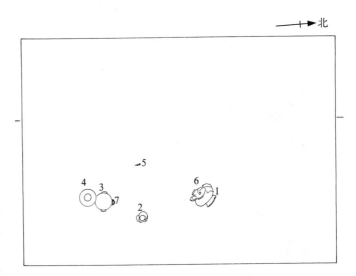

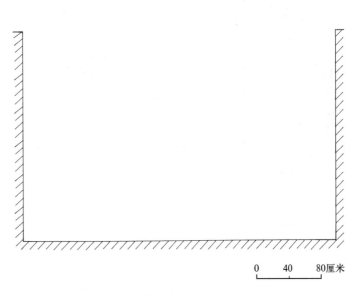

图一五一　M92平、剖面图

1.陶壶　2.模型小陶壶　3.陶鼎　4.陶盒　5.铜带钩　6.铁环　7.铁器

线。盖呈浅覆钵形。盖径20厘米，高4.8厘米，鼎口径19.6厘米，高16.8厘米，通高17.1厘米（图一五二，1）。

盒　1件，标本M92：4。因陶质差，盖残，无法复原。器身子母口内敛，斜弧腹略深，平底稍内凹。腹部饰凹弦纹二周。口径19.6厘米，底径8.8厘米，高9厘米（图一五二，2）。

壶　1件，标本M92：1。敞口，方唇，束颈，颈较粗，圆肩，鼓腹，折曲状高圈足外撇。肩部有两个对称的铺首形耳，颈、肩部饰凹弦纹一周。上呈弧形盖。盖径18.8厘

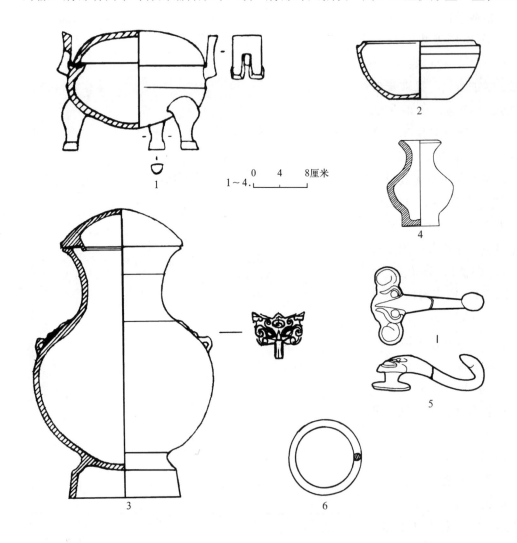

图一五二　M92出土器物

1.陶鼎（M92：3）　2.陶盒（M92：4）　3.陶壶（M92：1）　4.模型小陶壶（M92：2）

5.铜带钩（M92：5）　6.铁环（M92：6）　（5、6.原大）

米，高7.6厘米，壶口径18厘米，腹径28厘米，底径17.2厘米，高36.4厘米，通高42厘米（图一五二，3）。

模型小壶　1件，标本M92：2。侈口，圆唇，束颈，斜肩，鼓腹，假圈足，平底，微内凹。口径3.4厘米，腹径10厘米，底径5.6厘米，高12.8厘米（图一五二，4）。

铜带钩　1件，标本M92：5。形体较小，背部有圆柱帽形纽，腹部作类似水禽的形状，长3.1厘米（图一五二，5；彩版七，8）。

铁器：2件，器类有环、铁器等。

铁环　1件，标本M92：6。断面呈圆形。外径2厘米，内径1.6厘米（图一五二，6）。

铁器　1件，标本M92：7。因锈蚀严重，已成碎块，无法辨认器形。

93号墓

1.墓葬形制

该墓开口于耕土层和扰土层之下，距地表深230厘米，方向354°。东与M100相邻，且相互平行，间隔仅15厘米。墓葬形制为竖穴土坑墓，平面呈长方形。M67打破墓室的东北角，深度280厘米，及底。墓室长230厘米，宽150厘米，底距地表275厘米。墓室四壁垂直无收分，室内填五花沙土，土质疏松，未夯打。随葬品放置在墓室的中部，出土有陶罐2件（图一五三）。

葬具、葬式：不详。

2.随葬品

陶罐　2件，因陶质差，均残，1件已无法复原。均泥质灰陶。标本M93：1。口部残。圆肩，鼓腹，平底。腹径19.6厘米，底径9.2厘米，残高13.6厘米（图一五四）。

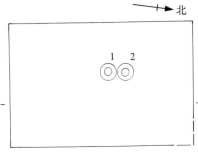

图一五三　M93平、剖面图

1、2.陶罐

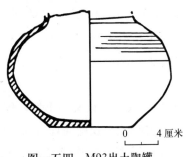

图一五四　M93出土陶罐

（M93：1）

94号墓

1. 墓葬形制

该墓开口于耕土层和扰土层之下，距地表深160厘米，方向0°。东与M26相邻，且相互平行，间隔仅20厘米。墓葬形制为竖穴土坑墓，平面呈长方形。墓室长290厘米，宽170厘米，底距地表250厘米。墓室四壁垂直无收分，室内填五花沙土，土质疏松，未夯打。随葬品放置在墓室北部，出土有无耳矮领折沿陶罐1、铜钱25、铁削1、铜印章1、铜环3、铁环1、铜带钩1（图一五五）。

葬具、葬式：不详。

2. 随葬品

该墓共出土随葬品8件，另有铜钱25枚。质地有陶、铜、铁。分述如下：

陶器：有无耳矮领折沿陶罐1件，标本M94：1。泥质灰陶。平口折沿，方唇，矮领，圆肩，鼓腹，平底，内凹。腹部饰宽凹弦纹一周。口径9.4厘米，腹径18.3厘米，底径9厘米，高15.8厘米（图一五六，1）。

铜器：5件，器类有印章、带钩、环。

印章　1枚，标本M94：4。正方形，鼻纽残。文字为阴刻篆文，篆文："周

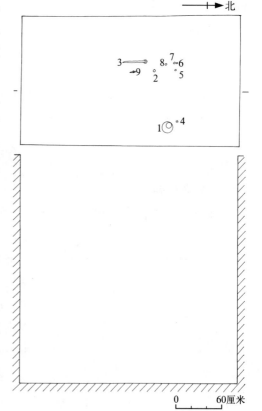

图一五五　M94平、剖面图
1.无耳矮领折沿陶罐　2.铜钱　3.铁削　4.铜印章　5~7.铜环　8.铁环　9.铜带钩

□□"。边长1.7厘米，高0.5厘米，通高1.2厘米（图一五六，2；彩版七，7）。

带钩　1件，标本M94：9。形体较小，钩首呈鸭嘴状，背部有圆柱帽形纽，上部刻有类似水禽的纹饰。长4.2厘米（图一五六，3）。

环　3件，标本M94：5-7。形制相同，大小不同。断面呈圆形。外径1.6厘米，内径1.2厘米。

铜钱　25枚，其中12枚文字不清，仅能够看出为五铢钱。标本M94：2。均为五铢钱，圆形方穿，钱的正、反两面均有郭。分三型。

A型　1枚，正面穿上有横郭或无横郭。五字交叉，两笔微曲，朱字上笔方折，下笔圆折。标本M94：2-1，钱郭径2.5厘米，穿径0.9厘米，厚0.15厘米（图一五六，4）。

B型　11枚，正面穿上有横郭或无横郭。分二式。

Ⅰ式：9枚，五字交叉，两笔微曲，上下二横交接处是垂直的，朱字头方折，下笔微圆折。标本M94：2-2。钱郭径2.5厘米，穿径0.9厘米，厚0.15厘米（图一五六，5）。

Ⅱ式：2枚，标本M94：2-3、4。钱郭径2.5厘米，穿径0.9厘米，厚0.15厘米。五字交叉，两笔微曲，与两横相交处微收（图一五六，6、7）。

C型　1枚，M94：2-5。钱郭径2.5厘米，穿径1.0厘米，厚0.15厘米。正面穿上无横郭。五字交叉，两笔微曲，朱字头上笔方折，下笔圆折（图一五六，8）。

铁器：2件，器类有环、削。

铁削　1件，标本M94：3。残。刀背直，刃部亦直，仅在刀末一小段斜杀成弧形，断面呈三角形。刀本成一环，环成扁圆形。长42.6厘米，宽6.2厘米（图一五六，9）。

铁环　1件，标本M94：8。断面呈圆形。外径2厘米，内径1.6厘米。

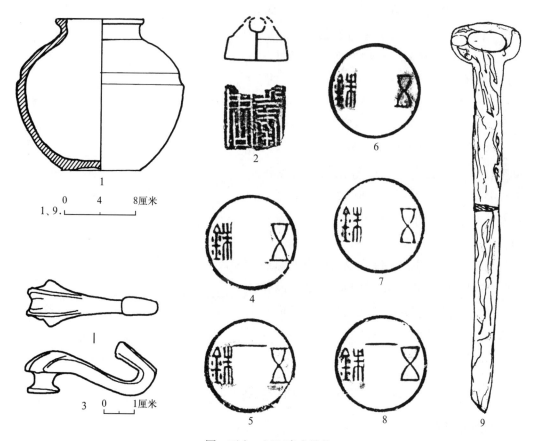

图一五六　M94出土器物

1.无耳矮领折沿陶罐（M94：1）　2.铜印章（M94：4）　3.铜带钩（M94：9）　4.A型铜五铢钱（M94：2-1）

5.B型Ⅰ式铜五铢钱（M94：2-2、3）　6、7.B型Ⅱ式铜五铢钱（M94：2-3、4）　8.C型铜五铢钱（M94：2-5）

9.铁削（M94：3）（2、4~8.原大）

95号墓

1.墓葬形制

该墓开口于耕土层和扰土层之下，距地表深135厘米，方向78°。墓葬形制为竖穴土坑墓，平面呈长方形。墓室长280厘米，宽220厘米，底距地表深216厘米。墓室四壁垂直无收分，室内填五花沙土，土质疏松，未夯打。随葬品主要放置在墓室中南部，出土铜镜1面、铜钱2枚（图一五七）。

葬具、葬式：不详。

2.随葬品

该墓共出土随葬品有铜镜1面，铜钱2枚。分述如下：

日光对称连叠草叶纹镜　1面，标本M95：1。圆形。半球纽。四叶纹纽座。纽座外两个凹面双线方格和一细线方格。大凹面方格四内角各有一个对称斜线纹方格，每边二字，连续为："见日之光，长毋相忘"。字间有界格。细线方格四外角各向外伸出一苞双叶花枝纹，将镜背纹饰分为四区，每区中心点各一带圆座乳钉，乳钉上方一桃形花苞，两侧各一株二叠草叶纹。内向十六连弧纹缘。直径13.9厘米，缘厚0.3厘米（图一五八，1；彩版五，3）。

铜钱　2枚，标本M95：2。均为五铢钱。圆形方穿，钱的正、反两面均有郭。钱郭径2.5厘米，穿径0.9厘米，厚0.15厘米。正面穿上无横郭。五字交叉，两笔微曲。铢字不清（图一五八，2）。

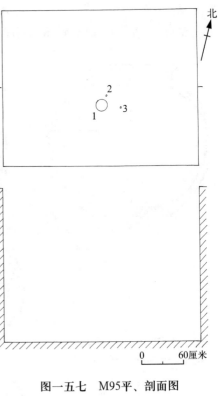

图一五七　M95平、剖面图
1.铜镜　2、3.铜钱

96号墓

1.墓葬形制

该墓开口于耕土层和扰土层之下，距地表深135厘米，方向78°。墓葬形制为竖穴土坑墓，平面呈长方形。墓室长280厘米，宽180厘米，底距地表深188厘米。墓室四壁垂直无收分，室内填五花沙土，土质疏松，未夯打。随葬品主要放置在墓室东部，出土

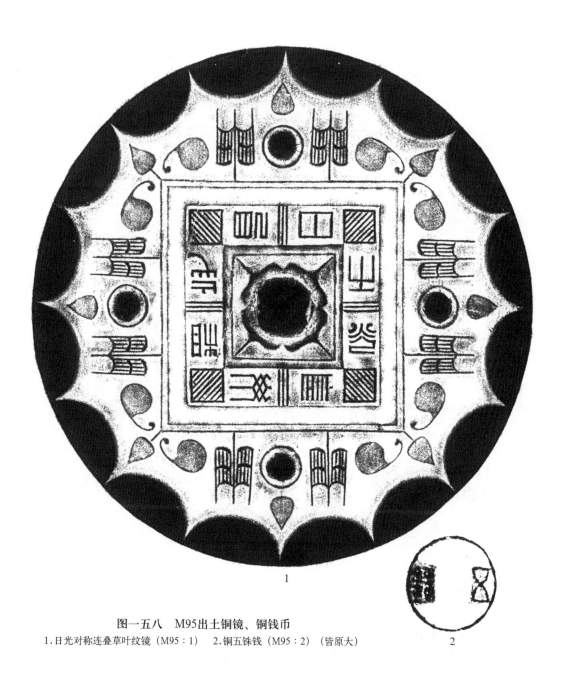

图一五八　M95出土铜镜、铜钱币

1.日光对称连叠草叶纹镜（M95：1）　2.铜五铢钱（M95：2）（皆原大）

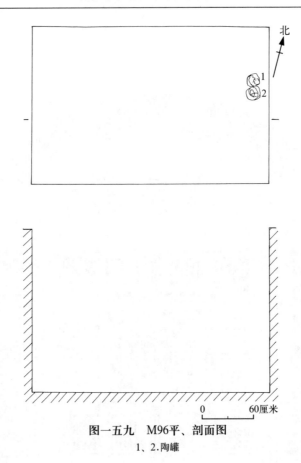

图一五九　M96平、剖面图
1、2.陶罐

陶罐2件（图一五九）。

　　葬具、葬式：不详。

　　2.随葬品

　　陶罐　2件，均为泥质灰陶。因陶质极差已成碎块，无法复原。

97号墓

　　1.墓葬形制

　　该墓开口于耕土层和扰土层之下，距地表深230厘米，方向354°。东与M47相邻，且相互平行，间隔仅10厘米。墓葬形制为土坑竖穴墓，平面呈长方形。墓室长345厘米，宽225厘米，底距地表322厘米。墓室四壁垂直无收分，室内填五花沙土，土质疏松，未夯打。从墓底的灰痕分辨出葬具为单棺，在棺内东南部出土有铁剑1、铜带钩1、铁饰1，随葬品主要放置在棺外西部，出土有陶鼎2、陶盒2、陶壶2、模型小陶壶2、陶盖弓帽19、铜管1、铜泡1、铜盖弓帽1、铁钩10、铁鐅1、铜印章1、铜镜1（图一六〇；

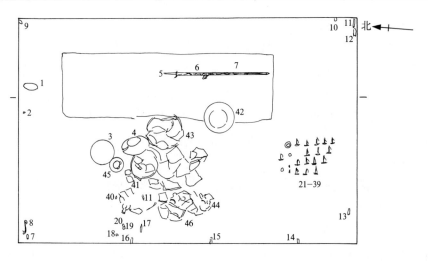

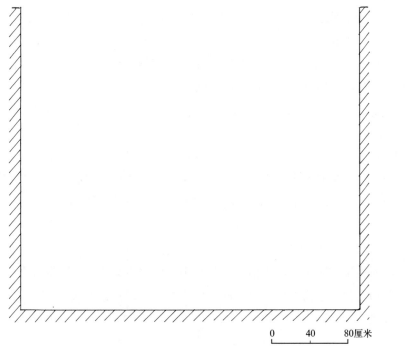

图一六〇　M97平、剖面图

1.铜镜　2.铜印章　3、4.陶盒　5.铁剑　6.铁饰　7.铜带钩　8~17.铁钩
18.铜盖弓帽　19.铜管　20.铜泡　21~39.陶盖弓帽　40、41.陶鼎　42、
43.陶壶　44、45.陶小壶　46.铁鍪

彩版二，1）。

　　葬具：位于墓室东北部。质地为木质棺，从朽木痕迹看，棺长210厘米，宽60厘米。

　　葬式：不详。

2. 随葬品

该墓共出土随葬品45件。质地有陶、铜、铁。分述如下：

陶器：27件，均为泥质灰陶。器类有鼎、盒、壶、模型小壶、盖弓帽等。

鼎 2件，标本M97：40、41。形状及大小相同。子母口内敛，鼓腹，圆底，外附长方形竖耳，底附三马蹄形足，足根部正面饰有人面像，腹部折出一条棱线。上承浅覆钵形盖。盖口径25.2厘米，高7.2厘米，鼎口径25.6厘米，高22厘米，通高24厘米（图一六一，1）。

盒 2件，标本M97：3、4。覆碗形盖，顶有矮圈足形捉手。器身子母口内敛，弧腹较深，平底。盖饰凹弦纹三周。口径24.8厘米，底径12厘米，高10.4厘米，通高21.6厘米（图一六一，2）。

壶 2件，标本M97：42、43。形制及大小相同。敞口，长弧颈，圆肩，鼓腹，圈底，折曲状高圈足外撇。肩部有对称的两铺首形耳，肩和腹部饰有凹弦纹。上承圆锥形盖，盖顶折出一条棱线，正中有一铺首纽。盖径25.6厘米，高9.2厘米，壶口径25.2厘米，腹径38.8厘米，底径23.6厘米，高49.6厘米，通高58.8厘米（图一六一，3）。

模型小壶 2件，标本M97：44、45。形制及大小相同。侈口，平沿外斜，尖唇，斜肩，鼓腹，假圈足，平底，微内凹。口径7.4厘米，腹径12.4厘米，底径6.6厘米，高13.4厘米（图一六一，4）。

盖弓帽 19件，标本M97：21～39。形制及大小相同。顶部为一圆形片。下部圆筒形，中空成銎，口缘处略宽大，上端稍缩小，在器中上部有一圆球，球中部有一穿孔。顶部直径1.9厘米，底部口径1.0厘米，高3.8厘米（图一六一，5；图版一四，3）。

铜器：6件，器类有镜、印章、带钩、管、泡、盖弓帽。

蟠螭叶纹镜 1面，标本M97：1，圆形。三弦纽。圆纽座。座外三周短斜线纹间有凹面形圈带纹及由地纹与主纹组合而成的纹饰带。地纹为圆涡纹。在地纹之上于纽座外伸出三叶，将镜背纹饰分为三区，每区配一蟠螭纹。蟠螭作回首状，张嘴露齿，身躯如弯卷柔长的枝条，一足踏于纽外斜线纹圈上，腹中部被一折叠菱形纹所叠压。主纹皆双线。素卷缘。直径12.6厘米，缘厚0.32厘米（图一六一一2）。

印章 1枚，标本M97：2。正方形，纽残。字为阴刻篆文，已不清。边长1.05厘米，高0.3厘米，通高0.9厘米（图一六一，6；彩版七，6）。

带钩 1枚，标本M97：7。钩首残，身呈琵琶形，腹刻有纹饰，背部有圆柱帽形纽，尾圆。残长5.3厘米（图一六一，7）。

泡 1件，标本M97：20。作半球形，背有一梁。直径1.5厘米，高0.7厘米（图一六一，8）。

管 1件，标本M97：19。如一两端不闭塞的直筒，筒壁微弧，中空。口径1.0厘

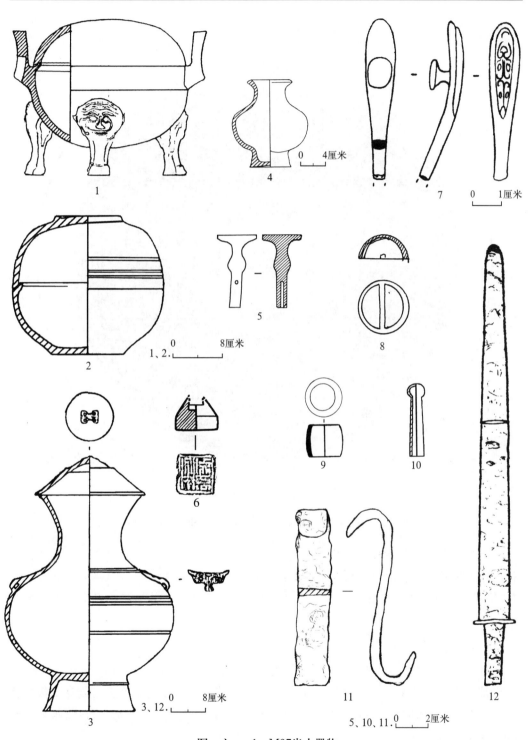

图一六一-1　M97出土器物

1.陶鼎（M97：40）　　2.陶盒（M97：3）　　3.陶壶（M97：42）　　4.模型小陶壶（M97：44）　　5.陶盖弓帽
（M97：21）　　6.铜印章（M97：2）　　7.铜带钩（M97：7）　　8.铜泡（M97：20）　　9.铜管（M97：19）
10.铜盖弓帽（M97：18）　　11.铁钩（M97：8）　　12.铁剑（M97：5）　（6、8、9.原大）

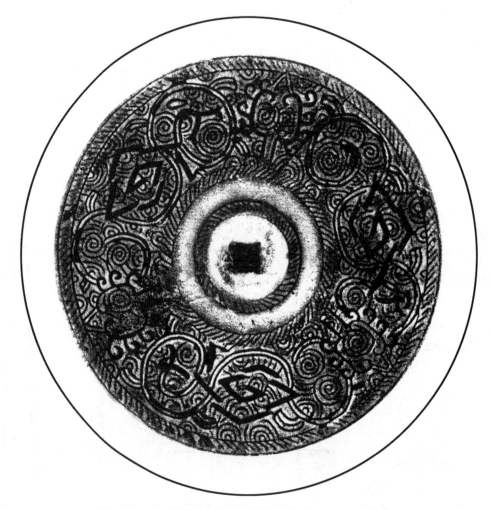

图一六一—2　M97出土蟠螭叶纹镜拓片（M97：1，原大）

米，高1.0厘米（图一六一，9）。

盖弓帽　1件，标本M97：18。下部圆筒形，中空成銎，口缘处略宽大，上部为圆球形。顶部直径1厘米，高4.4厘米（图一六一，10）。

铁器：12件，器类有钩、鍪、剑、饰件。

鍪　1件，标本M97：46。严重锈蚀，已残无法复原。从残块看，侈口，束颈，圆底。

剑　1件，标本M97：5。稍残。剑身中间微有脊，茎扁平而细，茎与剑身交接处有铜镡，镡平素无纹饰，中间隆起成脊，但二端平整，断面呈菱形。残长100.4厘米，宽4.8厘米（图一六一，12）。

钩　10件，标本M97：8～17。形状及大小相同。用扁铁条窝成"S"形。长10.6厘米，宽2.4厘米，厚0.5厘米（图一六一，11）。

饰件　1件，标本M97：6。锈蚀严重，已看不出器形。

98号墓

1.墓葬形制

该墓开口于耕土层和扰土层之下，距地表深155厘米，方向84°。南与M76相邻，且相互平行，间隔仅20厘米。墓葬形制为竖穴土坑墓，平面呈长方形。墓室长240厘米，宽150厘米，底距地表230厘米。墓室四壁垂直无收分，室内填五花沙土，土质疏松，未夯打。从墓底的灰痕分辨出葬具为单棺，随葬品放置在墓底的西北部。出土有小口陶瓮1、陶鼎1、陶盒1、小陶壶1、铜钱6（图一六二；图版八）。

葬具：位于墓室南部。质地为木质棺，从朽木灰痕看，棺底长120厘米，宽度不详。

葬式：不详。

2.随葬品

该墓共出土随葬品4件，另有铜钱6枚。质地有陶、铜。分述如下：

陶器：4件，均为泥质灰陶，器类有鼎、盒、小壶、小口瓮。

鼎　1件，标本M98：2。子母口内敛，鼓腹，圜底，外附长方形竖耳，底附三马蹄形足，足根部正面饰有人面像。腹部折出二条棱线。耳部模印两禽鸟。上承覆碗形盖，顶有矮圈足形捉手，正中有两个相对的铺首纽，下部折出一条棱线。盖口径24.1厘米，高8.8厘米，鼎口径24.8厘米，高22.8厘米，通高26.4厘米（图一六三，1）。

盒　1件，标本M98：3。覆碗形盖，顶有矮圈足形捉手，正中有两个相对铺首纽。器身子母口内敛，深折腹，平底。口径24.8厘米，底径12厘米，高12厘米，通高23.6厘米（图一六三，2）。

小壶　1件，标本M98：4。浅盘口，束颈，鼓腹，圜底，圈足。肩部有对称两

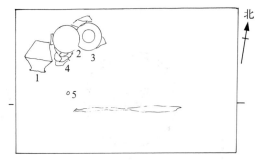

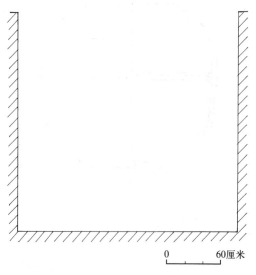

图一六二　M98平、剖面图

1.小口陶瓮　2.陶鼎　3.陶盒　4.陶小壶　5.铜钱

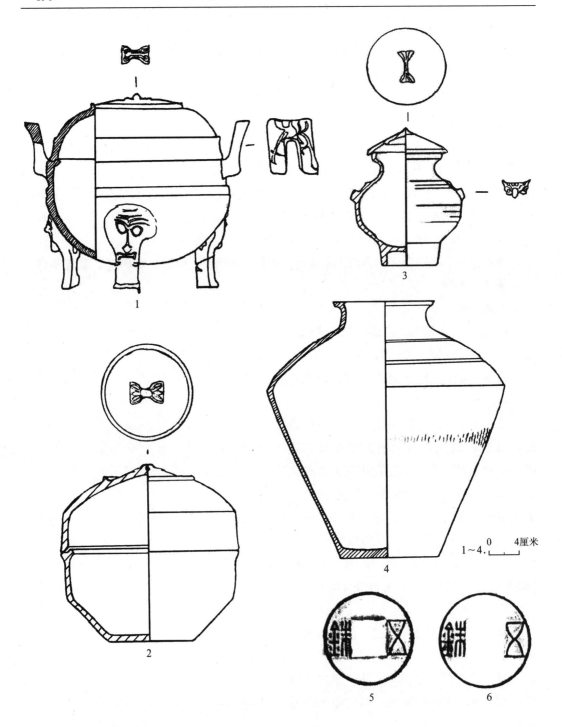

图一六三　M98出土器物

1.陶鼎（M98：2）　2.陶盒（M98：3）　3.小陶壶（M98：4）　4.小口陶瓮（M98：1）

5.A型铜五铢钱（M98：5-1）　6.B型铜五铢钱（M98：5-2）（5、6.原大）

铺耳形耳，肩、腹部饰有凹弦纹数周。上承弧形盖，顶部有两个相对的铺首纽。盖径10厘米，高3.2厘米，壶口径8.8厘米，腹径13.6厘米，底径7.2厘米，高14.8厘米，通高18厘米（图一六三，3）。

小口瓮　1件，标本M98：1。平折沿，方唇，矮颈，折肩，下腹斜直收，平底。肩部饰凹弦纹二周，腹部饰绳纹。口径13.8厘米，肩径32.4厘米，底径13厘米，高33.6厘米（图一六三，4）。

铜钱　6枚，标本M98：5。均为五铢钱，圆形方穿，钱的正、反两面均有郭。分二型。

A型　1枚。标本M98：5-1。钱郭径2.5厘米，穿径0.9厘米，厚0.15厘米。正面穿上无横郭。五字交叉，两笔微曲，朱字上笔方折，下笔微圆折（图一六三，5）。

B型　5枚。标本M98：5-2。钱郭径2.5厘米，穿径0.9厘米，厚0.15厘米。正面穿上无横郭。五字交叉，两笔微曲，上下二横交接处是垂直的，朱字头方折，下笔微圆折（图一六三，6）。

99号墓

1.墓葬形制

该墓开口于耕土层和扰土层之下，距地表深245厘米，方向83°。北与M31相邻，且互相平行，间隔仅20厘米。墓葬形制为竖穴土坑墓，平面呈长方形。墓室长410厘米，宽220厘米，底距地表430厘米。墓室四壁垂直无收分，室内填五花

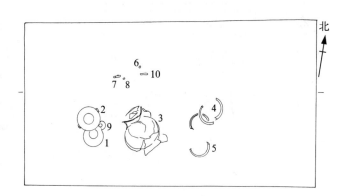

图一六四　M99平、剖面图

1.陶盒　2.陶鼎　3.陶壶　4、5.陶车轮　6.铜钱

7.铁带钩　8.玉片　9.陶小壶　10.铁器

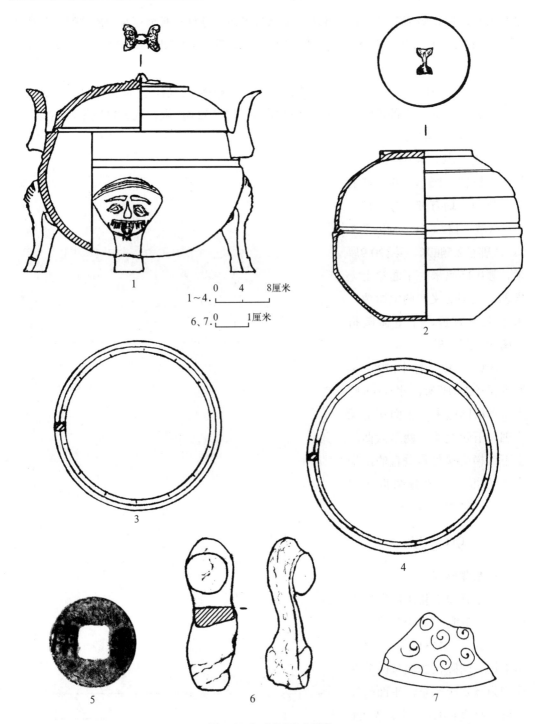

图一六五　M99出土器物

1.陶鼎（M99：2）　2.陶盒（M99：1）　3.陶车轮（M99：4）　4.陶车轮（M99：5）

5.半两铜钱（M99：6-1，原大）　6.铁带钩（M99：7）　7.玉片（M99：8）

沙土，土质疏松，未夯打。大件随葬品放置在墓室西南部，出土有陶鼎1、陶盒1、陶壶1、小陶壶1、陶车轮2，而小件则放置在墓室西北部，出土有铜钱5、铁带钩1、残玉片1、铁器1（图一六四）。

葬具、葬式：不详。

2.随葬品

该墓共出土随葬品9件，另有铜钱5枚。质地有陶、铜、铁、玉。分述如下：

陶器：6件，均为泥质灰陶，器类有鼎、盒、壶、小壶、车轮。

鼎　1件，标本M99：2。子母口内敛，鼓腹，圜底，外附长方形竖耳，底附三马蹄形足，足根部正面饰有人面像。耳下饰凹弦纹一周。上承覆碗形盖，顶有矮圈足形捉手，正中有两个相对铺首纽。下部折出一条棱线。盖口径26厘米，高8.1厘米，鼎口径28厘米，高26厘米，通高28.8厘米（图一六五，1）。

盒　1件，标本M99：1。覆碗形盖，顶有矮圈足形捉手，正中有两个相对的铺首纽。器身子母口，深折腹，平底。盖和器身饰有凹弦纹。口径27.6厘米，底径12.8厘米，高13.2厘米，通高25.2厘米（图一六五，2）。

壶　1件，标本M99：3。因陶质差，已残缺，而无法复原。

小壶　1件，标本M99：9。因陶质差，已残缺，而无法复原。

车轮　2件，形制相同，大小略有不同。圆环形，断面呈六边形。标本M99：4，牙内凿有16个安装辐条的孔。轮外径28厘米，内径24.2厘米，凿孔间距4厘米，牙宽0.5厘米，厚1.0厘米（图一六五，4）。标本M99：5，牙内凿有14个安装辐条的孔。轮外径26.2厘米，内径21.6厘米，凿孔间距4.8厘米，牙宽0.7厘米，厚1.0厘米（图一六五，3）。

铜钱　5枚，其中3枚仅能看出为半两钱。钱文正面无郭。钱文"两"字中间不出头，两个人字均作横划。标本M99：6-1。直径2.5厘米，穿径0.8厘米（图一六五，5）。

铁器：2件，器类有带钩、铁器。

带钩　1件，标本M99：7。形体较小，腹短略鼓成弧形，背部一圆纽。长4.6厘米（图一六五，6）。

铁器　1件，标本M99：10。因锈蚀严重，已成碎块，器形无法辨认。

玉片　1件，标本M99：8。残。青白色，上刻纹饰（图一六五，7）。

100号墓

1.墓葬形制

该墓开口于耕土层和扰土层之下，距地表深230厘米，方向354°。西与M93相邻，且互相平行，间隔仅15厘米。被M67打破墓室的北部，打破深度为280厘米，及底。墓葬形制为竖穴土坑墓，平面呈长方形。墓室长220厘米，宽180厘米，底距地表250

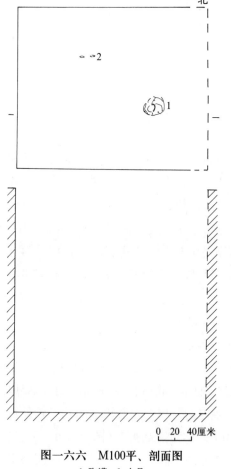

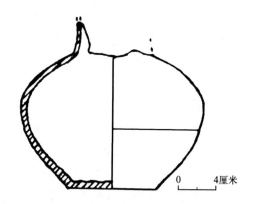

图一六七　M100出土陶罐（M100：1）

厘米。墓室四壁垂直无收分，室内填五花沙土，土质疏松，未夯打。随葬品放置在墓室的北部，出土陶罐1件，西南部出土人骨2块（图一六六）。

葬具、葬式：不详。

2.随葬品

陶罐　1件，标本M100：1，泥质灰陶。口部残。圆肩，鼓腹，平底。腹部折出一条棱线。腹径20.4厘米，底径9.2厘米，残高17.6厘米（图一六七）。

图一六六　M100平、剖面图

1.陶罐　2.人骨

102号墓

1.墓葬形制

该墓开口于耕土层和扰土层之下，距地表深150厘米，方向90°。墓葬形制为竖穴土坑墓，平面呈长方形。墓室长210厘米，宽68厘米，底距地表178厘米。墓室四壁垂直无收分，室内填五花沙土，土质疏松，未夯打。在墓室中部放置一瓦棺，在棺东部上盖一绳纹方砖。方砖长宽各44厘米，厚4.5厘米。棺内仅出土铜钱1枚（图一六八）。

葬具：位于墓室中部。为泥质灰瓦陶棺，棺长180厘米，宽47厘米，高28厘米，沿厚3.5厘米，壁厚3厘米。

葬式：不详。

2.随葬品

五铢铜钱　1枚，标本M102：1。圆形方穿，钱的正、反两面均有郭。磨掉周郭一

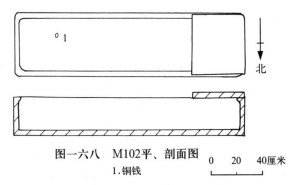

图一六八　M102平、剖面图
1.铜钱

0　20　40厘米

图一六九　M102出土铜五铢钱
（M102：1，原大）

部分。钱直径2.3厘米，穿径1.0厘米，厚0.1厘米。正面穿上无横郭。五字交叉，两笔微曲，上下二横交接处是垂直的，朱字上笔方折，下笔微圆折（图一六九）。

103号墓

1.墓葬形制

该墓开口于耕土层和扰土层之下，距地表深216厘米，方向0°。墓葬形制为竖穴土坑墓，平面呈长方形。墓室长306厘米，宽202厘米，底距地表298厘米。墓室四壁垂直无收分，室内填五花沙土，土质疏松，未夯打。大件随葬品主要放置在墓室的东南角，小件器物则放置在墓室中部，出土有陶仓4、陶鼎1、陶盒1、铜泡钉7、铜钱1、四叶蒂形纹饰件2、碎铜块1。在陶鼎下部出土泥柱1根，长5厘米，直径2.5厘米，其形状同M57所出土泥柱相同（图一七〇）。

葬具、葬式：不详。

2.随葬品

该墓共出土随葬品16件，质地

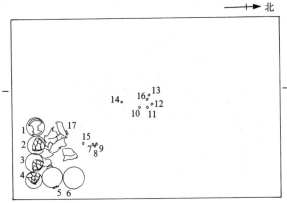

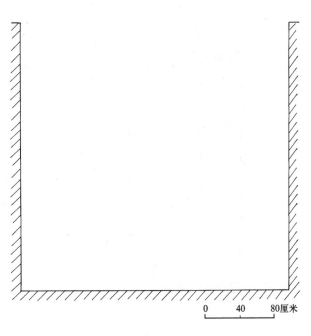

0　40　80厘米

图一七〇　M103平、剖面图
1～4.陶仓　5.陶鼎　6.陶盒　7～13.铜泡钉　14.铜钱　15.铜块
16、17.铜四叶蒂形饰件

有陶、铜，另有铜钱1枚。分述如下：

陶器：6件，均为泥质灰陶，器类有鼎、盒、仓。

鼎　1件，标本M103：5。子母口内敛，鼓腹，圜底，外附长方形竖耳，底附三熊形足。耳下饰凹弦纹三周。上承博山炉式盖，盖上模印着山峦、树木、动物及人物等纹饰。盖口径23.2厘米，高12.4厘米，鼎口径22厘米，高20.8厘米，通高27.6厘米（图一七一，1）。

盒　1件，标本M103：6。博山炉式盖，盖上模印着山峦、树木、动物及人物等纹饰。器身子母口内敛，折腹较浅，平底。器身饰凹弦纹三周。盖径21.3厘米，高11.8

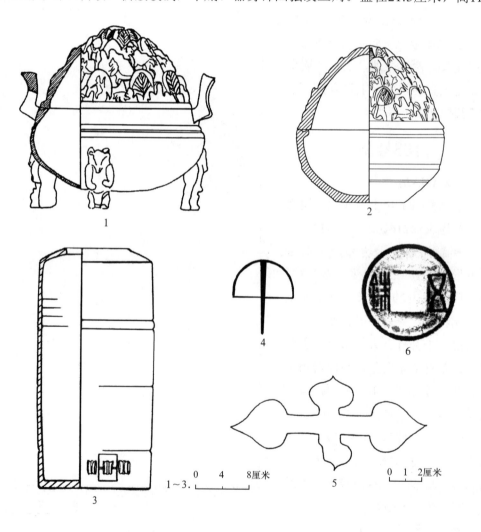

图一七一　M103出土器物

1.陶鼎（M103：5）　2.陶盒（M103：6）　3.陶仓（M103：1~4）　4.铜泡钉（M103：7~13）
5.铜四叶蒂形饰（M103：16）　6.铜五铢钱拓片（M103：14）　（4、6.原大）

厘米，盒口径21厘米，底径10.2厘米，高10.4厘米，通高22.1厘米（图一七一，2；图版一四，4）。

仓　4件，标本M103：1～4。形制相同，大小略有不同。小口，圆唇，折肩，直壁微收，平底。在底部有一长方形小仓门，门上有门栓。腹部饰凹弦纹四周。口径9.6厘米，底径17.2厘米，高35.4厘米（图一七一，3）。

铜器：10件，器类有泡钉、四叶蒂形纹饰等。

泡钉　7件，标本M103：7～13。形制及大小相同。半圆形，中空，下垂一钉。直径1.8厘米，高2.0厘米（图一七一，4）。

四叶蒂形饰　2件，标本M103：16、17。形制及大小相同。是一四叶蒂形的薄铜片。对角长12.5厘米，宽6.5厘米（图一七一，5）。

铜块　1件，标本M107：15。残，已看不出器形。

五铢铜钱　1枚，标本M103：14。圆形方穿，钱的正、反两面均有郭。钱郭径2.5厘米，穿径0.9厘米，厚0.15厘米。正面穿上有横郭。五字交叉，两笔微曲，朱字上笔方折，下笔圆折（图一七一，6）。

104号墓

1.墓葬形制

该墓开口于耕土层和扰土层之下，距地表深180厘米，方向357°。墓葬形制为竖穴土坑墓，平面呈长方形。墓室长320厘米，宽174厘米，底距地表深260厘米。墓室四壁垂直无收分，室内填五花沙土，土质疏松，未夯打。大件随葬品主要放置在墓室的西南部，小件则散放于墓室底部，出土有陶鼎1、陶盒1、陶壶1、无耳高领折沿陶罐1、铁剑1、铁削1、长方形玉饰1、铜带钩1、铜钱4、四叶蒂形纹饰18、铜泡钉32、铁饰1、铅车軎2（图一七二）。

葬具、葬式：不详。

2.随葬品

该墓共出土随葬品61件，另有铜钱4枚，质地有陶、铜、铁、铅、玉。分述如下：

陶器：4件，均为泥质灰陶，器类有鼎、盒、壶、罐。

鼎　1件，标本M104：2。子母口内敛，鼓腹，圜底，外附长方形竖耳，底附三马蹄形足，足根部正面饰有人面像，耳下饰凹弦纹三周。盖残，无法复原。口径18厘米，高23.6厘米（图一七三，1）。

盒　1件，标本M104：3。覆碗形盖，顶有矮圈足形捉手，正中有两个相对铺首纽。器身残，无法复原。从残片看，子母口，平底。盖口径22.8厘米，高10.4厘米（图一七三，2）。

　　壶　1件，标本M104：1。斜盘口，窄折沿，弧形颈，颈较粗，圆肩，鼓腹，圆底，折曲状高圈足外撇。盘口底部有凸棱，肩部有对称的两铺首形耳，肩和腹分别饰有凹弦纹三周和二周。上呈弧形盖，盖上部折出一条棱线，正中有两个相对的铺首纽。盖径23.6厘米，高8.4厘米，壶口径21厘米，腹径36厘米，底径20.8厘米，高49.2厘米，通高56.4厘米（图一七三，3）。

　　无耳高领折沿罐　1件，标本M104：4。平口外斜、尖唇，长弧颈，颈较粗，溜肩，鼓腹平底。肩部饰折棱纹三周，近底部饰绳纹。口径12.5厘米，腹径13厘米，底径7厘米，高19厘米（图一七三，4）。

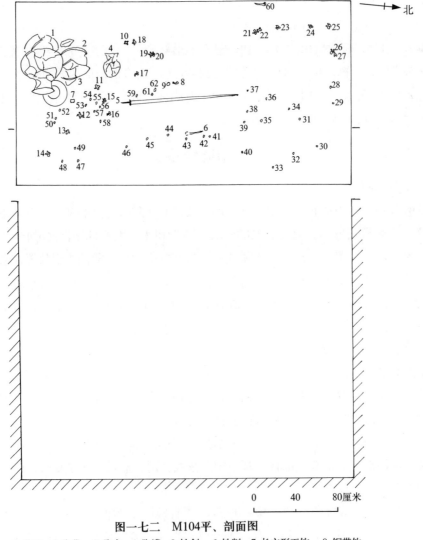

图一七二　M104平、剖面图

1.陶壶　2.陶鼎　3.陶盒　4.陶罐　5.铁剑　6.铁削　7.长方形玉饰　8.铜带钩
9.铜钱　10～27.四叶菱形饰　28～59.铜泡钉　60.铁饰　61、62.铅车耆

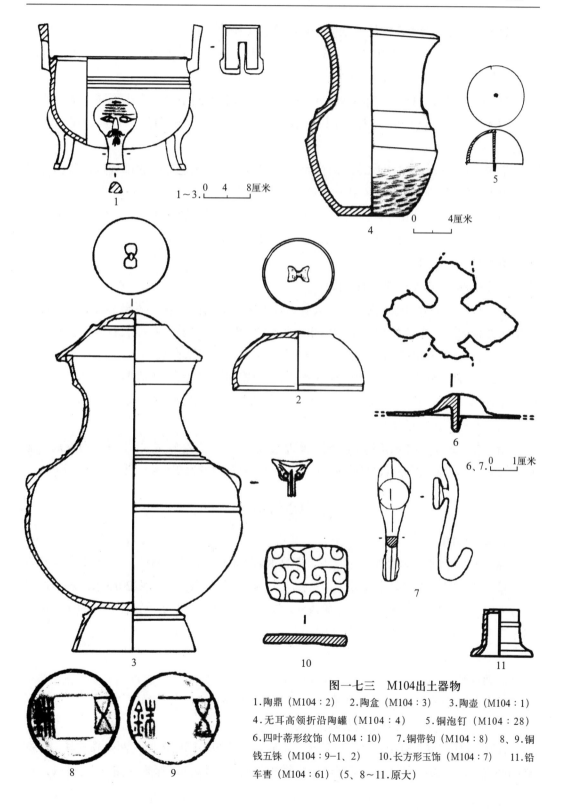

图一七三　M104出土器物

1.陶鼎（M104：2）　2.陶盒（M104：3）　3.陶壶（M104：1）

4.无耳高领折沿陶罐（M104：4）　5.铜泡钉（M104：28）

6.四叶蒂形纹饰（M104：10）　7.铜带钩（M104：8）　8、9.铜

钱五铢（M104：9-1、2）　10.长方形玉饰（M104：7）　11.铅

车軎（M104：61）（5、8~11.原大）

　　铜器：51件，器类有泡钉、四叶蒂形纹饰、带钩。

　　泡钉　32件，标本M104：28～59。形制及大小相同。半圆形，中空，下垂一钉。外部鎏金。直径1.6厘米，高1.1厘米（图一七三，5）。

　　四叶蒂形纹饰　18件，标本M104：10～27。形制大同小异，大小不同。是一四叶蒂形的薄铜片，四叶的叶尖内接于圆，在中心插入一圆形铜泡钉。对角长5厘米（图一七三，6）。

　　带钩　1件，标本M104：8。钩首为蛇头形钩，身呈琵琶形，腹部较短，背部有圆柱帽形纽，尾圆。长4.4厘米（图一七三，7）。

　　铜钱　4枚，标本M104：9-1、2。均为五铢钱。钱郭径2.5厘米，穿径1.0厘米，厚0.15厘米。正面穿上有横郭或无横郭。五字交叉，两笔微曲，朱字上笔方折，下笔微圆折（图一七三，8、9）。

　　铁器：3件，器类有剑、削、饰件。

　　剑　1件，标本M104：5。残。从残块看，剑身中间微有脊，茎扁平而细，茎与剑身交接处有铜镡，镡平素无纹饰，中间隆起成脊，但二端平整，断面呈菱形。

　　削　1件，标本M104：6。残。从残块看，刀背直，刃部亦直。

　　饰件　1件，标本M104：60。锈蚀严重，已成碎块。无法辨认器形。

　　玉片饰　1件，标本M104：7。青白玉，长方形，上刻圆涡纹，长2.3厘米，宽1.4厘米（图一七三，10；彩版八，6）。

　　铅车害　2件，标本M104：61、62。形制及大小相同。口缘较宽大，近末端处突起一道很高的弦纹，在器中部亦有较高的弦纹凸起，高1.3厘米，口径1.2厘米（图一七三，11）。

105号墓

1.墓葬形制

　　该墓开口于耕土层和扰土层之下，距地表深130厘米，方向90°。墓葬形制为竖穴土坑墓，平面呈长方形。墓室长240厘米，宽160厘米，底距地表深220厘米。墓室四壁垂直无收分，室内填五花沙土，土质疏松，未夯打。随葬品主要放置在墓室的东南部，出土有双耳陶罐2、铜镜1、铜刷1（图一七四）。

　　葬具、葬式：不详。

2.随葬品

　　该墓共出土随葬品4件，质地有陶、铜。分述如下：

　　双耳陶罐　2件。均为泥质灰陶，分二型。

　　A型　1件，标本M105：1。口部残，丰肩，大球腹，圜底内凹，两牛鼻式耳。上腹饰间断绳纹，下腹拍密集的交叉绳纹。腹径29.8厘米，残高26.8厘米（图一七五，1）。

B型　1件，标本M105：2。残，无法复原。但从残片看，平口，方唇，有双耳。

铜器：2件，器类有镜、刷。

星云镜　1面，标本M105：3。圆形。连峰纽。纽外一周短斜线纹和一周内向十六连弧纹圈带。之外两周短斜线纹间为主纹带。四枚带圆座乳钉间各有五枚小乳，每枚小乳由长短不同的弧线相连接。内向十六连弧纹缘。直径10.8厘米，缘厚0.35厘米（图一七五，3）。

刷　1件，标本M105：4。如一短柄烟斗，刷头似烟斗形，在刷头的内侧和柄中部有朽木痕迹。刷高1厘米，刷径0.8厘米，通长2.2厘米（图一七五，2）。

图一七四　M105平、剖面图
1、2.陶双耳罐　3.铜镜　4.铜刷

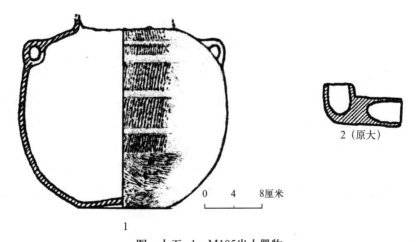

2（原大）

1

图一七五-1　M105出土器物
1.A型双耳陶罐（M105：1）　2.铜刷（M105：4）

3

图一七五-2　M105出土铜镜

3.铜星云镜（M105：3）（原大）

106号墓

1.墓葬形制

该墓开口于耕土层和扰土层之下，距地表深185厘米，方向84°。被M34打破墓室的北部，打破深度为170厘米，未及底。墓葬形制为竖穴土坑墓，平面呈长方形。墓室长288厘米，宽236厘米，底距地表深340厘米。墓室四壁垂直无收分，室内填五花沙土，土质疏松，未夯打。随葬品主要放置在墓室的西北部和东南部，出土有陶鼎2、陶盒1、小陶壶1、铜钱4、铜泡钉18、铁器1、铅盖弓帽若干、铅车軎3、铅扣4（图一七六）。

葬具、葬式：不详。

2.随葬品

该墓共出土随葬品30余件，另有铜钱4枚，质地有陶、铜、铅、铁。分述如下：

陶器：4件，均为泥质灰陶。器类有鼎、盒、小壶。

鼎　2件，标本M106：1、2。形制及大小相同。子母口内敛，鼓腹圆底，外附长方形竖耳，底附三马蹄形足，足根部正面饰有人面像，腹部饰凹弦纹二周。上承覆碗形盖，顶有矮圈足形捉手，正中有两个相对的铺首纽，下部折出一条棱线。盖口径24.8厘米，高9.2厘米，鼎口径24厘米，高20.8厘米，通高25.6厘米（图一七七，1）。

盒　1件，标本M106：3。覆碗形盖，顶有矮圈足形捉手，正中有两个相对铺首纽。器身子母口内敛，深折腹，平底。盖口径22.8厘米，高10厘米，盒体口径23.4厘米，底径10厘米，高12厘米，通高22厘米（图一七七，2）。

小陶壶　1件，标本M106：4。因陶质差，已成碎块，无法复原。

铜泡钉　18件。标本M106：6～23。形制及大小相同。半圆形，中空，下垂一钉。直径1.2厘米，高1.1厘米（图一七七，3）。

铜钱　4枚（2残），均为五铢钱，圆形方穿，钱的正、反两面均有郭。郭正面穿上有横郭或无横

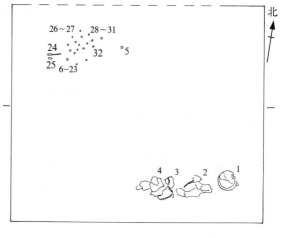

图一七六　M106平、剖面图

1、2.陶鼎　3.陶盒　4.陶小壶　5.铜钱　6～23.铜泡钉
24.铁器　25～27.铅车軎　28～31.铅扣　32.铅盖弓帽若干

郭。五字交叉，两笔微曲，朱字上笔方折，下笔微圆折。标本M106：5。钱郭径2.5厘米，穿径1.0厘米，厚0.15厘米（图一七七，4、5）。

铁器　1件，标本M106：24。因锈蚀严重，已成碎块，无法辨认器形。

铅器　7件以上，有軎、扣和盖弓帽。

车軎　3件，标本M106：25～27。残，已成碎片，仅能看出为车軎。

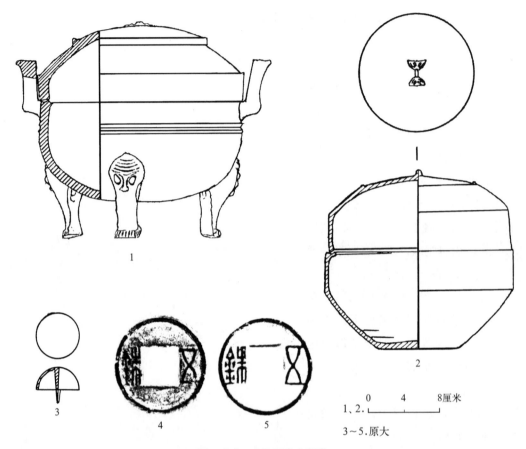

图一七七　M106出土器物

1.陶鼎（M106：1、2）　　2.陶盒（M106：3）　　3.铜泡钉（M106：6~23）　　4、5.铜五铢钱（M106：5）

扣　4件。标本M106：28~31。残，已成碎块。半圆形，下有一梁。

盖弓帽　若干件。标本M106：32。残缺。仅能看出为盖弓帽。

107号墓

1.墓葬形制

该墓开口于耕土层和扰土层之下，距地表深195厘米，方向0°。墓葬形制为竖穴土坑墓，平面呈长方形。墓室长260厘米，宽145厘米，底距地表210厘米。墓室四壁垂直无收分，室内填五花沙土，土质疏松，未夯打。从墓底的灰痕分辨出葬具为单棺。小件随葬品放置在棺内南部出土有铜害2、铜盖弓帽20、铜衔镳2、铜当卢2、铜管45、铜节约8、铜冒5、铜环3、铜軎2、铜扁圆环形饰2，而大件随葬品则放置在墓室的东北部，出土有陶鼎2、陶盒2、陶壶2、小陶壶2、铅车马饰数件（图一七八；彩版二，2）。

葬具：位于墓室西部。质地为木质棺，从朽木灰痕看，棺长198厘米，宽80厘米，

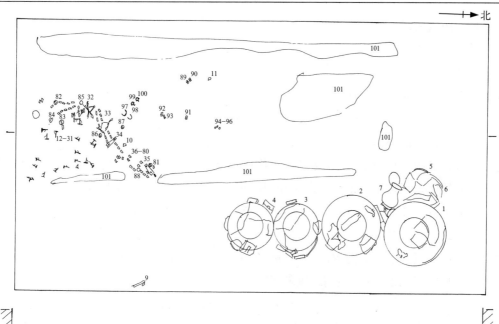

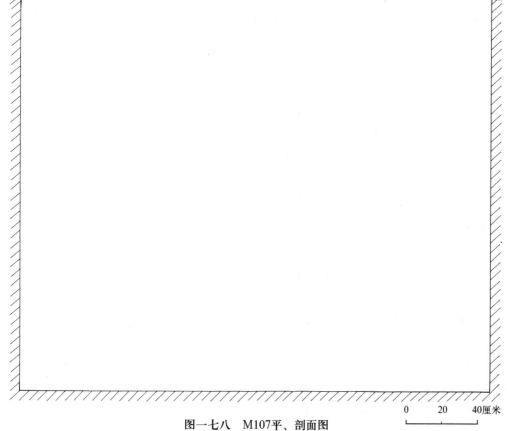

图一七八 M107平、剖面图

1、2.陶壶 3、4.陶鼎 5、6.陶盒 7、8.陶小壶 9.铅车马饰件 10、11.铜軎 12~31.铜盖弓帽 32、33.铜衔镳 34、35.铜当卢 36~80.铜管 81~88.铜节约 89~93.铜冒 94~96.铜环 97、98.铜辖 99、100.铜扁圆环形饰 101.棺痕

棺板厚约10厘米。

葬式：不详。

2.随葬品

该墓出土随葬品100余件，质地有陶、铜、铅。分述如下：

陶器：8件，均为泥质灰陶。器类有鼎、盒、壶、小壶。

鼎　2件，标本M107：3、4。形制及大小相同。子母口内敛，鼓腹，圆底，外附长方形竖耳，底附三马蹄形足，足根部正面饰有人面像，腹部折出三条棱线。上承覆碗形盖，顶有矮圈足形捉手，正中有两个相对的铺首纽，下部折出一条棱线。盖口径24.4厘米，高8.8厘米，鼎口径23.6厘米，高20.1厘米，通高25.6厘米（图一七九，1）。

盒　2件，标本M107：5、6。形制及大小相同。覆碗形盖，顶有矮圈足形捉手，正中一兽纹纽。器身子母口内敛，深弧腹，平底。盖和器身各饰有凹弦纹。口径22厘米，底径11.2厘米，高12厘米，通高23厘米（图一七九，2）。

壶　2件，标本M107：1、2。形制及大小相同。斜盘口，宽折沿，长弧颈，颈较粗，溜肩，鼓腹，圆底，折曲状高圈足外撇。盘口底部有凸棱，上腹部有对称两铺首衔环形耳（铅质环），肩和腹部饰有三组凹弦纹（每组一至二周）。上承折沿扁体盖，圆弧顶，上部折出一条棱线，正中部有两个相对的铺首纽。壶内涂朱砂。盖径23.5厘米，高8.5厘米，壶口径22厘米，腹径36厘米，底径25厘米，高45厘米，通高60厘米（图一七九，3）。

小壶　2件，标本M107：7、8。形制及大小相同。盘口，微束颈，鼓腹，低矮假圈足，平底，微内凹。肩部有对称的两铺首形耳，肩、腹部各饰有凹弦纹一周。上承弧形盖，顶部有一兽纽。盖口径10.4厘米，高2.4厘米，壶口径8.8厘米，腹径12.8厘米，底径6.2厘米，高14厘米，通高16.8厘米（图一七九，4）。

铜器：91件，器类有軎、盖弓帽、衔镳、当卢、管、节约、冒、环、軶、扁圆环形饰件等。

管　45件，标本M107：36～80。形制及大小相同。如一两端不闭塞的直筒，中空。长0.8厘米，直径0.4厘米（图一七九，5）。

軶　2件，标本M107：97、98。形制及大小相同。铜丝作U形，断面圆形。鎏金。长1.9厘米，宽2厘米（图一七九，6）。

扁圆环形器　2件，标本M107：99、100。形制及大小相同。上部半圆形薄片，中部有一穿孔，下部似一扁锥状柱。通长1.4厘米（图一七九，7）。

衔镳　2件，标本M107：32、33。形制及大小相同。衔二截连成，每截的两端成环形，互相咬住。镳全身弯曲如S形，身上有两孔，在两端作弧形的突出以为装饰。衔长7.2厘米，镳长8.5厘米（图一七九，8）。

　　节约　8件，标本M107：81～88。形制及大小相同。上部半圆形，下垂两个长方形穿。直径1.1厘米，通高0.7厘米（图一七九，9）。

　　盖弓帽　20件，标本M107：12～31。形制及大小相同。顶部为一圆形片，下部圆筒形，中空成銎，在器中下部往上挑起一钩。鎏金。顶部直径1.1厘米，通高2.4厘米（图一七九，10）。

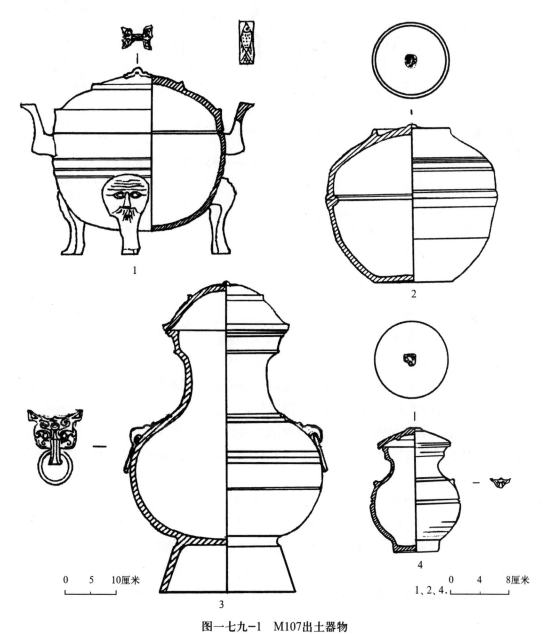

图一七九－1　M107出土器物

1.陶鼎（M107：3）　2.陶盒（M107：5）　3.陶壶（M107：1）　4.小陶壶（M107：7）

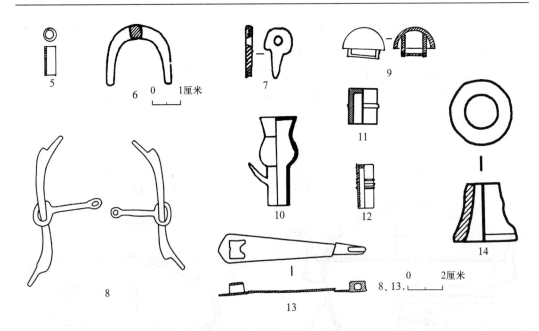

图一七九-2　M107出土器物

5.铜管饰（M107∶36）　　6.铜辕（M107∶97）　　7.铜扁圆环形器（M107∶99）　　8.铜衔镳（M107∶32）　　9.铜节约（M107∶81）　　10.铜盖弓帽（M107∶12）　　11.铜冒A型（M107∶89）　　12.铜冒B型（M107∶92）　　13.铜当卢（M107∶34）　　14.铜軎（M107∶10）　（5、7、9～12、14.原大）

冒：5件，分二型。

A型　3件，标本M107∶89～91。形制及大小相同。较短而粗。如一端不闭塞的直筒，在中部突起一道很高的弦纹。长1厘米，口径0.9厘米（图一七九，11）。

B型　2件，标本M107∶92、93。形制及大小相同。较A型为瘦长，身上亦有三道宽弦纹突起。长1.2厘米，口径0.5厘米（图一七九，12）。

当卢　2件，标本M107∶34、35。形制及大小相同。略作叶形，上宽下窄，两头略尖，后背上部有两竖纽，下部一竖纽。长8.5厘米，上宽1.6厘米，下宽0.5厘米（图一七九，13）。

軎　2件，标本M107∶10、11。形制及大小相同。口沿较宽大，末端处突起一道很高的弦纹。口径1.9厘米，高1.6厘米（图一七九，14）。

环　3件，标本M107∶94～96。形制及大小相同。断面呈圆形。外径1.4厘米，内径1.1厘米。

铅车马饰数件，标本M107∶9。残已成碎片，仅能看出为车马饰件。

108号墓

1.墓葬形制

该墓开口于耕土层和扰土层之下，距地表深85厘米，方向351°。墓葬形制为竖穴土坑墓，平面呈长方形。墓口大于墓底，墓壁垂直无收分，四边设二层台，台宽30～36厘米，台高60厘米。墓室口长360厘米，宽326厘米，墓底长318厘米，宽260厘米，底距地表260厘米。室内填五花沙土，土质疏松，未夯打。随葬品主要放置在墓室的西南部，出土有陶鼎2、陶盒2、陶壶2、小陶壶2、陶车轮2、铜镜1、玉玦1、铜钱7（图一八〇）。

葬具、葬式：不详。

2.随葬品

该墓共出土随葬品12件，另有铜钱7枚。质地有陶、铜、玉。分述如下：

陶器：10件，均为泥质灰陶，器类有鼎、盒、壶、车轮、小壶。

鼎　2件，标本M108：5、6。因陶质差，鼎已无法复原。盖呈覆钵形。盖径25.2厘米，高7.2厘米（图一八一，1）

盒　2件，标本M108：3、4。形制及大小相同。覆碗形盖，顶有矮圈足形捉手。器身子母口内敛，斜弧腹略深，平底，微内凹。口径24.8厘米，底径10.4厘米，高10厘米，通高18.8厘米（图一八一，2）。

壶　2件，标本M108：1、2。形制及大小相同。微盘口，外敞，长弧颈，颈较粗，

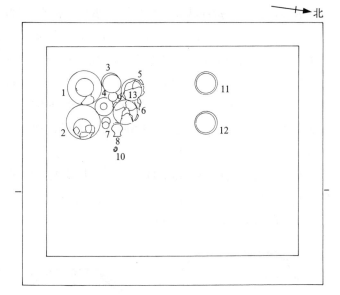

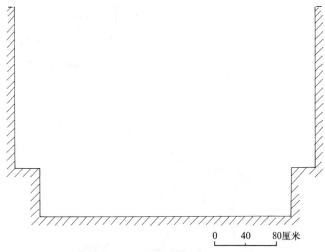

图一八〇　M108平、剖面图

1、2.陶壶　3、4.陶盒　5、6.陶鼎　7、8.陶小壶　9.铜镜　10.玉玦
11、12.车轮　13.铜钱

溜肩鼓腹，圆底，折曲状高圈足外撇。盘口下部有一周凸弦纹，上腹部有对称的两铺首形耳，肩部有一周凹弦纹。上承折沿扁体盖，圆弧顶。盖径26.5厘米，高7厘米，壶口径20厘米，腹径40厘米，底径26厘米，高51.5厘米，通高57厘米（图一八一，3）。

小壶　2件，标本M108：7、8。形制及大小相同。微盘口，斜长颈，颈较粗，圆肩，鼓腹，假圈足，平底。盘口下有一周凸弦纹，肩部有对称的两铺首形耳，肩和腹各饰有凹弦纹二周。口径9.6厘米，腹径14厘米，底径10厘米，高16.6厘米（图一八一，4）。

车轮　2件，标本M108：11、12。形制及大小相同。圆环形，牙内凿有17个安装辐条的孔，断面呈六边形。轮外径26.2厘米，内径22.8厘米，凿孔间距4.0厘米，牙宽0.7厘米，厚0.9厘米（图一八一，5）。

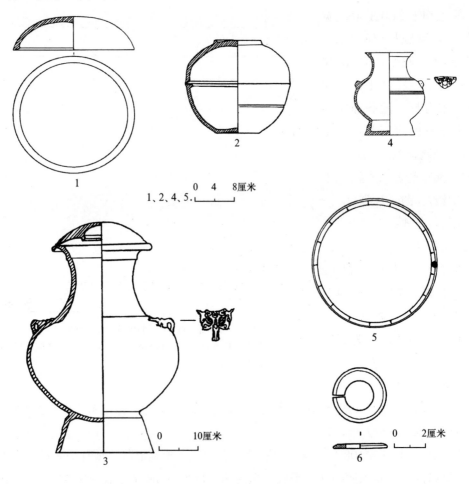

图一八一—1　M108出土器物

1.陶鼎盖（M108：5）　2.陶盒（M108：3）　3.陶壶（M108：1）　4.小陶壶（M108：7）

5.陶车轮（M108：11）　6.玉玦（M108：10）

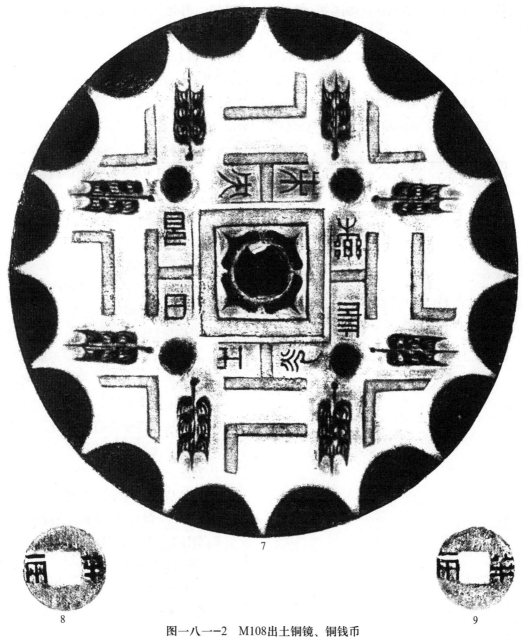

图一八一—2　M108出土铜镜、铜钱币

7.日光博局对称连叠草叶纹镜（M108:9）　8、9.铜半两钱（M108:13-1、2）（皆原大）

日光博局对称连叠草叶纹镜　1面，标本M108:9。圆形。半圆纽。四叶纹纽座。座外凹面双线方格和一细线方格，方格四角外各一枚乳钉纹，方格四边中点处向外伸出一个双线T形纹，与镜缘处伸出的双线L形纹相对，方格四角夹乳钉与镜缘处伸出的双线V形纹相对。T形纹与乳钉纹之间各间一字，连续为"见日之光，长乐未央"。博局纹将镜背纹饰分成四方八区，每区各一株连叠式草叶纹。内向十六连弧纹缘。直径13.9厘米，缘厚0.4厘米（图一八一，7；彩版五，4）。

铜钱：7枚，其中3枚文字不清，仅能看出为半两钱。均为半两钱。钱文"两"字中间不出头，两个人字上部之竖划缩短成波浪形，或两个人字迳作横划。标本M108：13-1、2，直径2.2厘米，穿径0.9厘米（图一八一，8、9）。

玉玦　1件，标本M108：10。青白色玉。形似玉璧，中间有一圆孔，肉部一边有一缺口。素面。直径3.6厘米，厚0.2厘米，孔径1.9厘米，缺口宽0.2厘米（图一八一，6；彩版八，5）。

109号墓

1.墓葬形制

该墓开口于耕土层和扰土层之下，距地表深80厘米，方向354°。被M16打破墓室的东南部，打破深度为100厘米，未及底。墓葬形制为竖穴土坑墓，平面呈长方形。墓室长250厘米，宽180厘米，底距地表248厘米。墓室四壁垂直无收分，室内填五花沙土，土质疏松，未夯打。从墓底的灰痕分辨出葬具为单棺。随葬品放置在墓室的东部，出土有陶鼎1、陶盒1、陶壶1、小陶壶1、陶车轮2、铜钱12枚、铜镜1、铜刷2、铁削1（图一八二）。

葬具：位于墓室中部。质地为木质棺，从朽木灰痕看，棺长约150厘米，宽度不详。

葬式：不详。

2.随葬品

该墓共出土随葬品10件，另有铜钱12枚。质地有陶、铜、铁。分述如下：

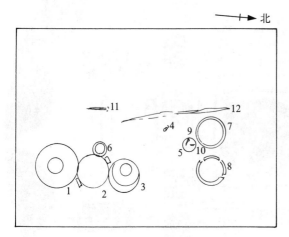

→ 北

图一八二　M109平、剖面图

1.陶壶　2.陶鼎　3.陶盒　4.铜钱　5.铜镜　6.陶小壶
7.8.陶车轮　9.10.铜刷　11.铁刀　12.棺痕

0　20　40　60厘米

陶器：6件，均为泥质灰陶。器类有鼎、盒、壶、小壶、车轮。

鼎　1件，标本M109:2。子母口内敛，鼓腹，圜底，外附长方形竖耳，底附三马蹄形足，足根部正面饰有人面像。耳下饰宽凹弦纹一周。上承浅覆钵形盖。盖口径28.8厘米，高8厘米，鼎口径28.5厘米，高26.8厘米，通高30厘米（图一八三，1；图版一四，5）。

盒　1件，标本M109:3。覆碗形盖，顶有矮圈足形捉手。器身子母口内敛，弧鼓腹较深，平底。器身饰凹弦纹二周。盒口径28.8厘米，底径12.6厘米，高14.4厘米，通高26.2厘米（图一八三，2）。

壶　1件，标本M109:1。微盘口，尖唇，长弧颈，颈较粗，圆肩，鼓腹，折曲状高圈足外撇。口下有一周凸弦纹，肩部有两个对称的铺首形耳，肩和腹部各饰凹弦纹二周。上承弧形盖。盖径27.6厘米，高6.4厘米，壶口径26厘米，腹径40厘米，底径24.8厘米，高49.6厘米，通高56厘米（图一八三，3）。

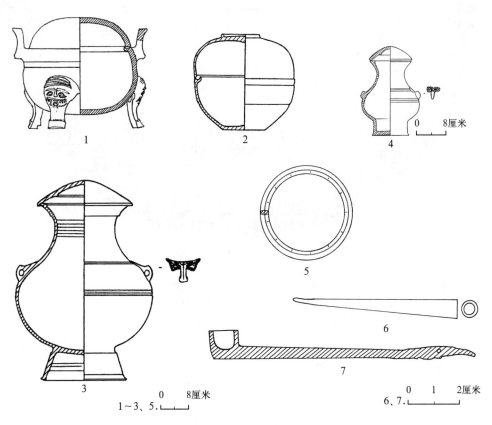

图一八三-1　M109出土器物

1.陶鼎（M109:2）　2.陶盒（M109:3）　3.陶壶（M109:1）　4.小陶壶（M109:6）

5.陶车轮（M109:7）　6.A型铜刷（M109:8）　7.B型铜刷（M109:9）

8

9   10   11   12

图一八三-2　M109出土铜镜、铜钱币

8.日光对称连叠草叶纹镜（M109：5）　9.A型铜半两钱（M109：4-1）　10～12.B型铜半两钱（M109：4-2~4）　（8～12.原大）

小壶　1件，标本M109：6。敞口，圆唇，弧形颈，颈较粗，溜肩，鼓腹，假圈足，平底。上腹部有对称两铺首形耳，肩和腹饰有凹弦纹二周。上承弧形盖。盖口径11厘米，高3.4厘米，壶口径10.6厘米，腹径15.4厘米，底9.4厘米，高18厘米，通高21.4厘米（图一八三，4）。

车轮　2件，标本M109：7、8。形制及大小相同。圆环形，断面呈六边形。牙内凿有13个安装辐条的孔。轮外径25.2厘米，内径20.4厘米，凿孔间距4厘米，牙宽0.9厘米，厚1.2厘米（图一八三，5）。

铜器：3件，器类有镜、刷。

日光对称连叠草叶纹镜　1面，标本M109：5。圆形，伏螭纽。纽外二个凹面形双线方格间按顺时针方向环列八字铭文，铭文为"见日之光，天下大明"，字间有半圆形界格。外方格四内角各一扁桃形花苞，四外角则伸出一苞双叶花枝纹，将镜背纹饰分为四区，每区中心各有一乳钉，乳钉上方一桃形花苞，下方有花枝的根茎，两侧各一株二叠式草叶纹。内向十六连弧纹缘。直径13.55厘米，缘厚0.35厘米（图一八三，8；彩版五，5）。

刷　2件，分二型。

A型　1件，标本M109：8。三角形管状，一端空，一端实，尖稍歪，状似笔帽。长6.5厘米，孔直径0.6厘米（图一八三，6）。

B型　1件，标本M109：9。如一长柄烟斗，长柄末端且作蛇状，后端横穿一孔，当为穿系之用。刷头似烟斗形，中空。刷头径1.1厘米，高1厘米，通长10.5厘米（图一八三，7）。

铜钱　12枚，其中4枚文字不清，仅能看出为半两钱，均为半两钱。分两型。

A型　1枚。钱文"两"字中间不出头，两个人字连笔成山，竖划比较清晰。标本M109：4-1。直径2.3厘米，穿径0.8厘米（图一八三，9）。

B型　7枚，标本M109：4-2。钱文"两"字中间不出头，两个人字上部之竖划缩短成波浪形，或两个人字迳作横划。直径2.3厘米。穿径0.9厘米（图一八三，10）。标本M109：4-3，直径2.3厘米，穿径0.8厘米（图一八三，11）。标本M109：4-4，直径2.4厘米，穿径0.8厘米（图一八三，12）。

铁削：1件，标本M109：11。残。从残块看，刀背直，刃部亦直，断面呈三角形。

110号墓

1.墓葬形制

该墓开口于耕土层和扰土层之下，距地表深80厘米，方向72°。墓葬形制为竖穴土坑墓，平面呈长方形。墓室长245厘米，宽154厘米，底距地表144厘米。墓室四壁垂直无收分，室内填五花沙土，土质疏松，未夯打。随葬品主要放置在墓室的东部，出土有陶壶1、铜带钩1、铜钱6（图一八四）。

葬具、葬式：不详。

2.随葬品

该墓共出土随葬品2件，质地有陶、铜。另有铜钱6枚。分述如下：

陶壶　1件，标本M110：1。泥质灰陶。斜盘口，宽折沿，长弧颈，颈较粗，溜肩，鼓腹，圆底，折曲状高圈足外撇。盘口底部有凸棱，肩部有对称两铺首形耳，肩和腹部各饰有凹弦纹二周。盖残，无法复原。口径20.4厘米，腹径30.6厘米，底径20厘米，高39厘米（图一八五，1）。

铜带钩　1件，标本M110：3。钩首残，身呈琵琶形，背部有圆柱帽形纽，纽残，

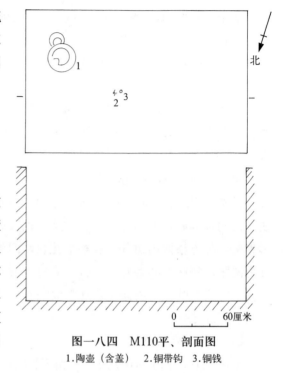

图一八四　M110平、剖面图
1.陶壶（含盖）　2.铜带钩　3.铜钱

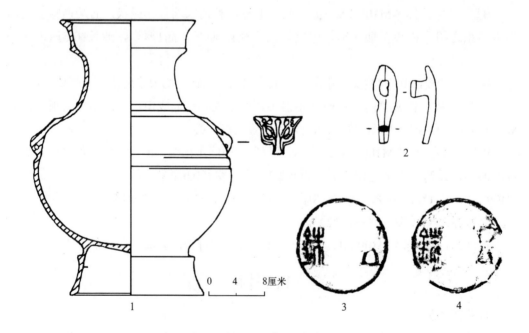

图一八五　M110出土器物
1.陶壶（M110：1）　2.铜带钩（M110：3）　3、4.铜五铢钱拓片（M110：2）（2～4.原大）

尾圆。残长2.1厘米（图一八五，2）。

铜钱　6枚，其中1枚残，仅能看出为五铢钱。均为五铢钱。正面穿上无横郭，五字交叉，两笔微曲，朱字上笔方折，下笔微圆折。标本M110：1、2。钱郭径2.5厘米，穿径0.9厘米，厚0.15厘米（图一八五，3、4）。

112号墓

1.墓葬形制

该墓开口于耕土层和扰土层之下，距地表深52厘米，方向358°。此墓因盗扰已全毁，仅存部分北墙。从墓框平面看，呈长方形，墓葬形制为砖室墓。墓室长200厘米，宽76厘米，底距地表102厘米。北墙残高28厘米，为平砖错缝垒砌，无铺地砖。砖均为长方形小条砖，长32厘米，宽16厘米，厚5厘米。随葬品均出自室内扰土之中，出土铜钱2枚，银环1件。

葬具、葬式：不详。

2.随葬品

该墓共出土随葬品1件，另有铜钱2枚。质地有银、铜。分述如下：

银环　1件，标本M112：2。直径1.2厘米。

铜钱　2枚，标本M112：2。均为五铢钱。分二型。

A型　1枚，标本M106：1-1。钱郭径2.5厘米，穿径1.0厘米，厚0.15厘米。正面穿上无横郭。五字交叉，两笔微曲，朱字上笔方折，下笔微圆折（图一八六，1）。

B型　1枚，标本M112：1-2。钱郭径2.5厘米，穿径0.9厘米，厚0.15厘米。正面穿上无横郭。五字交叉，两笔微曲，与上、下二横交接处是垂直的。朱字上笔方折，下笔微圆折（图一八六，2）。

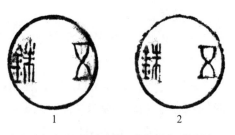

图一八六　M112出土铜五铢钱拓片（原大）
1.A型（M112：1-1）　2.B型（M112：1-1）

113号墓

1.墓葬形制

该墓开口于耕土层和扰土层之下，距地表深78厘米，方向346°。此墓因盗扰已全毁。从墓圹平面看为长方形，墓葬形制为砖室墓。墓室长180厘米，宽70厘米，底距地表120厘米。随葬品均出自室内扰土之中，出土有模型陶釜2件和罐、瓮等残陶片。

葬具、葬式：不详。

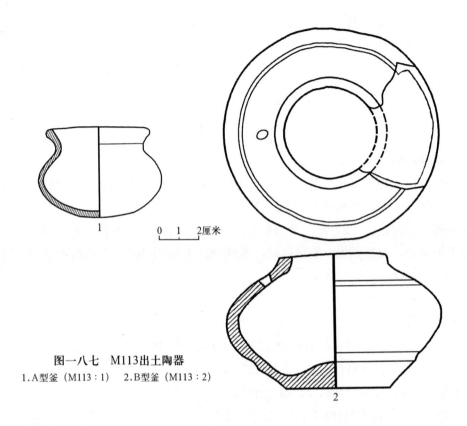

图一八七　M113出土陶器
1．A型釜（M113：1）　　2．B型釜（M113：2）

2.随葬品

该墓共出土随葬品陶器2件和一些残陶片，均为泥质灰陶，器类罐、瓮、釜。

釜　2件，分二型。

A型　1件，标本M113：1。侈口，圆唇，束颈，溜肩，鼓腹，圜底。口径6厘米，腹径7.1厘米，高4.6厘米（图一八七，1）。

B型　1件，标本M113：2。直口，微敛，方唇，溜肩，鼓腹，平底。肩和腹下部各饰有宽凹弦纹一周。口径4.2厘米，腹径8.4厘米，底径4厘米，高6.8厘米（图一八七，2）。

陶片：因陶质差，而无法复原。器类有灰陶罐、灰陶瓮等。

114号墓

1.墓葬形制

该墓开口于耕土层和扰土层之下，距地表深102厘米，方向2°。墓葬形制为砖室墓，平面呈长方形。墓室长140厘米，宽60厘米，底距地表150厘米。墙高23厘米，为平砖错缝垒砌，铺地砖用6块砖横排平铺，在墓室北部上面则用四块竖立砖两两相斜对

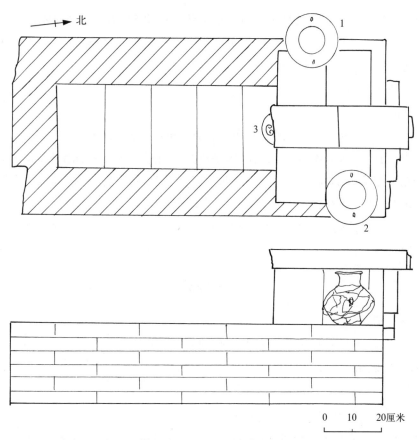

图一八八　M114平、剖面图
1、2.陶壶　3.瓦当

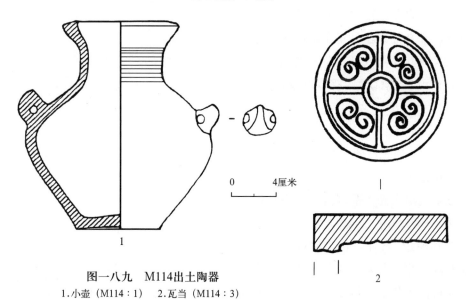

图一八九　M114出土陶器
1.小壶（M114：1）　2.瓦当（M114：3）

立，上扣筒瓦作墓室顶部。砖均为长方形小条砖，长30.5厘米，宽16厘米，厚4.5厘米。筒瓦长26.5厘米，宽14厘米，高6厘米。在室内北部出土2件灰陶瓦当，2件小陶壶则放置在墓室北部砖墙两侧上（图一八八）。

葬具、葬式：不详。

2.随葬品

该墓出土随葬品4件。均为泥质灰陶，器类为小壶、瓦当。

小陶壶　2件，标本M114：1、2，形制及大小相同。侈口，平沿外斜，尖唇，弧形颈，颈较粗，溜肩，鼓腹，平底，微内凹。肩部有对称两兽形耳，颈部饰有数周凹弦纹。口径10.2厘米，腹径16.6厘米，底径7厘米，高18厘米（图一八九，1）。

瓦当　2件，标本M114：3、4。形制及大小相同。上饰卷云纹。直径12.4厘米（图一八九，2）。

118号墓

1.墓葬形制

该墓开口于耕土层和扰土层之下，距地表深110厘米，方向90°。M117打破墓室的南部，打破深度为122厘米，未及底。而在140厘米深处，M119又叠压在M118之上，墓葬形制为竖穴土坑墓，平面呈长方形。墓室长287厘米，宽195厘米，底距地表深170厘米。墓室四壁垂直无收分，室内填五花沙土，土质疏松，未夯打。在墓室东南部出土牙齿四颗，随葬品则放置在墓室的东部，出土有铜镜1、铜钱3、双耳陶罐1（图一九〇）。

葬具：不详。

葬式：头向东，葬式不详。

2.随葬品

该墓共出土随葬品2件，另有铜钱3枚。质地有陶、铜。分述如下：

双耳陶罐　1件，标本M118：3。泥质灰陶。平口外斜，尖唇，矮颈，丰肩，腹椭圆形较深，圜底内凹，两牛鼻

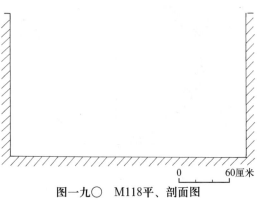

图一九〇　M118平、剖面图
1.铜镜　2.铜钱　3.陶罐　4.牙齿

式耳。沿部有一道凹槽，上腹饰间断绳纹，下腹拍密集的绳纹。口径15.6厘米，腹径28厘米，高30厘米（图一九一，1；图版一五，1）。

　　圈带蟠虺纹镜　1面，标本M118：1。圆形。三弦纽。纽外一周凹面形圈带。纹饰由主纹与地纹组成，地纹为斜线纹及重叠三角纹。主纹为四乳钉间有四S形虺纹。之外为内向十六连弧纹带。匕缘。直径8.85厘米，缘厚0.2厘米（图一九一，2）。

　　铜钱　3枚，标本M118：2。均为五铢钱。分二型。

　　A型　2枚，标本M118：2-1。钱郭径2.5厘米，穿径0.9厘米，厚0.15厘米。正面穿上无横郭。五字交叉，两笔微曲，朱字上笔方折，下笔微圆折（图一九一，3）。

　　B型　1枚，标本M118：2-2。钱郭径2.5厘米，穿径0.9厘米，厚0.15厘米。正面穿上无横郭。五字交叉，两笔微曲，与上、下二横交接处垂直微内敛。朱字上笔方折，下笔微圆折（图一九一，4）。

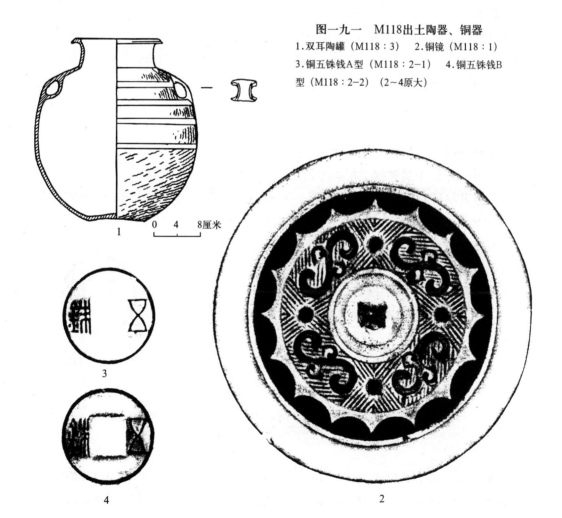

图一九一　M118出土陶器、铜器
1.双耳陶罐（M118：3）　2.铜镜（M118：1）
3.铜五铢钱A型（M118：2-1）　4.铜五铢钱B型（M118：2-2）（2~4原大）

120号墓

1. 墓葬形制

该墓开口于耕土层和扰土层之下，距地表深80厘米，方向358°。该墓因盗扰已全毁，仅存铺地砖。从墓框平面看，呈长方形，墓葬形制为砖室墓。墓室长198厘米，宽86厘米，底距地表126厘米。铺地砖为横排对缝平铺。砖均为长方形小条砖，长31厘米，宽15.5厘米，厚5.5厘米。在室内扰土中，出土陶罐1件。

葬具、葬式：不详。

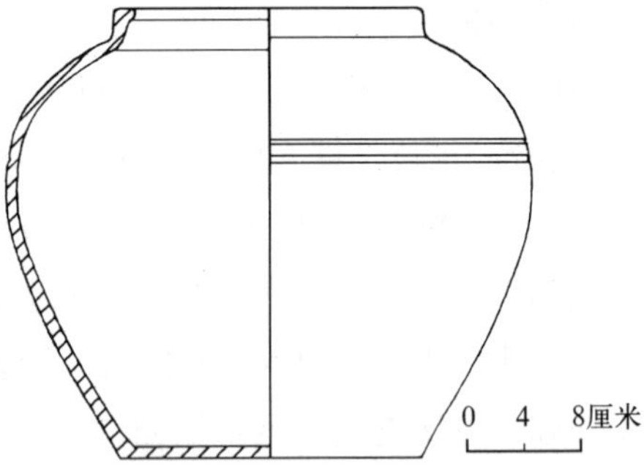

图一九二　M120出土无耳矮直领无沿陶罐
(M120∶1)

2. 随葬品

无耳矮直领无沿陶罐　1件，标本M120∶1。泥质灰陶。直口，方唇，矮领，溜肩，鼓腹，下腹斜收，平底。肩部饰凹弦纹二周。口径21.4厘米，腹径36.6厘米，底径21厘米，高30.4厘米（图一九二）。

121号墓

1. 墓葬形制

该墓开口于耕土层和扰土层之下，距地表深50厘米，方向354°。该墓因盗扰已全毁，仅存几块铺地砖。从墓框平面看，墓葬呈长方形，形制为砖室墓。墓室长210厘米，宽80厘米，底距地表84厘米。砖均为长方形小条砖，长30厘米，宽15厘米，厚4.5厘米。在室内扰土之中出土铜钱4枚。

葬具、葬式：不详。

2. 随葬品

货泉　4枚，其中3枚已残，仅能看出为货泉，标本M121∶1。钱郭径2.1厘米，穿径0.6厘米，厚0.2厘米。钱文笔划纤细，内外郭窄，穿之左右有篆纹"货泉"两字（图一九三）。

图一九三　M121出土货泉
(原大)

122号墓

1. 墓葬形制

该墓开口于耕土层和扰土层之下，距地表深85厘米，方向354°。被M120打破墓室的西北角，打破深度为126厘米，未及底。墓葬形制为竖穴土坑墓，平面呈长方形。

墓室长250厘米，宽200厘米，底距地表205厘米。墓室四壁垂直无收分，室内填五花沙土，土质疏松，未夯打。随葬品放置在墓室的西北角，出土陶罐2件（图一九四）。

葬具、葬式：不详。

2.随葬品

该墓出土随葬品2件，均为泥质灰陶。器类有双耳罐、无耳矮领折沿罐。

无耳矮领折沿罐　1件，标本M122：1。口稍侈，平折沿，方唇，矮领，溜肩，鼓腹，平底。肩部饰宽凹弦纹一周。口径9.6厘米，腹径18.6厘米，底径9.2厘米，高17厘米（图一九五，1）。

双耳罐　1件，标本M122：2。泥质灰陶。平沿外斜，尖唇，矮颈，丰肩，球形腹，圜底内凹。沿面一道凹槽，两牛鼻式耳。上腹饰间断绳纹，下腹拍密集的交叉绳纹。口径15.8厘米，腹径28.6厘米，高28.8厘米（图一九五，2；图版一五，2）。

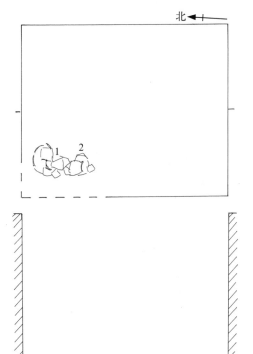

图一九四　M122平、剖面图
1、2.陶罐

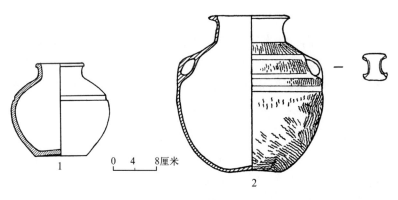

图一九五　M122出土陶器
1.无耳矮领折沿罐（M122：1）　2.双耳罐（M122：2）

123号墓

1.墓葬形制

该墓开口于耕土层和扰土层之下，距地表深50厘米，方向77°。墓葬形制为竖穴土坑墓，平面呈长方形。墓室长240厘米，宽130厘米，底距地表80厘米。墓室四壁垂直无收分，室内填五花沙土，土质疏松，未夯打。在墓室东部和南部，出土牙齿四颗和几块人骨。随葬品均放置在墓室中部，出土有铜镜1、铜钱41枚（图一九六）。

葬具：不详。

葬式：头向东，葬式不详。

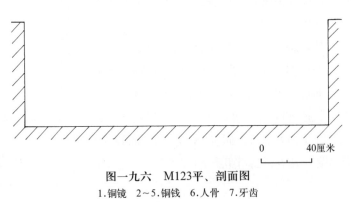

图一九六　M123平、剖面图
1.铜镜　2~5.铜钱　6.人骨　7.牙齿

2.随葬品

该墓出土铜镜1件，铜钱41枚。分述如下：

禽兽博局纹镜　1面。标本M123：1。圆形。半球纽。四叶纹纽座。座外双线方格，方格外四枚圆座乳钉及博局纹将镜背分成四方八极，分别配置羽人与神兽、独角兽与独角兽、独角兽与白虎、瑞兽与瑞兽。其外一周短斜线纹。宽平缘上饰有双线波折纹。直径14.05厘米，缘厚0.45厘米（图一九七，1；彩版五，6）。

铜钱　41枚，有大泉十五、小泉值一和无字钱。

大泉五十　31枚，圆形方穿，穿的两面俱有郭，穿之上下左右有篆文，"大泉五十"。钱文的书法工整，铸造精细。分二型。

A型　20枚，标本M123：1-1。钱郭径2.7厘米，穿径1.0厘米，厚0.3厘米（图一九七，2）。

B型　11枚，标本M123：1-2、3。钱郭径2.4厘米，穿径0.7厘米，厚0.1厘米（图一九七，3、4）。

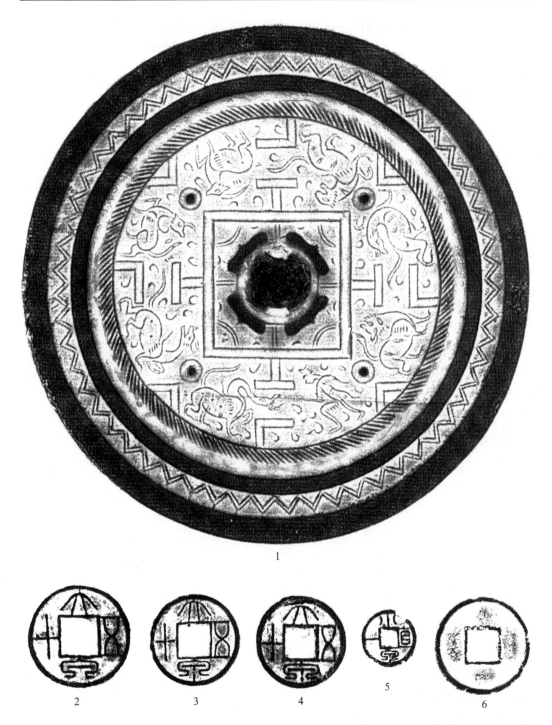

图一九七　M123出土铜镜、铜钱币拓片

1.禽兽博局镜（M123：1）　2.大泉五十A型铜钱（M123：2-1）　3、4.大泉五十B型铜钱（M123：2-2、3）

5.小泉值一铜钱（M123：2-4）　6.无字铜钱（M123：2-5）（皆原大）

小泉值一　9枚。标本M123：1-4。钱郭径1.5厘米，穿径0.4厘米。圆形方穿，穿之两面都有郭，穿之上下、左右有篆文，"小泉值一"。钱文不清晰（图一九七，5）。

无字钱　1枚。标本M123：1-6。钱郭径2.6厘米，穿径0.8厘米。正方形穿，穿之两面都有郭（图一九七，6）。

124号墓

1.墓葬形制

该墓开口于耕土层和扰土层之下，距地表深120厘米，方向90°。墓葬形制为竖穴土坑墓，平面呈长方形。墓室长230厘米，宽85厘米，底距地表135厘米。墓室四壁垂直无收分，室内填五花沙土，土质疏松，未夯打。随葬品放置在墓底中部，出土有铁剑1把、铜钱12枚（图一九八）。

葬具、葬式：不详。

2.随葬品

该墓出土随葬品有铁剑1件，另有铜钱12枚。分述如下：

铁剑　1把，标本M124：1。残。剑身中间微有脊，茎扁平而细，茎与剑身交接处有铜镡，镡平素无纹饰，中间隆起成脊，但二端平整，断面呈菱形。长100厘米（图一九九，1）。

铜钱：12枚，有大泉五十、小泉值一、大布黄千。

大泉五十　9枚，标本M124：2-1～3。钱郭径2.7～2.3厘米，穿径0.9～0.8厘米。正方形的穿，穿的两面俱有周郭。穿之上下、左右有篆文"大泉五十"，

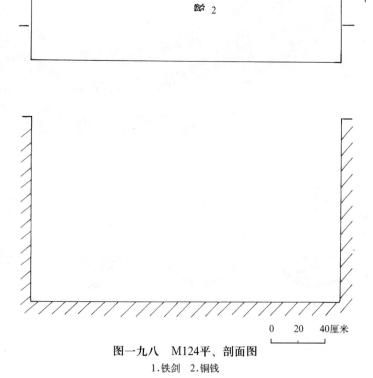

图一九八　M124平、剖面图
1.铁剑　2.铜钱

钱文的书法工整，铸造精细（图一九九，2～4）。

小泉值一 2枚，标本M124：2-4。钱郭径1.5厘米，穿径0.4厘米。正方形穿，穿之两面都有郭。穿之上下、左右有篆文"小泉值一"，钱文不清晰（图一九九，5）。

大布黄千 1枚，标本M124：2-5。长5.4厘米，足枝长1.4厘米，面宽1.4厘米，肩宽2.1厘米。首上有一圆形之穿，穿之两面及钱两面之边缘都有周郭。郭厚0.25厘米。钱的正面有篆文"大布黄千"四字（图一九九，6）。

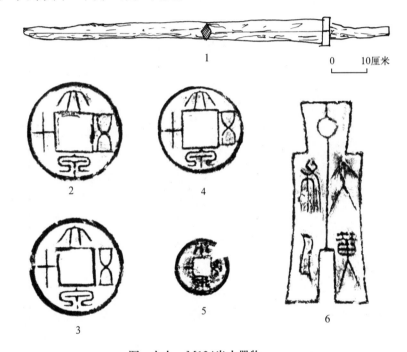

图一九九 M124出土器物

1.铁剑 2～4.大泉五十（M124：2-1～3） 5.小泉值一（M124：2-4） 6.大布黄千（M124：2-5）（2～6.原大）

125号墓

1.墓葬形制

该墓开口于耕土层和扰土层之下，距地表深230厘米，方向0°。墓葬形制为竖穴土坑墓，平面呈长方形。墓室长265厘米，宽165厘米，底距地表285厘米。墓室四壁垂直无收分，室内填五花沙土，土质疏松，未夯打。从墓底的灰痕分辨出葬具为单棺，小件随葬品放置在棺内中部，出土有铜钱31、铜带钩1、玉片1、铁刀1，而大件随葬品和部分小件器物则放置在棺外的西部，出土有小口陶瓮1、陶罐2、大口陶瓮1、陶车轮2、铜环1、铜器耳1、铜带钩1、铜环圈1、铜印章1、铁火钳1、铁削1、铁权1、铁器2、铅坠7（图二〇〇）。

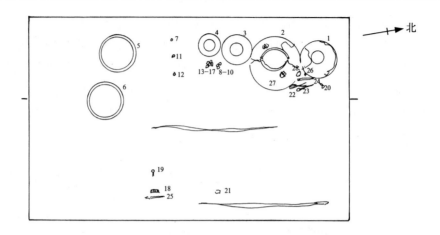

图二〇〇　M125平、剖面图

1.小口陶瓮　2.大口陶瓮　3、4.陶罐　5、6.陶车轮　7.铜环　8.铜环圈
9.铜器耳　10.铜印章　11~17.铅坠　18.铜钱　19、20.铜带钩　21.玉
片　22、23.铁器　24.铁削　25.铁刀　26.铁权　27.铁火钳　28.铜钱

葬具：位于墓室东部。质地为木质棺。从朽木灰痕看，棺残长约106厘米，宽约60厘米。

葬式：不详。

2.随葬品

该墓共出土随葬品26件，另有铜钱31枚。质地有陶、铜、铅、铁。分述如下：

陶器：6件，均为泥质灰陶。器类有小口瓮、车轮、大口瓮、无耳矮领折沿罐。

小口瓮　1件，标本M125：1。平折沿，尖唇，矮颈，折肩，下腹斜直收，平底。口径12厘米，腹径29.4厘米，底径15厘米，高25.5厘米（图二〇一，1）。

大口瓮　1件，标本M125：2。直口，方唇，圆肩，鼓腹，平底，最大腹径在上部。肩部折出一条棱线，腹部凸起绳纹条带一周。口径21厘米，腹径35.8厘米，底径21.6厘米，高26.6厘米（图二〇一，2）。

无耳矮领折沿罐　2件，标本M125：3、4。形制相同，大小略有不同。平沿外斜，方唇，矮领，溜肩，鼓腹，平底。腹部折出一条棱线。口径13厘米，腹径30.9厘米，底径15.3厘米，高27厘米（图二〇一，3）。

车轮　2件，标本M125：5、6。形制及大小相同。圆环形，断面呈六边形。牙内凿有20个安装辐条的孔。轮外径33.8厘米，内径29.6厘米，凿孔间距4.8厘米，牙宽0.7厘米，厚1.2厘米（图二〇一，4）。

铜器：6件，器类有带钩、环、器耳、印章、环圈。

带钩　2件，形制大同小异，大小不同。钩首为蛇头形钩，身呈琵琶形，腹部较长，背部有圆柱帽形纽，尾圆。标本M125：19，长6.2厘米。标本M125：20，上饰圆涡纹。长6.5厘米（图二〇一，5、6）。

印章　1件，标本M125：10。略呈长方形，上部稍窄呈圆弧状，无纽，有穿孔。字为阴刻篆文，文字已不清晰。边长0.9厘米，宽0.5厘米，高1.7厘米（图二〇一，7；彩版七，5）。

环　1件，标本M125：7。断面呈圆形。直径1.9厘米。

环圈　1件，标本M125：8，如一两端末封口的圆柱体，中部略鼓，中空。口径1.1厘米，宽1.1厘米（图二〇一，8）。

器耳　1件，稍残。标本M125：9，上部为一圆筒，下有带穿孔的两铜片。直径1.7厘米，高2.5厘米（图二〇一，9）。

铜钱：31枚，11枚文字不清，仅能看出为半两钱，均为半两钱。分三型。

A型　4枚，钱文"两"字中间不出头，两个人字上部之竖划缩短波浪形。标本M125：18-1、2，直径2.4厘米，穿径0.7厘米（图二〇一—2，15）。

B型　14枚，钱文"两"字中间不出头，两个人字上部之竖划缩短成波浪形，或迳

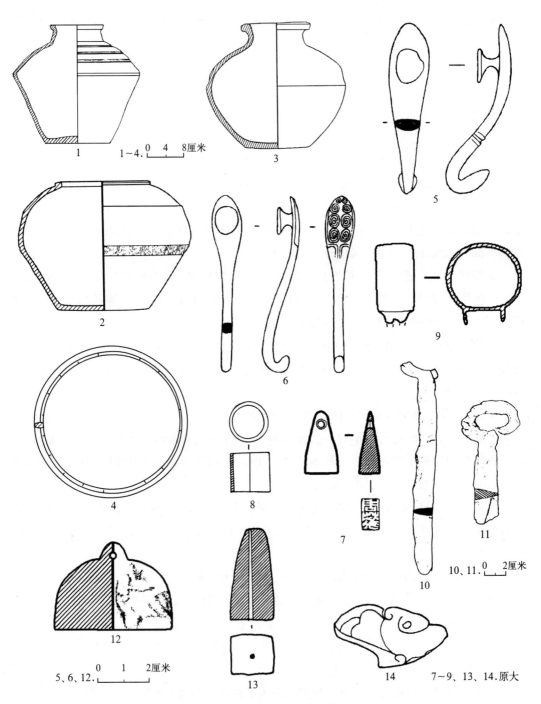

图二〇一—1　M125出土器物

1.小口陶瓮（M125：1）　　2.大口陶瓮（M125：2）　　3.无耳矮领折沿陶罐（M125：3）　　4.陶车轮（M125：5）
5、6.铜带钩（M125：19、20）　　7.铜印章（M125：10）　　8.铜环圈（M125：8）　　9.铜器耳（M125：9）　　10.铁削
（M125：24）　　11.铁刀（M125：25）　　12.铁权（M125：26）　　13.铅坠（M125：11）　　14.玉片（M125：21）

15　　　　　　16　　　　　　　　17　　　　　　　　18　　　　　　　19

图二○一－2　M125出土铜半两钱币拓片（原大）

15.A型（M125：18-1）　16～18.B型（M125：18-2～4）　19.C型（M125：18-5）

作横划。标本M125：18-2、3，直径2.4厘米，穿径0.8厘米。标本M125：18-4，直径2.0厘米，穿径0.7厘米（图二○一－2，16～18）。

C型　2枚，标本M125：18-5。有极窄的周郭。钱文"两"字中间不出头，两个人字迳作横划。直径2.4厘米，穿径0.8厘米（图二○一－2，19）。

铁器：7件，器类有权、刀、火钳、削、铁器。

削　1件，标本M125：24，残，从残块看，刀背直，刃部亦直，刀本成一环，断面呈三角形，仅在刀末一小段斜东杀成弧形。残长18.6厘米（图二○一－2，10）。

刀　1件，标本M125：25，残，从残块看，刀背直，刃部亦直，刀本成环，断面呈三角形。残长11.4，宽4.7厘米（图二○一－2，11）。

火钳　1件，标本M125：27。残，已无法复原。

权　1件，标本M125：26。半球形，上部有一半圆形纽，底径4.5厘米，通高3.5厘米（图二○一－2，12；彩版八，4）。

铁器　2件，标本M125：22、23。因锈蚀严重，已成碎块，无法辨认器形。

铅坠　7件，标本M125：11～17。四棱柱体，上小下大，下部有一穿孔。上边长0.6厘米，下边长1厘米，高2.3厘米（图二○一－2，13）。

玉片　1件，标本M125：21，残块。青白色，无光泽，上刻纹饰（图二○一－2，14）。

126号墓

1.墓葬形制

该墓开口于耕土层和扰土层之下，距地表深160厘米，方向0°。墓葬形制为竖穴土坑墓，平面呈长方形。墓室长290厘米，宽150厘米，底距地表344厘米。墓室四壁垂直无收分，室内填五花沙土，土质疏松，未夯打。从墓底的灰痕分辨出葬具为单棺，在棺内西南部出土铜钱17枚，大件随葬品则放置在棺外东南部，出土有陶罐3、铁鍪1（图二○二）。

葬具：位于墓室西部。质地为木质棺。从朽木灰痕看，棺长195厘米，宽约65厘米。

葬式：不详。

2.随葬品

该墓共出土随葬品4件，另有铜钱17枚。质地陶、铁、铜。分述如下：

无耳矮领折沿罐　3件，均为泥质灰陶。形制大同小异，大小略有不同。口稍侈，溜肩，鼓腹，平底，微内凹。标本M126：1，平折沿，方唇，腹部饰宽凹弦纹一周。口径10.8厘米，腹径24.4厘米，底径9.4厘米，高21.2厘米（图二〇三，1）。标本M126：2，双唇。腹部折出一条棱线。口径9.8厘米，腹径18.2厘米，底径9.4厘米，高15.2厘米（图二〇三，2）。标本M126：3，平沿外斜，方唇。腹部折出一条棱线。口径12.1厘米，腹径25厘米，底径11.4厘米，高21.4厘米（图二〇三，3）。

铁鍪　1件，标本M126：4。敞口，束颈，扁鼓腹，圜底，肩部有两个环形耳。一耳残。口径14.6厘米，腹径19.5厘米，高16.1厘米（图二〇三，4）。

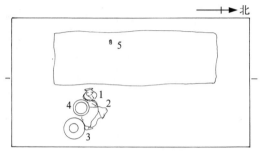

图二〇二　M126平、剖面图
1～3.陶罐　4.铁鍪　5.铜钱

铜钱　17枚，6枚文字不清，仅能看出为半两钱。均为半两钱。分二型。

A型　2枚，钱文"两"字中间不出头，两个人字连笔成山，竖划比较清楚。标本M126：5-1，直径2.3厘米，穿径0.9厘米（图二〇三，5）。

B型　9枚，有极窄的周郭。钱文"两"字中间不出头，两个人字迳作横划。标本M126：5-2～4，直径2.5～2.3厘米，穿径0.8～0.7厘米（图二〇三，6～8）。

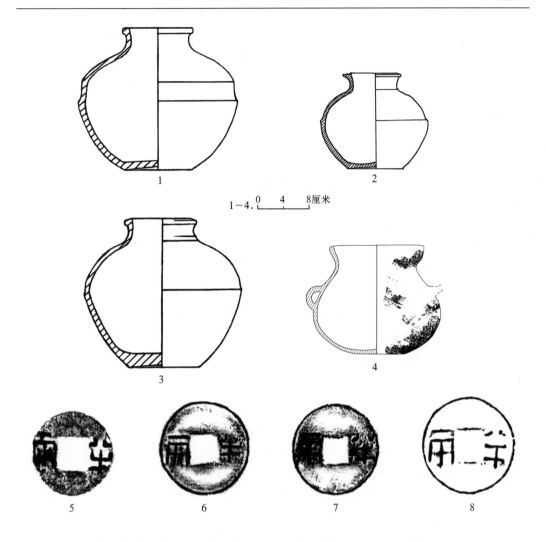

图二〇三　M126出土器物

1~3.无耳矮领折沿陶罐（M126：1~3）　　4.铁鍪（M126：4）　　5.铜半两钱A型（M126：5-1）
6~8.铜半两钱B型（M126：5-2~4）　（5~8.原大）

127号墓

1.墓葬形制

该墓开口于耕土层和扰土层之下，距地表深85厘米，方向330°。该墓因盗扰已
全毁，仅存几块铺地砖。从墓框平面看，呈长方形，墓葬形制为砖室墓。墓室长276厘
米，宽117厘米，底距地表161厘米。从仅存的这几块铺地砖摆放情况看，应为竖排错缝
平铺。砖均为长方形小条砖，长31厘米，宽15.5厘米，厚5厘米。在室内扰土之中，仅
出土1枚铜钱。

葬具、葬式：不详。

2. 随葬品

铜钱　1枚，标本M127：1。五铢钱。圆形方穿，钱文正、反两面均有郭。钱郭径2.5厘米，穿径0.9厘米，厚0.15厘米。正面穿上有横郭，五字交叉，两笔微曲，朱子头上笔微圆折，下笔圆折（图二〇四）。

图二〇四　M127出土铜钱币
（M127：1，原大）

128号墓

1. 墓葬形制

该墓开口于耕土层和扰土层之下，距地表深150厘米，方向72°。被M127打破墓室的西南角，打破深度为161厘米，未及底。墓葬形制为竖穴土坑墓，平面呈长方形。墓室长282厘米，宽206厘米，底距地表312厘米。墓室四壁垂直无收分，室内填五花沙土，土质疏松，未夯打。小件随葬品放置在墓室南部，有铜带钩1、玉璏1、铁剑1、铜钱1。而大件随葬品则放置在墓室的北部，出土有小口陶瓮1、无耳矮领折沿陶罐2、铜镜1、铜刷1、铜铃形器，陶车轮2（图二〇五）。

葬具、葬式：不详。

2. 随葬品

该墓共出土随葬品11件，另有铜钱1枚。质地有陶、铜、铁、玉。

陶器：5件，均为泥质灰陶，器类有无耳矮领折沿罐、小口瓮、车轮。

小口瓮　1件，标本M128：1。平折沿，尖唇，矮颈，折肩，下腹斜直收，平底。肩部饰凹弦纹七周，肩和腹部饰绳纹。口径15.6厘米，肩径38.4厘米，底径15.8厘米，高35厘米（图二〇六，1）。

无耳矮领折沿罐　2件，形制大同小异，大小略有不同。口微敛，双唇，矮颈，圆溜肩，鼓腹，平底。腹部饰宽凹弦纹一周。标本M128：2。口径10.2厘米，腹径19厘米，底径8.6厘米，高17.2厘米（图二〇六，2）。标本M128：3。口径9.8厘米，腹径18厘米，底径8厘米，高16.8厘米（图二〇六，3）。

车轮　2件，标本M128：4、5。形制相同，大小略有不同。圆环形，断面呈六边形。牙内凿有19个安装辐条的孔。轮外径26.8厘米，内径23.6厘米，凿孔间距4.0厘米，牙宽0.7厘米，厚1.2厘米（图二〇六，4）。

铜器：4件，器类有镜、刷、带钩、铃形器。

星云镜　1面，标本M128：6。圆形，兽纽。绹纹圆纽座。纽座外一周内向十六连弧纹和一周弦纹圈带间为主纹。四枚带圆座乳钉相间有四组星云纹，小乳众多，云纹卷曲，看上去更似蟠螭纹。内向十六连弧纹缘。直径11.15厘米，缘厚0.45厘米（图二〇

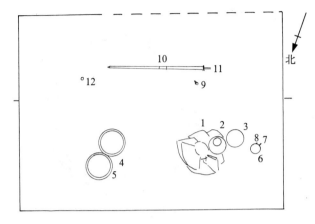

图二〇五　M128平、剖面图

1.小口陶瓮　2、3.无耳矮领折沿陶罐　4、5.陶车轮　6.铜镜　7.铜刷　8.铜铃形器　9.铜带钩　10.玉璜　11.铁剑　12.铜钱

六，10；彩版六，7）。

　　刷　1件，标本M128：7。三角形管状，一端空，一端实，尖稍歪，状似笔帽。长4.4厘米，孔径0.6厘米（图二〇六，6；彩版七，3）。

　　带钩　1件，标本M128：9。钩首为蛇头形钩，身呈琵琶形，腹部较长，背部有圆柱帽形纽，尾圆。长7.1厘米（图二〇六，7）。

　　铃形器　1件，标本M128：8。筒形，上有半圆环形纽。口径1厘米，高2.2厘米（图二〇六，8）。

　　铜钱　1枚（残），标本M128：12。五铢钱。圆形方穿，钱文正、反两面均有郭。

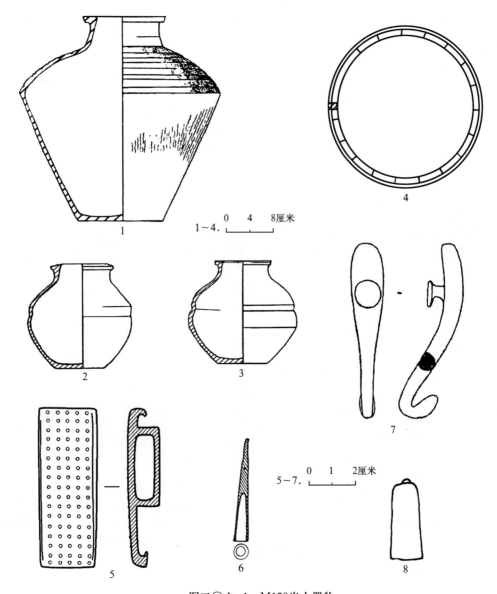

图二〇六-1　M128出土器物

1.陶小口瓮（M128：1）　2.陶罐（M128：2）　3.陶罐（M128：3）　4.陶车轮（M128：4）

5.玉璏（M128：10）　6.铜刷（M128：7）　7.铜带钩（M128：9）　8.铜铃形器（M128：8，原大）

钱郭直径2.5厘米，穿径0.9厘米，厚0.15厘米。正面穿上无横郭。五字交叉，两笔微曲，朱字上笔方折，下笔微圆折（图二〇六，9）。

玉璏　1件，标本M128：10。青色，无光泽。平面为长方形，两出卷檐。背饰圆点纹，上涂朱砂。长6.8厘米，宽2.4厘米（图二〇六，5；彩版八，7）。

10

图二〇六-2　M128出土铜镜、铜钱币拓片（原大）

9.铜五铢钱（M128：12）　10.星云镜（M128：6）

9

铁剑　1件，标本M128：11。残。从残块看，剑身中间微有脊，茎与剑身交接处有铜镡，镡平素无纹饰，中间隆起成脊，但二端平整，断面呈菱形。

129号墓

1.墓葬形制

该墓开口于耕土层和扰土层之下，距地表深114厘米，方向0°。墓葬形制为竖穴土坑墓，平面呈长方形。墓室长150厘米，宽85厘米，底距地表192厘米。在墓室中部放置一瓮，瓮口朝北，在瓮口的北部用砖垒砌长61厘米，宽46厘米，高25厘米的砖墙来封瓮口，瓮的腹上部，斜放着三块砖。砖均为长方形小条砖，长30厘米，宽15厘米，厚5厘米。在瓮内出土5枚铜钱（图二〇七；图版二，2）。

葬具：位于墓室中部。为泥质灰陶瓮。瓮口径38厘米，腹径64厘米，底径28厘米，高75厘米。

葬式：不详。

2.随葬品

该墓仅出土5枚铜钱，有五铢钱和半两钱两种。

半两钱　1枚，标本M129：1。钱文"两"字中间不出头，两个"人"字上部之竖划缩短成波浪形。直径2.2厘米，穿径0.7厘米（图二〇八，1）。

五铢钱　4枚，标本M129：2。圆形方穿，钱文正、反两面均有郭。分二式。

I式：3枚，标本M129：2-1。钱郭径2.4厘米，穿径0.9厘米，厚0.15厘米。正面穿上无横郭。五字交叉，两笔微曲，与上、下二横交接处是垂直的，朱字头上笔微圆折，下笔圆折。磨掉周郭的一部分（图二〇八，2）。

II式：1枚，标本M129：2-1。钱郭径2.5厘米，穿径0.9厘米，厚0.15厘米。正面穿

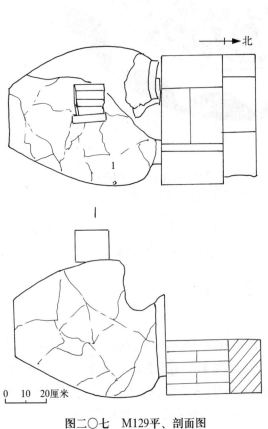

0　10　20厘米

图二〇七　M129平、剖面图

1.铜钱

图二〇八　M129出土铜钱币拓片

1.半两钱（M129：1）　2.五铢钱I式（M129：2-1）　3.五铢钱II式（M129：2-2）（皆原大）

上无横郭。五字交叉，两笔微曲，与上、下二横交接处是垂直的，朱字头上下笔圆折（图二〇八，3）。

130号墓

1.墓葬形制

该墓开口于耕土层和扰土层之下，距地表深235厘米，方向0°。墓葬形制为竖穴土坑墓，平面呈长方形。墓室长220厘米，宽185厘米，底距地表305厘米。墓室四壁垂直无收分，室内填五花沙土，土质疏松，未夯打。随葬品主要放置在墓室东部和西北部，出土有无耳矮领折沿陶罐2、铜镜1、铜带钩1、铁削1、铁夹1。在铜镜周围绕东南方向排列着15颗牙齿（图二〇九）。

葬具：不详。

葬式：头向北，葬式不详。

2.随葬品

该墓共出土随葬品6件，质地有陶、铜、铁。分述如下：

无耳矮领折沿陶罐 2件，标本M130：1-2。均为泥质灰陶。形制相同，大小略有不同。平折沿，双唇，矮颈，圆肩，鼓腹，平底，稍内凹。腹部饰凹弦纹一周。口径10.4厘米，腹径18.8厘米，底径9厘米，高18厘米（图二一〇，1）。

铜器：2件，器类有镜，带钩。

圈带蟠虺纹镜 1面，标本M130：3。圆形。三弦纹纽。纽外一周凹面形圈带。纹饰由主纹与地纹组成。地纹为斜线纹及重叠三角纹，主纹为四乳钉间以四S形虺纹。之外为内向十六连弧纹带。匕缘。直径9厘米，缘厚0.25厘米（图二一〇，4）。

带钩 1件，标本M130：4。残。尺寸较小。钩首为蛇头形钩，背部有圆柱帽形纽。长1.8厘米（图二一〇，3）。

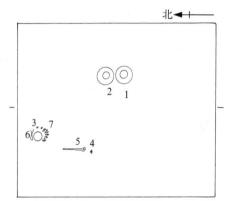

0　40　80厘米

图二〇九　M130平、剖面图

1、2.陶罐　3.铜镜　4.铜带钩

5.铁削　6.铁夹　7.牙齿

铁器：2件，器类有削、夹。

削　1件，标本M130：5。残，从残块看，刀背直，刃部亦直，仅在刀末一小段斜杀成弧形，刀本成一环。

夹　1件，标本M130：6。用铁棍弯曲成交叉环状。长13厘米，最宽处2.7厘米（图二一〇，2）。

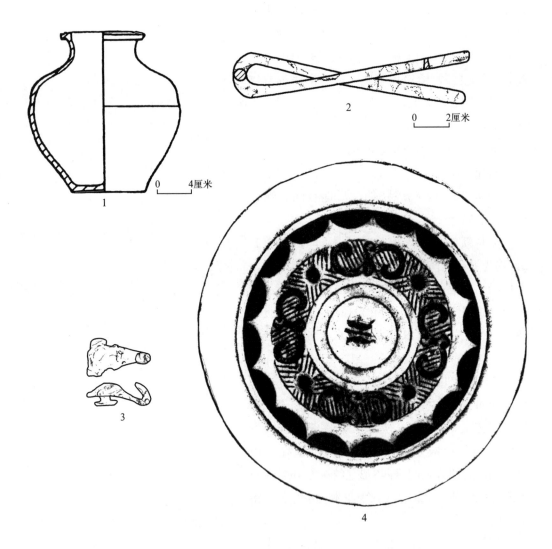

图二一〇　M130出土器物

1.无耳矮领折沿陶罐（M130：1）　2.铁夹（M130：6）　3.铜带钩
（M130：4）　4.圈带蟠虺纹铜镜拓片（M130：3）（3、4.原大）

第三章　墓葬的类型分析

宛城牛王庙汉墓分布密集，是南阳市主要汉墓群之一。此次发掘的这批汉代墓葬是已发掘的汉墓中时代较早的一批。这批墓葬除了3座（M64、M70、M82）近代墓外，其余128座墓可分为竖穴土坑、竖穴瓦棺、竖穴瓮棺和砖室墓四大类。

下面对这批墓葬进行类型分析。

（一）土坑竖穴墓。81座，除20座被叠压或被打破外，其余均保存完好。2座带墓道，79座为长方形，其中口大于底有8座，口底同大有73座。根据墓葬形制的不同可分为二型。

A型　79座，长方形。根据墓室长宽之比的不同，又可分为四亚型。

Aa型　3座（M45、M74、M124），狭长型。墓坑窄长，长与宽之比一般都在2.5∶1以上，有的是3∶1。

Ab型　30座，长方形。墓坑长与宽之比一般都在1.7∶1以上或2∶1。分二式。

Ⅰ式　1座（M80），设有二层台。

Ⅱ式　29座（M1、M5、M6、M10、M14、M20、M24、M30、M31、M39、M44、M47、M48、M49、M50、M51、M54、M69、M75、M76、M83、M88、M90、M94、M99、M104、M107、M123、M126），墓口与底同大，四壁垂直，无收分。

Ac型　38座，长宽形。墓坑长与宽之比一般都在1.5∶1以上或1.3∶1。分四式。

Ⅰ式　1座（M21），斜壁，斗形。

Ⅱ式　1座（M22），斜壁，设二层台。

Ⅲ式　2座（M41、M56），直壁，设二层台。

Ⅳ式　34座（M3、M4、M8、M12、M15、M23、M26、M27、M29、M33、M36、M38、M40、M43、M57、M58、M59、M63、M77、M84、M89、M92、M93、M95、M96、M97、M98、M103、M105、M109、M110、M118、M125、M128），墓口与墓底同大，墓壁垂直，无收分。

Ad型　8座，近方形。墓坑长与宽之比，一般都在1.2∶1或1.1∶1。分二式。

Ⅰ式　1座（M108），设二层台。

Ⅱ式　7座（M32、M35、M86、M100、M106、M122、M130），墓口与墓底同

大，墓壁垂直，无收分。

B型　2座（M60、M87），凸字形。由长方形斜坡状墓道和长方形墓室组成。

（二）瓦棺墓葬。7座（M7、M17、M19、M81、M102、M111、M119），均为长方形竖穴土坑，内置一长方形瓦棺。仅有M7和M102随葬有陶罐或铜钱。

（三）瓮棺墓葬。2座（M115、M129），均为长宽形土坑竖穴，内置一瓮，用长方形小条砖封口。

（四）砖室墓。38座，大多为中小型墓葬。16座墓葬（M13、M18、M28、M42、M52、M61、M66、M72、M79、M112、M113、M117、M120、M121、M127、M131）全毁，两座（M34、M78）延伸到墙外，M78形制不明，其余21座墓葬都受到不同程度的破坏，其中M37、M67发现有棺木痕迹，并在M67发现有人骨残骸，但葬式不明。依墓葬形制可分七型。

A型　12座，长方形。可分三式。

Ⅰ式　10座（M2、M9、M11、M16、M25、M53、M91、M101、M114、M116），单室。

Ⅱ式　1座（M68），由前、后室组成。

Ⅲ式　1座（M55），并列双室墓，由南前室、南后室和北室组成。

B型　1座（M65），呈"T"字形。由前室和后室组成。

C型　1座（M37），平面呈"干"字形。由甬道、前室、后室和连接前、后室过道组成。

D型　1座（M67），平面略呈"F"字形。由甬道、前室、后室和连接前、后室过道组成。

E型　1座（M85），平面呈"『"字形。由侧室和主室组成。

F型　2座，平面呈"┝"字形。分二亚型。

Fa型　1座（M71），由两前室、两后室和一侧室组成。

Fb型　1座（M73），由前室、后室和侧室组成。

G型　3座（M34、M46、M62），"日"字形。

第四章　出土主要遗物的型式分析

　　宛城区牛王庙汉代墓葬共出土各类遗物1014件，另有钱币528枚。质地包括陶、釉陶、铜、铁、铅、玉、金、银、石等。陶、釉陶器我们将在下面叙述，这里我们把其他质地的遗物作一个概括。钱币528枚，分别出自54座墓葬，有泥钱、铜钱。其中铜钱503枚，分别出自54座墓葬，有半两、五铢、大泉五十、货泉、小泉值一、大布黄千、无字钱。泥钱25枚，分别出自M37、M66、M79三座墓葬，均用细泥模压制成五铢钱和无字钱。玉器14件，器类有玦、环、璜、圆形玉片、饰件、残玉片。铁器：90件，器类有削、锸、带钩、鍪、壶、刀、环、剪、钩、权、剑等，多锈蚀严重。铅器25件，器类有衔、圆帽形器、当卢、暮、镰、轴、四棱柱形饰件、圆柱形饰件等。金、银饰件5件，器类有球、叶子、环。瓷器有罐1件。铜器共333件，主要器形有镜、带钩、印章、刷、车马饰、勺、铃、碗、洗、饰件等。

　　陶器是该墓群的主要随葬器物，共547件（不包括陶片中所包含的器形）。陶器烧制火候不高、易破碎，以泥质灰陶为主、红陶次之，极少数为泥质黄红色陶。素面陶占多数，少量陶器外饰以弦纹、箆纹等，极个别器物涂有朱砂或施有彩绘。制法一般为轮制、模制和手制，个别器物下部有刀削棱痕迹。主要器型有鼎、盒、壶、小壶、罐、小口瓮、钵、狗、井、熏炉、鸡、鸭、碓、仓、车轮、甬头、磨、灶、猪圈、方盒、奁、灯、漏斗形器、盂、大口瓮、勺、豆、盆、器盖、盖弓帽、禽饰、甑、泡钉、狗饰、釜等。下面我们就鼎、盒、壶、小壶、罐、井等几种主要器形作型式上的分析探讨。

一　出土主要陶器的型式分析

1.鼎

　　62件，复原54件。分别出自42座墓葬。以泥质灰陶为主，个别为泥质黄红色陶。均子母口，微敛，鼓腹，圜底，外附长方形竖耳。分二型。

　　A型　底附三足。分为八式。

Ⅰ式　8件，器形小，腹浅，矮蹄足，器身和盖呈扁体。包括M15、M30、M51、M69（2件）、M76、M83、M92所出。

Ⅱ式　2件，器形变大；器腹略外鼓，较Ⅰ式略深；蹄足变高，足根变粗大。M1（2件）所出。

Ⅲ式　15件，器形较大，隆盖。腹深浅不一，但一般略深，少数较浅，腹部一般皆微微鼓起，圜底。腹部一道折棱或一至二道凹弦纹。蹄足较高，足根粗大，足根内侧皆掏空，足根正面饰人面。分二亚式。

Ⅲa式　4件，足根人面五官细节表现皆用多重流线型。包括M21（2件）、M60（2件）所出。

Ⅲb式　11件，人面五官单线表现。包括M3、M4（2件）、M22（2件）、M29、M58（2件）、M80、M97（2件）所出。

Ⅳ式　3件，器形与Ⅲ式相近，人面纹细节有变化，人面整体风格较Ⅲb式清秀细腻。M33（2件）、M40所出。

Ⅴ式　7件，器形大，腹略深，微鼓腹，一般为圜底。三蹄足较高，足根粗大，足根内侧掏空，外侧饰人面，胡须为梳篦状。盖弧顶隆起。包括M23（2件）、M56（2件）、M86（2件）、M109所出。

Ⅵ式　1件，人面与上式接近。盖顶中央有铺首钮。M99所出。

Ⅶ式　13件，盖顶中央有铺首钮。盖顶高高隆起，盖面下部折壁，折壁处一道凸弦纹，盖面上部也有一道凸弦纹，盖顶有两个相对的铺首，铺首的鼻部重合为一个半环钮。器口一般方唇，少量圆唇，唇部略高于外口。腹部较深和较浅者约各占一半，鼓腹，多平底或圜底近平，少量圜底。腹部多有两至三道凹弦纹，少数有的为折棱或刮棱。蹄足较高，足根粗大，足根内侧掏空，外侧饰人面纹。人面纹的变化主要表现在两点，其一抬头纹一般较平直，其二嘴呈一字形或无嘴。泥质多较粗，但仅有数件明显可见砂质并摸之涩手因此定为夹砂陶，其余均定为泥质。据人面纹饰特征分为两亚式。

Ⅶa式　5件，无嘴，圆眼珠无眼眶。足尖有花瓣装饰。包括M12、M38、M98、M106（2件）所出。

Ⅶb式　8件，嘴呈一字横线或一道弯弧线。细长眼眶，椭圆眼珠。包括M31（2件）、M57、M77（2件）、M104、M107（2件）所出。

Ⅷ式　3件，立熊足，博山盖。包括M14、M85、M103所出。

B型　2件，博山盖，无足。M34、M65所出。

2.盒

57件，有7件（M22、M38、M47、M49、M83、M104、M107），仅复原盒体或盒盖。分别出自41座墓葬，以泥质灰陶为主，个别为泥质黄红色陶。分两型。

A型　2件，器身有圈足。M1所出。

B型　55件，器身平底或内凹。分八式。

Ⅰ式　9件（含器身2件），器形小，浅斜腹；盖亦浅腹，壁略弧鼓，上下相合呈扁圆形。多无纹饰。包括M15、M30、M49（器身）、M51、M69（2件）、M76、M83（器身）、M89所出。

Ⅱ式　6件，器形变大，斜弧腹略深，盖隆起较高，壁弧鼓。包括M29、M58（2件）、M92、M108（2件）所出。

Ⅲ式　15件（含器身1件），器形大，弧鼓腹较深，盖隆起甚高，壁多鼓出，盖顶平或略弧。身、盖饰多道凹弦纹。包括M3、M4（2件）、M22（2件，其中一件器身）、M23（2件）、M56（2件）、M60（2件）、M80、M97（2件）、M109所出。

Ⅳ式　5件，器形较大，折腹较深，盖亦折壁，弧顶。折腹或饰一道凹弦纹。包括M33（2件）、M40、M86（2件）所出。

Ⅴ式　8件（含器身1件，器盖2件），器形较大，身、盖皆弧折，盖弧顶低于抓手或与之齐平。盖顶有钮饰，一般是两个相对的铺首，铺首的鼻部重合为一个半环钮，少数为人首形钮。包括M31（2件）、M38（器身）、M47（器盖）、M48、M99、M107（2件，其中一件器盖）所出。

Ⅵ式　8件（含器盖1件），器形较大，身、盖皆折壁，盖顶弧凸，高于抓手。盖顶有两个相对的铺首，铺首的鼻部重合为一个半环钮。包括M12、M48、M57、M77（2件）、M98、M104（器盖）、M106所出。

Ⅶ式　2件，博山盖，折腹，器身扁浅，折腹处位于器身中部。M14、M103所出。

Ⅷ式　2件，博山盖，折腹较深，折腹处多位于器身上部。M65、M85所出。

3.大壶

54件，其中6件（M29、M30、M59、M76、M91、M99）未复原。分别出自39座墓葬。器形较大。2件为泥质红陶，施黄褐釉外，其余均为泥质灰陶。除M56、M57、M60、M77、M107所出有彩绘外，其余均为素面。分两型。

A型　25件，敞口。分三式。

Ⅰ式　6件，器形较小，束颈短，圆腹或扁圆腹。包括M1（2件）、M69（2件）、M89、M92所出。

Ⅱ式　6件，颈部略变长，斜弧腹，最大径在肩部。包括M3、M4（2件）、M15、M49、M51所出。

Ⅲ式　13件，器形极大，多圆腹或扁鼓腹。包括M21（2件）、M22（2件）、M56（2件）、M58（2件）、M60（2件）、M80、M97（2件）。

B型　23件，盘口。分五式。

Ⅰ式　10件，器形大。微具盘口特征，口下微微有凸棱或有一周细凸弦纹，折曲状高圈足外撇。有盖者皆弧顶。包括M23（2件）、M33（2件）、M38、M86（2件）、M108（2件）、M109所出。

Ⅱ式　6件，盘口明显，宽折沿，斜盘口，盘口底部有凸棱，折曲状高圈足外撇。有盖者盖面一周凸棱，盖顶中央铺首钮。包括M31、M47、M48、M107（2件）、M110所出。

Ⅲ式　5件，窄折沿，余与Ⅱ式同。包括M12、M57、M77（2件）、M104所出。

Ⅳ式　1件，斜直盘口较高，圆肩鼓腹，折曲状矮圈足，铺首模印衔环。M14所出。

Ⅴ式　1件，斜直盘口，束长颈，圆鼓腹，矮圈足折痕不明显。M53所出。

4.小壶

21件，其中2件（M99、M106）未复原。分别出自14座墓葬，均为泥质灰陶。分三型。

A型　2件，平底。M114所出。

B型　16件，假圈足。分二亚型。

Ba型　3件，敞口。包括M23（2件）、M109所出。

Bb型　13件，盘口。分三式。

Ⅰ式　5件。略具盘口特征，斜长颈，盖皆弧顶。包括M29、M86（2件）、M108（2件）所出。

Ⅱ式　6件，盘口，盖皆弧顶。包括M31（2件）、M48（2件）、M107（2件）所出。

Ⅲ式　2件，浅盘口，有盖者盖顶中央有钮饰。M12、M39所出。

C型　1件，圈足。M98所出。

5.小口瓮

14件，分别出自14座墓葬中，分三型。

A型　1件，圆肩。M41所出。

B型　2件，直肩。一般不饰绳纹。分二式。

Ⅰ式　1件，折沿平，广肩，肩腹间一段弧线相连，直肩特征还不明显，小平底。M1所出。

Ⅱ式　1件，平折沿，沿面有凹槽，直肩变短，腹变深。M88所出。

C型　11件，折肩。器表多饰绳纹。分二亚型。

Ca型　7件，肩腹饰绳纹。分二式。

Ⅰ式　2件，器形较矮，腹弧收。M40、M43所出。

Ⅱ式　5件，器形瘦高，腹多斜直。包括M6、M10、M20、M90、M128所出。

Cb型　4件，肩部饰凹弦纹。分二式。

Ⅰ式　2件，腹较浅。M8、M125所出。

Ⅱ式　2件，腹较深。M32、M98所出。

6. 双耳罐

8件，分别出自7座墓葬，其中M105两件不能复原。肩部有对称双鼻耳。分两型。

A型　5件，圜底内凹。分二亚型。

Aa型　2件，折沿下仰，尖唇，束颈较长。分二式。

Ⅰ式　1件，高束颈，扁鼓腹。M54所出。

Ⅱ式　1件，长颈外斜，扁鼓腹略垂。M84所出。

Ab型　3件，沿面中部下折，沿面上形成一道凹槽，颈短直。分二式。

Ⅰ式　2件，圆鼓腹。M8、122所出。

Ⅱ式　1件，腹椭长较深。118所出。

B型　1件，平底。M2所出。

7. 无耳矮直领无沿罐

2件，出自2座墓葬。分二式。

Ⅰ式　1件，领内侧唇部略凸起，圆肩。M65所出。

Ⅱ式　1件，领内侧唇部凸起明显，溜肩。M120所出。

8. 无耳矮领折沿罐

29件，分别出自18座墓中。其中M93（2件）、M100所出未能复原。分为二型。

A型　25件，斜弧腹。分二式。

Ⅰ式　9件，溜肩，器形多较扁，刮棱处多位于器高二分之一处。包括M39（2件）、M41、M122、M125（2件）、M126（3件）所出。

Ⅱ式　16件，圆肩或圆溜肩，器形略高，刮棱处多靠器腹上部。包括M6、M10（2件）、M20、M32、M36（4件）、M45、M90、M94、M128（2件）、M130（2件）所出。

B型　1件，圆腹。M26所出。

9. 仓

22件，分别出自13座墓中。其中M13、M18、M59（2件）、M68、M79、M85（2件）、M103（其中1件）、M131所出陶仓未能复原。分两型。

A型　11件，无足。分二式。

Ⅰ式　7件，以阴线表示仓门及门栓。包括M14、M62、M103所出。

Ⅱ式　4件，器身以圆孔作仓门。包括M65、M71所出。

B型　1件，三熊足。M55所出。

10.灶

5件，出自5座墓葬，其中一件（M62所出）未复原。余4件分为二型。

A型　2件，前后有挡墙。三火眼。M55、M85所出。

B型　2件，后端无挡墙。二火眼。M65、M78所出。

11.井

5件，分别出自5座墓葬。分二型。

A型　4件，无井架。分二式。

Ⅰ式　1件，折沿，唇下沿下垂极长，外侧看为极厚的方唇，下腹部微微折出，斜腹外张。M85所出。

Ⅱ式　3件，折沿，唇下沿下垂程度减弱，从外侧看唇变薄，下腹部一道凹弦纹，斜腹外张。M55、M65、M78所出。

B型　1件，有井架。M2所出。

12.磨

7件，分别出自7座墓葬。其中2件（M42、M79）未复原。均由磨盘、上扇、下扇组成。分两型。

A型　4件，圆盘。分二亚型。

Aa型　3件，无足。包括M65、M66、M71所出。

Ab型　1件，三熊足。M55所出。

B型　1件，方盘，四折曲状足。M2所出。

二　出土铜镜型式分析

共45面。

1.弦纹镜

1件，三弦钮，细凸弦纹。标本牛王庙M1所出。

2.兽纹镜

1件，兽纹镜。标本牛王庙M4所出。

3.连弧纹镜

1件，连弧蟠螭兽纹镜。标本牛王庙M22所出。

4.蟠螭镜

10件，分为五型。

A型　1件，蟠螭镜。双线蟠螭。标本牛王庙M5所出。

B型　3件，菱纹蟠螭，蟠螭纹的部分躯干呈菱形。分二式。

Ⅰ式　1件，单线蟠螭。标本牛王庙M50所出。

Ⅱ式　2件，双线蟠螭。标本牛王庙M15、M23所出。

C型　1件，叶纹蟠螭镜。三叶。主纹双线。标本牛王庙M3所出。

D型　3件，三叶菱纹蟠螭镜。双线。分二亚型。

Da型　1件，蟠螭简化为菱纹。标本牛王庙M83所出。

Db型　2件，蟠螭身躯简化为菱纹。标本牛王庙M60、M97所出。

E型　2件，蟠螭、凤鸟菱纹镜。标本牛王庙M30、M49所出。

5.草叶镜

共9件，分二型。

A型　8件，方格铭文带。分三式。

Ⅰ式　3件，单层草叶纹。标本牛王庙M32、M40、M86所出。

Ⅱ式　4件，双层草叶纹。标本牛王庙M33、M36、M95、M109所出。

Ⅲ式　1件，规矩草叶纹。标本牛王庙M108所出。

B型　1件，圆圈铭文带。标本牛王庙M8所出。

6.花叶镜

1件，四乳圈带花叶镜。标本牛王庙M51所出。

7.星云镜

8件，圆形，连峰钮，圆钮座。四枚带圆座乳钉将镜背纹饰分为四区，各区间有弧线相连的乳钉。内向十六连弧纹缘。标本牛王庙M20、M26、M27、M36、M45、M75、M105、M128所出。

8.蟠虺镜

12件，分二式。

A型　4件，方格铭文蟠虺镜。标本牛王庙M6、M39（3件）所出。

B型　8件，四乳蟠虺镜。分二亚型。

Ba型　2件，虺具龙形。标本牛王庙M36、M88所出。

Bb型　6件，虺龙身躯呈简化"S"形。分二式。

Ⅰ式　5件，有短斜线地纹，主纹为四个"S"形虺纹。标本牛王庙M8、M44、M58、M118、M130所出。

Ⅱ式　1件，无地纹，主纹为四虺八禽。标本牛王庙M65所出。

9.铭文镜

1件，日光镜。标本牛王庙M57所出。

10. 禽兽博局镜

1件，标本牛王庙M123所出。

三　出土钱币的型式分析

铜钱共503枚，其中93枚铜钱仅能看出为半两钱或五铢钱，这些钱不在分型之列。

1. 半两钱

钱文可辨者共155枚。据钱形完整情况分二型。

A型　154枚，钱形完整，钱面文字完整。分五式。

Ⅰ式　14枚，战国半两钱。钱边未经修整，有铸口痕迹。钱面文字中间高，四周低，笔画隐起，钱文风格大篆气息浓厚。"半"字的下横及"两"字的上横都较短，有的"两"字无上横，"两"字内的"人"上一竖很长。标本牛王庙M5（3枚）、M8（1枚）、M30（10枚）所出。

Ⅱ式　19枚，秦半两钱。钱边多经加工，钱形较Ⅰ式规整，但仍可见有铸口痕迹，多较厚重。直径2.5厘米左右，大者2.6厘米，小者2.5厘米。字形较宽大，较Ⅰ式规整，结构略显松散，不及Ⅰ式浑厚。"半"字下横和"两"字上横变长，"两"字内的"人"多为竖，但已出现连山式及一字形。标本牛王庙M5（5枚）、M15（1枚）、M30（11枚）、M126（2枚）所出。

Ⅲ式　23枚，吕后八铢半两。钱边经过加工，钱形规整，钱体多轻薄，直径多为2.3~2.4厘米，大者2.5厘米。字体较瘦长，偶见显方正者，字形结构松散，笔力较弱。"半"字下横和"两"字上横长，"两"字中间多为一横，少数为连山式，极少数有短竖。标本牛王庙M3（6枚）、M4（2枚）、M8（1枚）、M30（3枚）、M41（6枚）、M109（1枚）、M125（4枚）所出。

Ⅳ式　82枚，文帝四铢半两。字形方正规范，略显呆板。"两"字内"人"字上多有短竖，少量为连山式或一字。直径2.3~2.4厘米。标本牛王庙M3（12枚）、M4（2枚）、M8（6枚）、M15（28枚）、M41（4枚）、M58（2枚）、M99（2枚）、M108（4枚）、M109（7枚）、M125（14枚）、M129（1枚）所出。

Ⅴ式　16枚，武帝半两。有的隐隐有外郭。字体较大，笔划纤细，字形往往不正。"两"字中间一般为一横。标本牛王庙M41（1枚）、M58（4枚）、M125（2枚）、M126（9枚）所出。

B型　1枚，经人为凿、磨，钱形不完整，钱面文字残缺。

标本牛王庙M1所出。

2.西汉五铢钱

钱文可辨者共114枚。据钱形完整情况分两型。

A型 107枚，钱形完整。据"五"字特征分三亚型。

Aa型 27枚，武帝五铢。五字宽大。五字中间交笔弧曲，上下两横略超出体宽。铢字"金"旁三角形头，四点长，"朱"字上部方折，下部圆折。标本牛王庙M31（1枚）、M32（12枚）、M57（4枚）、M75（6枚）、M90（2枚）、M94（1枚）、M98（1枚）所出。

Ab型 70枚，五字略窄。分四式。

Ⅰ式 35枚，武帝三官五铢。五字交笔略曲，上下两横多出头。铢字"金"旁三角形头，四点长，"朱"旁上部方折，下部圆折。标本牛王庙M20（7枚）、M31（5枚）、M32（2枚）、M57（2枚）、M75（2枚）、M94（9枚）、M103（1枚）、M104（4枚）、M112（1枚）、M118（2枚）所出。

Ⅱ式 10枚，昭帝五铢。五字极窄，交笔略曲，与两横相交处微收。上下两横出头甚多。标本牛王庙M31（2枚）、M34（1枚）、M57（1枚）、M94（2枚）、M106（2枚）、M127（1枚）、M128（1枚）所出。

Ⅲ式 23枚，宣帝五铢。"五"字交笔弯曲度大，有的有折笔，与两横相交处垂直或内敛。标本牛王庙M13（1枚）、M14（2枚）、M27（18枚）、M90（2枚）所出。

Ⅳ式 2枚，元帝五铢。"五"字较长，中间交叉两笔与上下两横相交处近垂直。"铢"字"金"旁三角头较小；"朱"旁方折，上短下长。标本牛王庙M27（1枚）、M78（1枚）所出。

Ac型 10枚，武帝五铢。"五铢"二字长大。五字宽，交笔弧曲，与两横相交外放，上下两横不出头。铢字"金"旁三角形头，四点长，"朱"旁上部方折较短，下部圆折亦较短。标本牛王庙M94（1枚）、M95（2枚）、M98（5枚）、M112（1枚）、M118（1枚）所出。

B型 7枚，磨郭钱

标本牛王庙M11（2枚）、M25（1枚）、M27（1枚）、M53（2枚）、M102（1枚）所出。

3.东汉五铢钱

钱文可辨者共52枚。据钱形完整情况分二型。

A型 45枚，钱形完整。分三亚形。

Aa型 6枚，五字宽大。铢字"朱"旁上部圆折。分二式。

Ⅰ式 2枚，建武五铢。铢字"朱"旁上部较短。标本牛王庙M18所出。

Ⅱ式　4枚，明章五铢。铢字"朱"旁上部变长。标本牛王庙M37（2枚）、M67（2枚）所出。

Ab型　26枚，五字略窄。铢字"朱"旁上部圆折。分二式。

Ⅰ式　14枚，建武五铢。铢字"朱"旁上部较短。标本牛王庙M18（11枚）、M129（3枚）所出。

Ⅱ式　12枚，明章五铢。铢字"朱"旁上部变长。标本牛王庙M18（4枚）、M34（1枚）、M37（4枚）、M67（3枚）所出。

Ac型　13枚，五字内敛。明章五铢。铢字"朱"旁上部较长。

标本牛王庙M37（4枚）、M42（2枚）、M67（6枚）、M129（1枚）所出。

B型　7枚，剪边钱。

标本牛王庙M37（4枚）、M42（1枚）、M67（2枚）所出。

4.王莽钱

共71枚。

（1）大布黄千

1枚，标本牛王庙M124所出。

（2）小泉直一

12枚，标本牛王庙M55、M123、M124所出。

（3）货泉

15枚，均为面背有内外单郭。标本牛王庙M121、M65所出。

（4）大泉五十

共43枚。均为面背有内外单郭。分大小两型。

A型　29枚，直径2.7~2.8厘米。标本牛王庙M123（20枚）、M124（9枚）所出。

B型　14枚，直径2.4~2.5厘米。标本M66（1枚）、M67（2枚）、M123（11枚）所出。

第五章　随葬陶器组合分析

南阳牛王庙墓地共清理各时期各类型墓葬131座，其中3座墓葬为晚期墓葬。其余128座墓葬中，15座（M9、M16、M17、M19、M61、M64、M74、M81、M87、M101、M111、M115、M116、M117、M119）无随葬品，13座（M7、M28、M35、M46、M63、M91、M93、M96、M100、M105、M113、M114、M131）只出土1件、几件或随葬品已成碎片无法复原。其余100座墓葬中，有15座墓葬只出土钱币或同时伴出其他铜铁器。85座墓葬出土陶器，且随葬器物形制及组合较为清楚。但其中有一部分砖墓因盗扰严重，所出器类不能反映其组合的本来面貌。因此，我们选取了其中66座保存完整，或虽被扰，但组合还基本清楚的墓葬进行分析。

南阳牛王庙墓地出土器物组合可分为罐、瓮核心组合，仿铜陶礼器核心组合、仿铜陶礼器与罐、瓮共出组合、仿铜陶礼器、罐瓮类与模型明器组合，罐瓮类与模型明器组合等五大类。

一　甲类组合

共19座，以罐瓮为核心的组合形态。可分5组：

A组　3座，双耳罐为核心的组合。M84、M105、M118。

B组　1座，无耳高领折沿罐＋钵的组合。M24。

C组　4座，无耳矮领折沿罐。M36、M45、M126、M130。

D组　1座，大口瓮，M5。

E组　10座，罐瓮类间相配的组合。分4小组：

E1组　1座，双耳罐与B型无耳高领折沿罐组合。M54。

E2组　1座，双耳罐与A无耳矮领折沿罐组合。M122。

E3组　1座，双耳罐与小口瓮组合。M8。

E4组　7座，小口瓮与无耳矮领折沿罐组合。M6、M10、M20、M32、M41、

M90、M128。

二　乙类组合

共21座，仿铜陶礼器组合。分3组：

A组　9座，A鼎、B盒、A壶为核心的组合。分4小组：

A1组　1座，A鼎、B盒、A壶。M56。

A2组　6座，A鼎、B盒、A壶＋模型小壶。M49、M51、M76（壶不明）、M89、M92、M97。

A3组　1座，A鼎、B盒、A壶＋模型小壶＋熏炉。M3。

A4组　1座，A鼎、B盒、A壶＋小壶。M29（壶不明）。

B组　8座，A鼎、B盒、B壶为核心的组合。分2小组：

B1组　3座，A鼎、B盒、B壶＋模型壶。M47、M57、M77（加小壶）。

B2组　5座，A鼎、B盒、B壶＋小壶。M23、M31、M48、M86、M107。

C组　4座，仿铜陶礼器不全的组合。M21（A鼎、A壶、模型壶）、M83（A鼎、B盒、模型壶）、M106（A鼎、B盒）、M110（B壶）。

三　丙类组合

共5座，仿铜陶礼器与罐、瓮等共出组合。分3组：

A组　1座，A鼎、B盒、B壶、小壶＋釜。M12。

B组　2座，仿铜陶礼器＋罐。分2小组：

B1组　1座，A鼎、B盒、B壶＋无耳高领折沿罐。M104。

B2组　1座，小壶＋无耳矮领折沿罐。M39。

C组　2座，A鼎、B盒＋小口瓮。M40、M98（有小壶）。

四　丁类组合

共19座，仿铜陶礼器与模型明器组合。

A组　10座，仿铜陶礼器＋车轮。分3小组：

A1组　4座，A鼎、B盒、A或B壶＋车轮。M15、M33（B壶）、M60、M80。

A2组　4座，A鼎、B盒、A或B壶＋模型小壶＋车轮。M30（壶不明）、M38（B壶）、M58、M99（壶、小壶不明）。

A3组　2座，A鼎、B盒、B壶＋小壶＋车轮。M108、M109。

B组　3座，仿铜陶礼器＋车轮＋俑类。分3小组：

B1组　1座，A鼎、B盒、壶、模型小壶＋车轮＋俑头。M69。

B2组　1座，A鼎、B盒、A壶、模型壶＋车轮＋俑头＋禽饰、狗饰。M4。

B3组　1座，A鼎、B盒、A壶、模型壶＋车轮＋禽饰、狗饰。M22。

C组　1座，车轮。M43。

D组　1座，A鼎、A盒、A壶、模型壶＋小口瓮＋钵＋禽饰、狗饰。M1。

E组　3座，仿铜陶礼器＋仓。分3小组：

E1组　1座，A鼎、B盒、B壶、小罐、豆＋仓。M14。

E2组　1座，A鼎、壶、小罐＋仓。M59。

E3组　1座，A鼎、B盒＋仓。M103。

F组　1座，仿铜陶礼器＋仓灶井等。A鼎、B盒＋奁、方盒＋灯＋仓、灶、井。M85。

五　戊类组合

共2座，罐类与模型明器组合。

A组　1座，小口瓮＋大口瓮＋无耳矮领折沿罐＋车轮。M125。

B组　1座，B鼎、B盒＋奁＋矮直领无沿罐＋仓、灶、井＋猪圈、磨、狗、鸡、鸭。M65。

第六章　墓葬分期与年代

　　第五章中我们已经介绍过，南阳牛王庙墓地共清理各时期各类型墓葬131座，其中3座墓葬为晚期墓葬。所余128座墓葬中，15座（M9、M16、M17、M19、M61、M64、M74、M81、M87、M101、M111、M115、M116、M117、M119）无随葬品，13座（M7、M28、M35、M46、M63、M91、M93、M96、M100、M105、M113、M114、M131）只出土1件或随葬品已成碎片无法复原。其余100座墓葬中，有15座墓葬只出土钱币或同时伴出其他铜铁器。85座墓葬出土陶器，且随葬器物形制及组合较为清楚。因此，在对上述陶器主要器类进行类型学分析的基础上，结合它们彼此之间的型式组合关系，我们尝试对这85座墓葬进行整体的分期，并作出年代上的判断。

　　由于多数墓葬都出土鼎、盒、壶等仿铜陶礼器，且其形态演变规律清晰，组合明确，故我们以仿铜陶礼器的组合关系为基础来进行分析。牛王庙墓地仿铜陶礼器共有以下21种组合形式：

　　第1组　　AⅠ鼎、BⅠ盒、AⅠ壶。

　　第2组　　AⅠ鼎、BⅠ盒、AⅡ壶。

　　第3组　　AⅡ鼎、A盒、AⅠ壶。

　　第4组　　AⅢa鼎、BⅢ盒、AⅢ壶。

　　第5组　　AⅢb鼎、BⅢ盒、AⅡ壶。

　　第6组　　AⅢb鼎、BⅡ盒、AⅢ壶。

　　第7组　　AⅢb鼎、BⅢ盒、AⅢ壶。

　　第8组　　AⅣ鼎、BⅣ盒、BⅠ壶。

　　第9组　　AⅤ鼎、BⅢ盒、BⅠ壶。

　　第10组　　AⅤ鼎、BⅢ盒、AⅢ壶。

　　第11组　　AⅥ鼎、BⅤ盒、壶、小壶。

　　第12组　　AⅦa鼎、BⅤ盒、BⅠ壶。

　　第13组　　AⅦb鼎、BⅤ盒、BⅡ壶。

　　第14组　　AⅦ鼎盖、BⅤ盒、BⅥ盒、BⅡ壶。

　　第15组　　AⅦa鼎、BⅥ盒、BⅢ壶。

第16组　AⅦb鼎、BⅥ盒、BⅢ壶。

第17组　AⅧ鼎、BⅦ盒、BⅣ壶。

第18组　AⅧ鼎、BⅧ盒。

第19组　BⅤ壶。

第20组　B鼎、BⅧ盒。

第21组　B鼎。

以上21种组合形式，根据器物形态的特征、与钱币及其它遗物共出的情况，可合并为五大组：

甲组　包括第1～3等3组。鼎、盒、壶器形均小，浅腹，弧盖。鼎足较矮小无装饰。伴出钱币者均为半两钱而不见五铢钱。所出半两钱中，最早者为战国半两钱，最晚者为西汉文帝四铢半两。因此甲组的年代应为西汉早期。其中第1组为AⅠ鼎、BⅠ盒、AⅠ壶同出，但未见有半两钱。第2、3组有的组合中已为AⅡ式鼎，有的虽仍为AⅠ式鼎，但同出壶为AⅡ式，且伴出钱币最晚者为文帝四铢半两。因此，第1组为西汉早期早段，时代约高祖至吕后时期。第2、3组为西汉早期晚段，时代约文帝、景帝时期。

乙组　包括第4～14等11组。此组中，鼎、盒、壶器形由小逐渐发展到极大，鼎足开始出现人面饰。以第11组为界，此前各组伴出钱币者均为半两钱，此后各组则开始出现五铢钱。此前各组器盖均为弧顶，此后各组器盖均出现铺首钮。其中第4组至第11组所出半两钱中，最晚为武帝半两，但其中第9、10组对应于南阳丰泰墓地出土同类遗存的墓葬已出五铢钱。因此，第4～7组墓葬的年代定在武帝前期，第9、10组墓葬的年代定在武帝后期，第8组遗存界于第7组及第9组遗存之间，据同出盒的形态而可定在武帝后期。第11～14组遗存有共同特征，且第13组遗存伴出昭帝五铢钱，因此时代定在昭宣时期。

丙组　包括第15～19等5组。其中第15、16组遗存所出鼎虽与第12～14组相同，但组合中的盒、壶形态均较第12～14组为晚，故其时代当晚于第12～14各组。第12～14遗存的时代定在昭宣时期，故第15、16组的时代可定在西汉晚期早段。第17、18组遗存同时伴出仓或仓、灶、井等模型明器，而在南阳一中墓地、丰泰小区墓地中，仓、灶、井同出的情况均出现在西汉晚期晚段，故第17、18组遗存的时代应定在西汉晚期晚段。第19组的BⅤ壶与南阳丰泰墓地BcⅤ壶及南阳一中墓地AbⅥ壶相同，此式壶在上述两个墓地中流行于西汉晚期后段及王莽时期，而主要见于西汉晚期后段。因此第19组的时代我们定在西汉晚期后段。

丁组　包括第20组。该组遗存与王莽货泉同出，故其时代可定在王莽时期。

戊组　包括第21组。该组遗存的B型鼎与第20组相同，但因与东汉早期五铢钱同出，故其时代定为东汉早期。

　　在对上述出土仿铜陶礼器各墓进行年代分析的基础上，我们将85座出土陶器形态明确并有一定组合关系的墓葬分为七期。

　　第一期　秦代，属于这一期的墓葬仅M5一座。该墓出土陶瓮、铁鍪等，所出半两钱均为先秦及秦半两。故将第一期的年代定为秦代。

　　第二期　西汉早期，本期可分前后二段。

　　前段　时代约当高祖至吕后时期。包括M24、M50、M54、M69、M76、M83、M89、M92等8座墓葬。其中M69、M76、M83、M89、M92等5座墓葬仿铜陶礼器，M24、M50、M54等3座墓葬不出仿铜陶礼器而只出罐类器的。仿铜陶礼器墓葬以AⅠ鼎、BⅠ盒、AⅠ壶、AⅠ模型小壶为核心组合，此外可见有AⅡ模型小壶、BⅡ盒、俑头、Ⅰ车轮等。仿铜陶礼器各墓的时代我们已在前面有过论证。在出罐类器的各墓中，M54所出AaⅠ双耳罐，与南阳丰泰墓地AaⅢ、AaⅣ双耳罐相近，时代属于战国晚期晚段至西汉早期前段。M24、M54所出Ba无耳高领折沿罐与丰泰墓地M27、M185、M195所出Ea无耳高领折沿罐相同，时代属西汉早期前段。M50所出C无耳高领折沿罐与丰泰墓地M128所出Db无耳高领折沿罐相似，时代属于西汉早期前段。因此，M24、M50、M54等3座墓葬的时代亦属第二期前段。

　　后段　时代约当文景时期，包括M1、M15、M30、M49、M50等5座墓葬。有AⅡ鼎、A盒、AⅠ壶、AⅠ模型小壶，AⅠ鼎、BⅠ盒、AⅡ壶等两类核心组合。此外可见B模型小壶、Bb无耳高领折沿罐、BⅠ小口瓮、Ⅱ钵、Ⅱ车轮等。伴出半两钱最晚为文帝四铢半两。

　　此外，M26所出A型无耳高领折沿罐与丰泰小区M367所出AⅠ式无耳高领折沿罐相近，但该墓出星云镜，故其时代为西汉早期。

　　第三期　西汉中期，分为前中后三段。

　　前段　武帝前期，约当武帝元狩五年以前。包括M3、M4、M8、M21、M22、M29、M41、M58、M60、M80、M97、M108、M122、M125、M126等15座墓葬。本段流行AⅢa、AⅢb鼎，BⅡ、BⅢ盒，AⅡ、AⅢ、BⅠ壶，BbⅠ小壶，AⅠ、AⅡ、AⅢ模型小壶，熏炉、勺、瓶，A、CbⅠ小口瓮，B大口瓮，AbⅠ双耳罐、AⅠ无耳矮领折沿罐，Ⅰ、Ⅱ车轮，狗饰、禽饰等。此段绝大部分墓葬因出土仿铜陶礼器而时代明确，M41、M126因伴出半两钱且最晚可见武帝半两而定为武帝前期，M8、M122、M125三墓则因其出土遗存与M41及M126相关联而定在武帝前期。

　　中段　武帝后期，约当武帝元狩五年以后。包括M23、M33、M40、M43、M56、M86、M109等7座墓葬。本段流行AⅣ、AⅤ鼎，BⅢ、BⅣ盒，AⅢ、BⅠ壶，Ba、BbⅠ小壶，CaⅠ小口瓮、Ⅱ车轮。

　　后段　昭宣时期，包括M31、M38、M39、M47、M48、M99、M107、M110等8座

墓葬。本段流行AⅥ、AⅦa、AⅦb鼎、BⅤ盒、BⅡ壶、BbⅡ、BbⅢ小壶、AⅢ模型小壶、AⅠ无耳矮领折沿罐等。

此外，M88出土BⅡ小口瓮，其时代定在武帝时期而不细分。

第四期　西汉晚期，分为前后二段。

前段　西汉晚期前段，约当元帝时期。包括M12、M32、M57、M77、M98、M104、M106、M118等8座墓葬。其中M118所出AbⅡ双耳罐与一中墓地M35所出AaⅢ双耳罐相近，时代西汉晚期前段。本段流行AⅦa、AⅦb鼎、BⅥ盒、BⅢ壶、BbⅢ、C小壶、AⅢ模型小壶、CbⅡ小口瓮、Bc无耳高领折沿罐、Ba小罐、釜等。

后段　西汉晚期后段，约当成、哀、平帝时期。包括M14、M53、M59、M62、M84、M85、M103等7座墓葬。其中M84仅出AaⅡ双耳罐1件，与丰泰墓地M118所出AaⅦ双耳罐相近，时代西汉晚期后段。本段流行AⅧ鼎、BⅦ、BⅧ盒、BⅣ、BⅤ壶、AaⅡ双耳罐、Bb小罐、奁、方盒、灯、豆、AⅠ仓、A灶、AⅠ井等。

此外，M6、M10、M20、M36、M45、M90、M94、M128、M130等9座墓葬仅出瓮、罐或瓮罐同出，包括CaⅡ小口瓮、AⅡ无耳矮领折沿罐等。其中牛王庙CaⅡ小口瓮与南阳一中墓地Bb小口瓮相同，流行于西汉晚期前段至后段。AⅡ无耳矮领折沿罐据M32与CbⅡ小口瓮同出而可定在西汉晚期前段。但此类器物在南阳一中墓地及丰泰墓地中，流行于西汉晚期前、后两段，故我们上述九座墓葬的时代定在西汉晚期，不再分段。

第五期　王莽时期，包括M52、M55、M65、M66、M68、M71、M72、M78、M79等9座墓葬。本期流行B鼎、BⅧ盒、Ⅰ无耳矮直领无沿罐、AⅡ、B仓、A、B灶、AⅡ井，A、B猪圈、Aa、Ab磨，Ⅰ狗，Aa、Ab、BⅠ鸡，Ⅰ、Ⅱ、Ⅲ鸭等。

第六期　东汉早期，包括M18、M34、M42、M73、M120等5座墓葬。其中M18、M42均出土东汉早期五铢钱。此外，M73所出Ⅱ式狗，与一中M195所出AaⅢ式狗相同，时代属东汉早期前段。M120所出Ⅱ式无耳矮直领无沿罐因Ⅰ式无耳矮直领无沿罐时代属王莽时期而推定为东汉早期。本期流行B鼎、奁、Ⅱ无耳矮直领无沿罐、C猪圈、Ⅱ狗、BⅡ、BⅢ鸡等。

第七期　东汉中期，包括M2。M2所出B双耳罐与南阳一中M11所出BaⅡ双耳罐相近，其时代属东汉中期；所出B型磨与一中BⅡ磨相近，其时代属东汉早期后段及东汉中期。故第七期的时代属东汉中期。本期流行B双耳罐、盂、B井、B磨、碓、BⅢ鸡等。

除上述81座墓葬因出土陶器时代可以确定外，M11、M13、M25、M27、M37、M67、M75、M95、M102、M112、M121、M123、M124、M127、M129等15座墓葬因出土钱币，其时代亦可据此推定（图二一三）。

第七章　结　语

　　这批墓葬大多数属于中小型墓。从墓葬形制看，土坑竖穴墓是战国至西汉时期最流行的一种墓葬形制，随葬器物基本组合也是战国至西汉时期最流行的基本组合。砖室墓虽然都受到不同程度的毁坏，但仍出有仓、灶、井、磨、鸡等随葬器物，是西汉晚期以后最流行的器物。17组墓葬之间存在的叠压及打破关系，为分析确定该墓群时代提供了依据。器物组合也由鼎、盒、壶或小口瓮、罐组合而增加到仓、灶、井、磨，再增加发展到鸡、鸭、狗类器物组合，呈现出不断变化、更新，由少向多发展的趋势。这些器形为南阳地区汉代墓葬中常见的器形，形制与本市拆迁办、市一中、市防爆厂等汉墓出土的器物组合相同。故此我们推断这批墓葬的时代以西汉为主，少部分属于新莽和东汉时期墓葬（见附表）。

　　此外，另有28座墓葬无随葬品，或有1件至几件随葬品（有的已碎而无法复原）。但其墓葬形制、器物组合都与前面叙述的100座墓葬相同或相似，墓葬分布也很密集。因此，这28座墓葬的年代不会超出上述这批墓葬所涵盖的年代范围，仍为汉代墓葬。

　　这批墓葬由于缺乏文字资料，故无法确定墓主人生前的地位和身份，因此只有从墓葬的结构、葬具和随葬品观察，大致可分为两类：（1）墓室较大，有椁有棺或有棺，随葬器物较多。（2）墓室较小，有的有棺，有的无葬具也无随葬品。这无疑是墓主人生前身份的反映。从墓葬规模来看，大多属中小型墓，随葬品多用成组的仿铜陶礼器和日用器等，墓主人身份相当于中小地主或平民，或贫民。其中在M60、M80、M94、M97、M125分别出土了五枚铜印章，通过铭文可知墓主人姓名。从相邻地区和以往的发掘资料看，M5和M30、M12和M43、M31和M99、M47和M97、M48和M90、M86和M88、M93和M100共七组墓葬，应为夫妻合葬墓，这种合葬制度在西汉时期仍然比较流行。

　　西汉时期墓葬共69座。西汉早期墓14座，而以陶礼器组合为主者有10座，以日用器组合者4座。西汉中期墓31座，以陶礼器组合为主者有23座，以日用器组合者7座，陶礼器与日用器同出的1座。西汉晚期墓葬有24座，其中以陶礼器组合的墓葬只有8座，以日用器组合者12座，陶礼器与日用器同出的2座，出土陶礼器和模型明器的2座。从整个西汉时期看，鼎、盒、壶这种战国墓中随葬陶礼器的组合形式，在西汉时期的墓葬中仍然因袭沿用，但已逐渐减少。到了西汉晚期，又增加了模型明器，有仓、灶、井、鸡、鸭、狗、猪圈等。在西汉晚期到东汉早期，陶礼器鼎、盒、壶的盖子已由西汉时的圆弧形变为博山炉式，人面鼎足已为熊足所代替，最后鼎足消失不见。这些材料，都为我们系统地研究仿铜陶礼器产生、发展、衰落过程提供了极有价值的资料。

通过对这些陶器器类组合的分析，我们可以看出，从西汉初期到东汉早期，是仿铜陶礼器主要盛行的时期，同时也是南阳汉代考古学文化几个变化较为明显的时期。其一是武帝时期，器类较之以前虽无变化，但器型普遍变得极为高大规整。其二是西汉晚期中段，模型明器开始出现，并迅速发展壮大。与此同时，作为生活实用的罐类器物也开始发达起来。其三是东汉早期以后，仿铜陶礼器走向衰落，模型明器与生活实用器类占据主导地位。

值得一提的是，此次发掘的墓葬中有5座墓底部存在使用泥柱的现象，这是其它汉墓所未有的现象。泥柱直径均为2.5厘米，长在5厘米左右，最长13厘米。泥柱晒干后，无法用手掰断。在M57、M76、M77中使用最多，且均在器物底部向下20～30厘米处，其他墓葬则少，有的1～2个。从泥柱粗细均匀、质地较硬看，是人为所形成的。但泥柱的使用是否与葬俗或习俗有关，仅仅依据目前已获得的资料，尚无法判断其用途。

南阳古称"宛"，是汉代政治、经济、军事、文化中心，也是河南保存汉墓较为集中的地区之一。尽管这些年发掘了大量汉墓群，但由于种种原因尚少有系统的发掘报告。本次对宛城区牛王庙汉墓考古发掘资料的整理，为我们全面了解南阳汉代考古学文化面貌提供了重要的实物资料。

附表　南阳牛王庙墓地墓葬统计表

墓号	方向（度）	规格（长×宽-深）（厘米）二层台（墓道）（底部）	形制结构	葬具	随葬器物	时代	备注
1	174°	347×170-434	竖穴土坑		AⅡ鼎2、AⅢ盒2、AⅠ壶2、AⅠ模型小壶2、BⅠ小口瓮2、Ⅱ钵、禽饰5、狗饰4、弦纹铜镜、铁锸、B半两钱	二期后段	
2	0°	417×140-125	砖室墓		B双耳罐、盂、漏斗形器、B井、B磨、碓、BⅢ鸡、陶片（罐、猪圈、方盒等）	第七期	扰乱
3	180°	270×207-288	竖穴土坑	木椁	AⅢb鼎、BⅢ盒、AⅢ壶1、AⅠ模型小壶、熏炉、C罐、铁勺、残玉片、AⅢ蟠纹铜镜、Ba铜泡钉2、铁带钩、AⅢ铜半两钱6、AⅣ铜半两钱12、铜半两钱18	三期前段	M2打破M3
4	177°	250×186-281	竖穴土坑		AⅢb鼎2、BⅢ盒2、AⅢ壶2、AⅡ模型小壶2、勺2、禽饰5、狗饰4、C铜饰、Ⅱ车轮2、铜匕形器、铁条、A兽纹铜镜、AⅢ铜半两钱2、AⅣ铜半两钱2、铜半两钱2	三期前段	
5	85°	286×138-361	竖穴土坑	木椁	A大口瓮、AⅠ铜半两钱3、AⅡ铜半两钱5、A蟠螭纹铜镜、铁釜	一期	与M30为异穴合葬
6	90°	250×120-219	竖穴土坑	木椁	CaⅡ小口瓮、AⅡ无耳矮领折沿罐、A蟠虺纹铜镜、AⅠ铜带钩、铁削	第四期	被M2打破
7	90°	148×50-123	竖穴土坑	瓦椁	罐1	汉	
8	84°	245×145-274	竖穴土坑	木椁	CbⅠ小口瓮、AbⅠ双耳罐、瓶、AⅠ铜半两钱、AⅢ铜半两钱1、AⅣ铜半两钱9、B草叶纹铜镜、铜半两钱6、BbⅠ蟠螭纹铜镜	三期前段	
9	85°	180×65-90	砖室墓				扰乱
10	0°	270×145-240	竖穴土坑		CaⅡ小口瓮、AⅡ无耳矮领折沿罐2	第四期	被M9、M11打破
11	89°	330×104-190	砖室墓		B铜西汉五铢钱2、陶片（鼎、罐、瓮）、铁器	四期后段	扰乱
12	84°	305×210-234	竖穴土坑		AⅦa鼎、BⅥ盒、BⅢ壶、BbⅢ小壶、釜、铜五铢钱1串	四期前段	与M43为异穴合葬
13	174°	380×220-180	砖室墓		AⅢ铜西汉五铢钱、铁环、陶片（仓、罐、壶）	第四期	全毁
14	258°	300×180-200	竖穴土坑		AⅧ鼎、BⅦ盒、BⅣ壶、Bb小罐、AⅠ仓3、AbⅢ铜西汉五铢钱2、AbⅢ铜西汉五铢钱、残铅车马饰	四期后段	

墓号	方向（度）	规格（长×宽—深）（厘米）墓室（底部）/二层台（墓道）	形制结构	葬具	随葬器物	时代	备注
15	32°	288×222—296	竖穴土坑	木棺	AⅠ鼎、BⅠ盒、AⅡ壶、AⅡ铜半两钱2、AⅡ铜半两钱、Ⅱ车轮2、AⅡ铜半两钱、AⅣ铜半两钱28、AV铜半两钱、残铁片、铅盖弓帽、BⅡ蟠螭纹铜镜	二期后段	被M111打破
16	0°	240×100—100	砖室墓				扰乱
17	173°	162×52—290	竖穴土坑	瓦棺			
18	84°	362×222—145	砖室墓		BⅡ鸡、AaⅠ铜东汉五铢线2、AbⅠ铜东汉五铢线11、AbⅡ铜东汉五铢线4、铜五铢线5、陶片（仓、瓮、器盖、猪圈、狗）	第六期	全毁
19	0°	180×62—170	竖穴土坑	瓦棺			
20	80°	290×150—230	竖穴土坑	木棺	CaⅡ小口瓮、AⅡ无耳矮领折沿器、AbⅠ铜西汉五铢线7、星云纹铜镜、铜铃形器	第四期	被M18打破
21	174°	320×218—160 / 295×200—400	竖穴土坑	木椁 木棺	AⅢa鼎2、AⅢ壶2、AⅡ模型小壶2、勺、铜勺、盆、AⅠ铜带钩、玉环	三期前段	
22	174°	590×444—80 / 240×134—370（二层台）	竖穴土坑	木棺	AⅢb鼎2、BⅢ盒2、AⅢ壶2、AⅡ模型小壶2、勺2、禽饰5、狗饰6、狗饰2、车轮2、B铜器耳、铜器盖纽2、铁锸、B蟠螭连弧纹兽纹铜镜、A铜足泡形钉3、AⅠ铜带钩	三期前段	
23	174°	268×180—358	竖穴土坑	木椁 木棺	AV扁2、BⅢ盒2、BⅠ壶2、Ba小壶2、铜环4、B铜器耳、铜器盖纽饰3、A铜足泡形钉3、铜泡2、铁削、铅、盖弓帽若干、BⅡ蟠螭纹铜镜	三期中段	
24	0°	240×142—230	竖穴土坑		Ba无耳高领折沿罐、Ⅰ铢、铁带钩	第一期	被M112打破
25	292°	193×76—105	砖室墓		B铜西汉五铢线	四期后段	扰乱
26	8°	290×170—226	竖穴土坑		A无耳高领折沿罐、B无耳矮领折沿罐、星云纹铜镜	第二期	
27	0°	331×227—293	竖穴土坑		AbⅢ铜西汉五铢线18、AbⅣ铜西汉五铢线、铜环圈、Ba铜泡4、星云纹铜镜、B铜刷、AⅠ铜带钩、铁剑、残铁器	第四期	
28	84°	390×210—210	砖室墓		器盖、瓦当3、BⅡ盒、壶、BⅠ小壶	汉	全毁
29	0°	274×170—270	竖穴土坑		AⅢb鼎、BⅡ盒、壶、BbⅠ小壶	三期前段	

墓号	方向（度）	规格（长×宽－深）（厘米）		形制结构	葬具	随葬器物	时代	备注
		二层台	墓室（底部）					
30	85°		248×136－370	竖穴土坑	木椁	A I 鼎、B I 盒、壶、A I 模型小壶、II 车轮2、A I 铜半两钱10、AV铜半两钱3、无字钱、A II 铜带钩、AI铜带钩、铜环、圆形玉片、蟠螭菱纹铜镜、铁鋈、圆形玉片	二期后段	与M5为异穴合葬
31	83°		385×180－306	竖穴土坑		AVIIb鼎2、BV盒2、BII壶、BbII小壶2、Ab I 铜西汉五铢钱5、Ab II 铜西汉五铢钱2、铅盖弓帽若干、Aa铜西汉五铢钱、铅	三期后段	与M99为异穴合葬
32	174°		310×260－320	竖穴土坑		Cb II 小口瓮、A II 无耳矮领折沿罐、Aa铜西汉五铢钱、铜盆、铜碗、铁盆、铅车辖、AbI铜西汉五铢钱12、Ab I 铜西汉五铢钱镜、B铜刷、铁剑、铁刀	四期前段	
33	28°		260×178－294	竖穴土坑	木椁	AIV鼎2、BIV盒2、BII壶2、II车轮2、A II 草叶纹铜镜、AI铜带钩、铁刀、铁削	三期中段	
34	180°		260×212－170	砖室墓		B鼎、AbII铜西汉五铢钱、Ab II 铜东汉五铢钱、瓿、瓶、Ab II 铜西汉五铢钱1、釜2、陶片（罐、猪圈）、铁器、圆形玉片3	第六期	扰乱
35	0°		220×180－300	竖穴土坑		陶器（已成碎渣）		
36	270°		230×159－250	竖穴土坑	木椁	A II 无耳矮领折沿罐4、铜刷、A II 草叶纹铜镜、星云纹铜镜、Ba四乳四虺龙纹铜镜、铁钩	第四期	
37	178°		994×338－235	砖室墓	木棺	陶泡钉2、陶钱22、AaII铜东汉五铢钱2、AbII铜东汉汉五铢钱4、AcII铜东汉五铢钱4、B铜东汉五铢钱、五铢钱5、B铜东汉五铢钱铜钱5	东汉	
38	89°		277×186－226	竖穴土坑		AVIIa鼎、BV盒身、B I 壶、AIII模型小壶、III车轮2、AIII模型小壶、III车轮2	三期后段	
39	264°		332×166－280	竖穴土坑		BbIII小壶、A II 无耳矮领折沿罐2、Bb铜泡钉、A蟠虺钉、A蟠虺纹铜镜3	三期后段	
40	86°		260×200－280	竖穴土坑	木椁	AIV鼎、BIV盒、CaI小口瓮、A I 草叶纹铜镜、铁钩2	三期中段	
41	282°	二层台	396×275－130 / 330×190－340	竖穴土坑		A小口瓮、A I 无耳矮领折沿罐6、AIV铜半两钱4、AV铜半两钱、II车轮2、AIII铜半两钱、瓶、AIII铜半两钱2、铜环、II车轮2	三期前段	
42	84°		320×210－150	砖室墓		C猪圈、残磨、I狗、BIII鸡、Ac铜东汉五铢钱、B铜五铢钱、铜五铢钱2、陶片（鼎、井、博山炉盖）	第六期	全毁

墓号	方向(度)	规格(长×宽—深)(厘米) 墓室(底部)	二层台(墓道)	形制结构	葬具	随葬器物	时代	备注
43	84°	320×200—234		竖穴土坑	木棺	CaI小口瓮、II车轮2、铜环3、铁削	三期中段	与M12为异穴合葬
44	24°	470×260—340		竖穴土坑		BbI蟠螭纹铜镜	汉	
45	270°	310×139—222		竖穴土坑		AII无耳矮领折沿罐、星云纹铜镜	第四期	
46	262°	350×254—187		砖室墓		陶片(磨、陶楼房、熊足炙炉)、铅饰	汉	扰乱
47	354°	248×150—250		竖穴土坑	木棺	鼎、BV盒、BII壶、AIII模型小壶、铁器3	三期后段	与M97为异穴合葬
48	90°	320×200—220		竖穴土坑		AVIII鼎盖2、BV盒、BVI盒、BII壶、BbII小壶2	三期后段	与M90为异穴合葬
49	282°	243×136—270		竖穴土坑		鼎、BI盒身、AII壶、B模型小壶、蟠螭菱纹铜镜	二期后段	
50	0°	216×120—300		竖穴土坑		CII无耳高领折沿罐、BI蟠螭纹铜镜、铜带钩	第二期	
51	354°	308×180—314		竖穴土坑		AI鼎、BI盒、AII壶、模型小壶、BbII无耳高领折沿罐、花叶纹铜镜	二期后段	
52	83°	510×220—250		砖室墓		A猪圈	第五期	全毁
53	90°	320×146—340		砖室墓		BV壶、奁、方盒、灯、器盖、B铜两汉五铢钱2	四期前段	扰乱
54	48°	310×160—270		竖穴土坑		AaI双耳罐、BaII无耳高领折沿罐	第二期	
55	84°	384×280—330		砖室墓	木棺	B仓、A灶、AII井、Ab磨、I狗、Aa鸡2、I鸭2、盆2、钵2、甑1、铜小泉值一	第五期	扰乱
56	0°	470×340—130	360×216—416 二层台	竖穴土坑		AV鼎2、BIII盒2、AIII壶2、AIII盒2、盖弓帽51、盖弓帽环5、铜环圈、铁镝3、AII铜带钩、铜铃10、铁钩9、铜	三期中段	
57	72°	330×234—260		竖穴土坑	木棺	AVIIb鼎、BVI盒、BIII壶、AIII模型小壶、A铜器耳、日光铭文铜镜、B铜刷、AI铜带钩、铁戈、铁剑、刀、铅车軎、铅衔、石塞、AbI铜两汉五铢钱2、AbII铜两汉五铢钱4	四期前段	被M91打破泥柱
58	348°	310×215—247		竖穴土坑	木棺	AIIIb鼎、BII盒2、AIII盒2、AIII模型小壶2、II车轮2、AIV铜半两线2、AV铜半两线4、铜半两线2、BbI蟠螭纹铜镜	三期前段	
59	0°	410×300—250		竖穴土坑		鼎、壶、BbJ小罐、仓2	四期后段	

墓号	方向（度）	规格（长×宽—深）（厘米）墓室（底部）	二层台（墓道）	形制结构	葬具	随葬器物	时代	备注
60	176°	480×410—170 330×210—406	长方形斜坡状墓道	竖穴土坑	木棺	AⅢa鼎2、BⅢ盒2、AⅢ壶2、Ⅰ车轮2、铁削、DbⅢ罐2、蟠纹铜镜、A铜印章、C铜带钩、铁钩2	三期前段	
61	82°	340×190—175		砖室墓				全毁
62	174°	450×234—196		砖室墓		AⅠ仓（熊足鼎、仓盖）、瓮、灶、罐）、铁器2	四期后段	扰乱
63	162°	360×220—220		竖穴土坑		A小罐、罐2		
64	68°	180×80—208		竖穴土坑	木棺	铜钱30枚	明代	
65	358°	366×150—215		砖室墓		B鼎、BⅧ盒、Ⅰ无耳矮直领无沿罐、瓮、AⅡ仓2、B灶、AⅡ井、A猪圈、Aa磨、Ⅰ鸡、Ⅲ鸭、货泉8、BbⅡ蟠螭纹铜镜	第五期	扰乱
66	90°	260×200—220		砖室墓		Aa磨、"五"钱2、A铜大泉五十、陶片（狗、博山炉盖）	第五期	全毁
67	90°	1048×348—280	长方形斜坡墓道	砖室墓	木棺	A铜大泉五十2、铜簪、Bb铜泡钉8、残铁器2、AaⅡ铜东汉五铢钱2、AbⅡ铜东汉五铢钱3、Ac铜东汉五铢钱6、B铜东汉五铢钱2、五铢铜钱7、金叶2、金球、金环	东汉	扰乱
68	78°	400×160—280		砖室墓		锥、Aa鸡、陶片（仓、盆）	第五期	扰乱
69	342°	343×200—328		竖穴土坑		AⅠ鼎2、BⅠ盒2、AⅠ壶2、AⅠ模型小壶2、俑头2、Ⅰ车轮2、C铜盖弓帽2、残玉片	二期前段	
70	90°	220×110—230		竖穴土坑	木棺		近代	草木灰
71	0°	396×296—235		砖室墓		瓮、AⅡ仓2、Aa磨、BⅠ鸡2、Ⅱ鸭、盆2、釜2、甑、器盖、铁带钩	第五期	扰乱
72	90°	320×110—240		砖室墓		方盒、A猪圈、A铅当户、铅扣3、铅衔镳2	第五期	全毁
73	270°	460×112—240		砖室墓		瓮、Ⅱ狗	第六期	扰乱
74	84°	360×140—280		竖穴土坑				
75	90°	325×175—250		竖穴土坑	木棺	Aa铜西汉五铢钱6、AbⅠ铜西汉五铢钱2、星云纹铜镜	西汉	
76	84°	348×156—222		竖穴土坑		AⅠ鼎、BⅠ盒、壶1、AⅠ模型小壶、AI铜带钩、铁刀	二期前段	泥柱
77	84°	440×320—130 354×256—256	二层台	竖穴土坑		AⅦb鼎2、BⅥ盒2、BⅢ壶2、AⅢ模型小壶2、Ba小罐、铜环圈、铅衔	四期前段	泥柱

墓号	方向（度）	规格（长×宽－深）（厘米）墓室（底部）	二层台（墓道）	形制结构	葬具	随葬器物	时代	备注
78	84°	110×184－260		砖室墓		瓮、BⅡ灶、AⅡ井、B猪圈、Ab鸡2、Ⅱ鸭、AbⅣ铜西汉五铢钱、陶片（磨、罐、狗、方盒）	第五期	扰乱
79	0°	250×113－210		砖室墓		A猪圈、磨盖、陶片（仓、仓盖）、泥钱1	第五期	全毁
80	354°	380×230－180	304×159－310	竖穴土坑	二层台	AⅢb鼎、BⅢ盒、AⅢ壶、Ⅰ车轮2、铜印章	三期前段	
81	84°	166×54－140		竖穴土坑	瓦棺			
82	88°	225×110－225		竖穴土坑	木棺	小瓷罐、铜钱4	清代	
83	270°	300×170－280		竖穴土坑		AⅠ鼎、BⅠ盒、AⅠ模型小壶、Da蟠螭纹铜镜	二期前段	被M71打破
84	0°	340×220－295		竖穴土坑		AaⅡ双耳罐	四期后段	被M71打破
85	0°	296×220－228		砖室墓		AⅧ鼎、BⅧ盒、瓮、方盒、灯、AⅠ灶、仓2、AⅠ井、灶座	四期后段	
86	4°	306×266－346		竖穴土坑	二层台	AⅤ鼎2、BⅣ盒2、BⅠ壶2、BbⅠ小壶2、AⅠ草叶纹铜镜	三期中段	与M88为异穴合葬，被M70、M65、M82、M85打破
87	90°	320×220－180	250×150－351	竖穴土坑	二层台、长方形斜坡墓道	木棺		90°
88	0°	330×190－328		竖穴土坑		BⅡ小口瓮、Ba蟠螭纹铜镜	三期前中段	与M86为异穴合葬，被M70、M85打破
89	90°	244×150－249		竖穴土坑	木棺	鼎、BⅠ盒、AⅠ壶、AⅠ模型小壶	二期前段	被M72打破
90	90°	300×165－288		竖穴土坑	木棺	CaⅡ小口瓿、AⅡ无耳矮领折沿罐、AaⅢ铜西汉五铢钱2、AbⅢ铜西汉五铢钱2、Aa铜西汉铢钱、Ba铜泡钉5、B铜铜管状器、B铜带钩	第四期	与M48异穴合葬
91	348°	220×160－180		砖室墓		壶		扰乱

墓号	方向（度）	规格（长×宽—深）（厘米）墓室（底部）	二层台（墓道）	形制结构	葬具	随葬器物	时代	备注
92	6°	385×275—254		竖穴土坑		A I 鼎、B II 盒、A I 壶、A II 模型小壶、B铜带钩、铁环、铁器	二期前段	
93	354°	230×150—275		竖穴土坑		残罐2		与M100为异穴合葬，被M67打破
94	8°	290×170—250		竖穴土坑		A II 无耳矮领折沿罐、Aa铜西汉五铢钱、Ab I 铜西汉五铢钱9、Ab II 铜西汉五铢钱2、Ac铜西汉五铢钱12、铜环3、铁削、B铜带钩、铜印章	第四期	
95	78°	280×220—216		竖穴土坑		Ac铜西汉五铢钱2、A II 草叶纹铜镜	西汉	
96	78°	280×180—188		竖穴土坑		陶罐2		
97	354°	345×225—322		竖穴土坑	木棺	AIIIb鼎2、BIII盒2、AIII壶2、A II 模型小壶2、盖弓帽19、铜盖弓帽、Db蟠螭纹铜镜、铜印章、AI铜带钩、B铜管、铜泡、铁钩残10、铁剑、铁鋬、铁饰	三期前段	与M47为异穴合葬
98	84°	240×150—230		竖穴土坑	木棺	AVIIa鼎、B V 盒、C小壶、CbII小口瓮、Aa铜西汉五铢钱、Ac铜西汉五铢钱5	四期前段	
99	83°	410×220—430		竖穴土坑		AVI鼎、B V 盒、壶、小壶、III车轮2、铜半两钱3、铁带钩、AIV铜半两钱2、残玉片	三期后段	与M31为异穴合葬
100	354°	220×180—250		竖穴土坑		残罐		与M93为异穴合葬被M67打破
101	342°	180×74—181		砖室墓				扰乱
102	90°	210×68—178		竖穴土坑	瓦棺	B铜西汉五铢钱	四期后段	
103	0°	306×202—298		竖穴土坑		AVIII鼎、BVII盒、A I 仓3、残仓1、Ab I 铜西汉五铢钱、A四叶蒂形纹饰2、Ba四叶蒂形纹饰、铜块	四期后段	泥柱
104	357°	320×174—260		竖穴土坑		AVIIb鼎、BVI盒、BIII壶、Bc无耳高领折沿罐、Ab I 铜西汉五铢钱4、B四叶蒂形纹饰18、B四叶蒂形纹饰32、铁饰、铅车軎2、AI铜带钩、玉饰	四期前段	
105	90°	240×160—220		竖穴土坑		双耳罐2、星云纹铜镜、铁削、C铜刷	西汉	

墓号	方向（度）	规格（长×宽×深）（厘米）墓室（底部）	二层台（墓道）	形制结构	葬具	随葬器物	时代	备注
106	84°	288×236—340		竖穴土坑		AⅦa鼎2、BⅥ盒、小壶、AbⅡ铜西汉五铢钱2、铜五铢钱2、Ba铜泡钉18、残铁器、铅盖弓帽若干、铅车軎3、铅扣14	四期前段	被M34打破
107	0°	260×145—210		竖穴土坑	木棺	AⅦb鼎2、BⅤ盒2、BⅡ壶2、BbⅡ小壶2、残铅车马饰数件、铜軎2、A铜盖弓帽20、A铜管约8、A铜节户2、铜衔2、A铜冒3、B铜冒2、铜軎2、铜扁圆环形饰2	三期后段	
108	351°	360×326—85 318×260—260	二层台	竖穴土坑	木棺	鼎2、BⅡ盒2、BⅠ壶2、BbⅠ小壶2、AⅣ铜半两钱4、铜半两钱3、AⅢ草叶纹铜镜、玉玦	三期前段	
109	354°	250×180—248		竖穴土坑	木棺	AⅤ鼎、BⅢ盒、BⅠ壶、BaⅣ壶、AⅢ铜半两钱2、AⅣ铜半两钱7、铜半两钱4、铁削2、AⅡ草叶纹铜镜、铜刷、铜环3、铜軎	三期中段	被M16打破
110	72°	245×154—144		竖穴土坑		BⅡ壶、铜五铢钱6、AⅠ铜带钩	三期后段	
111	148°	108×38—186		竖穴土坑	瓦棺			
112	358°	200×76—102		砖室墓		AbⅠ铜西汉五铢钱、ACb铜西汉五铢钱、银环	第四期	全毁
113	346°	180×76—102		砖室墓		模型釜2、陶片（罐、瓮）	汉	全毁
114	2°	140×60—150		砖室墓		A小壶2、瓦当2	汉	扰乱
115	93°	136×120—164		竖穴土坑	瓮棺			
116	88°	157×63—131		砖室墓				扰乱
117	0°	220×160—122		砖室墓				全毁
118	90°	287×195—170		竖穴土坑		AbⅡ双耳罐、AbⅠ铜西汉五铢钱、AcⅢ铜西汉五铢钱、BbⅠ蟠虺纹铜镜	四期前段	被M117、M119打破、叠压
119	354°	100×50—140		竖穴土坑	瓦棺			
120	358°	198×86—126		砖室墓		Ⅱ无耳矮直领无沿罐	第六期	全毁
121	354°	210×80—84		砖室墓		铜货泉6	第五期	全毁
122	354°	250×200—205		竖穴土坑		AbⅠ双耳罐、AⅠ无耳矮领折沿罐	三期前中段	被M120打破

墓号	方向（度）	规格（长×宽×深）（厘米）		形制结构	葬具	随葬器物	时代	备注
		二层台（墓道）	墓室（底部）					
123	77°		240×130—80	竖穴土坑		铜小泉值一9、A铜大泉五十20、B铜大泉五十11、禽兽博局铜镜、无字铜钱	第五期	
124	90°		230×85—135	竖穴土坑		铜大布黄千、铜小泉值一2、A铜大泉五十9、铁剑	第五期	
125	0°		265×165—285	竖穴土坑	木棺	CbI小口瓮、B大口瓮、AI无耳矮领折沿罐2、II车轮2、铜印章、AI铜带钩2、铜环、铜环圈、A铜器耳、AIII铜半两钱4、AIV铜半两钱14、AV铜半两钱2、铜半两钱11、铁削、铁刀、铁权、铁火钳2、铅坠7、残玉片2	三期前段	
126	0°		290×150—344	竖穴土坑		AI无耳矮领折沿罐3、AII铜半两钱2、AV铜半两钱9、铜半两钱6、铁鍪	三期前段	
127	330°		276×117—161	砖室墓		AbII铜两汉五铢钱	第四期	全毁
128	72°		282×206—312	竖穴土坑		CaII小口瓮、AII无耳矮领折沿罐2、III车轮2、星云纹铜镜、A铜刷、铜铃形器、AI铜带钩、AbII铜五铢钱、铁剑、铁瑷、玉璩	第四期	被M127打破
129	0°		150×85—192	竖穴土坑	瓮棺	AIV铜半两钱、AbI铜东汉五铢钱3、Ac铜东汉五铢钱	第六期	
130	0°		220×185—305	竖穴土坑		AII无耳矮领折沿罐2、铁削、铁夹、BbI蟠螭纹铜镜、AII铜半两钱2、B铜带钩	第四期	
131	356°		240×160—126	砖室墓		陶片（瓮）	汉	全毁

注释：
1. 器名前的英文字母为型，罗马数字为式，阿拉伯数字为件数，未标型式的指形制不清者。
2. 未注明质地者皆为陶器。未标明数量者均为1件。

后　记

　　《南阳牛王庙汉墓考古发掘报告》是河南省南阳市文物考古研究所对南阳汉墓发掘成果整理的一个报告。资料的发掘工作是在南阳市文化局、南阳市文物局的直接领导下进行的，同时得到了他们的大力协助和支持。

　　田野发掘工作始于1999年8月20日，至2000年1月6日结束。蒋宏杰、宋煜辉主持发掘工作。发掘过程中，南阳市文化局王建中、陈杰、苏磊，南阳市文物考古研究所赵成甫、柴中庆、赫玉建、崔本信、王凤剑、乔保同、梁玉波等领导多次莅临发掘现场指导和检查工作。

　　由于这批墓葬资料十分丰富和重要，对研究汉代仿铜陶礼器产生、发展、衰落过程提供了极有价值的资料。《南阳牛王庙汉墓考古发掘报告》的完稿，除编写成员同心协力克服困难、努力工作外，更重要的是得到了南阳市文物考古研究所领导和同志们的大力支持。柴中庆、赵成甫先生和武汉大学历史学院考古系徐承泰先生提出了许多宝贵的意见。在本报告出版之际，我们向曾给予指导、帮助和关心的单位及诸位先生表示衷心的感谢！

　　牛王庙汉墓考古发掘资料的整理和报告编撰工作由以下同志分工完成：

　　由王振行、王艳负责器物修复；王黎丽、雷金玉承担铜镜、铜钱拓片任务；蒋宏杰承担墓葬平剖图的绘制，蒋宏杰、韩辔、张海滨、潘杰负责绘制器物图；墓葬照相由蒋宏杰、杨小平负责；张海滨对出土器物进行了拍照。

　　主编：赫玉建，执行主编：蒋宏杰，副主编：杨俊峰、王凤剑、乔保同。

　　《南阳牛王庙汉墓考古发掘报告》的编撰工作中，我们力求资料的完整性、科学性，尽量反映牛王庙汉墓的全貌。因限于我们的水平，书中错漏或不当之处在所难免，希读者提出宝贵意见。

编　者

1. M56

2. M56西北角

牛王庙墓葬M56

1. M97

2. M107

牛王庙墓葬M97、M107

1. 弦纹镜（M1：11）

2. 兽纹镜（M4：21）

3. 蟠螭纹镜（M5：3）

4. 圈带蟠虺纹镜（M8：4）

5. 日光草叶纹镜（M8：5）

6. 蟠虺连弧兽纹镜（M22：19）

墓葬出土铜镜

1.日明方格蟠螭纹镜（M39：2）

2.蟠螭菱纹镜（M49：1）

3.圈带四花瓣四叶纹镜（M51：1）

4.日光连弧铭纹带镜（M57：1）

5.蟠螭叶纹镜（M60：1）

6.四乳四螭镜（M65：1）

墓葬出土铜镜

1.蟠螭叶纹镜（M83∶4）

2.四花瓣蟠虺龙纹镜（M88∶2）

3.日光对称连叠草叶纹镜（M95∶1）

4.日光博局对称连叠草叶纹镜（M108∶9）

5.日光对称连叠草叶纹镜（M109∶5）

6.禽兽博局纹镜（M123∶1）

墓葬出土铜镜

1. 铜带钩（M22：31）

5. 铁壶（M32：1）

2. 足形铜泡钉（M22：28～30）

3. 铜带钩（M56：83）

6. 铁锸（M56：84）

4. 铜铃（M56：22）

7. 星云纹镜（M128：6）

墓葬出土铜器、铁器

1. 铁剑（M57：10）

2. 铜印章（M80：6）

3. 铜刷（M128：7）

4. 铜带钩（M60：4）

7. 铜印章（M94：4）

5.铜印章（M125：10）　　　6. 铜印章（M97：2）

8. 铜带钩（M92：5）

9. 铜印章（M60：6）

10. 铜带钩（M90：10）

墓葬出土铜器、铁器

1. 陶俑头（M4∶11）

2. 铁鍪（M5∶1）

3. 玉环（M21∶10）

4. 铁权（M125∶26）

5. 玉玦（M108∶10）

6. 玉片（M104∶7）

7. 玉璏（M128∶10）

墓葬出土器物

1. M4

2. M8

牛王庙墓葬M4、M8

1. M12、M43

2. M129

牛王庙墓葬M12、M43、M129

1. 鼎（M1：4）

2. 小口瓮（M1：1）

3. 钵（M1：10）

4. 禽饰（M1：17~21）

5. 狗饰（M1：13~16）

M1出土陶器

1. 井（M2：4）

2. 双耳罐（M2：6）

3. 盂（M2：8）

4. 器盖（M2：2）

5. 漏斗形器（M2：5）

6. 磨（M2：3）

M2出土陶器

1. 熏炉（M3∶8）

2. 壶（M4∶5）

3. 勺（M4∶13、14）

4. 鼎（M4∶1）

5. 小口瓮（M6∶1）

墓葬出土陶器

1. 双耳罐（M8：2）

2. 仓（M14：3）

3. 壶（M14：6）

4. 豆（M14：8）

M8、M14出土陶器

1. 壶（M15：1）

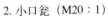

2. 小口瓮（M20：1）

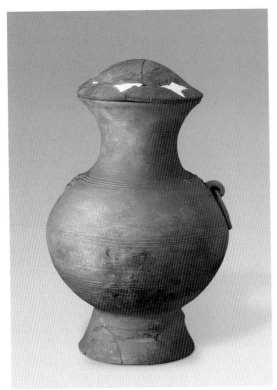

3. 壶（M22：1）

4. 鼎（M22：5）

墓葬出土陶器

1. 陶鼎（M23：3）

2. 瓷罐（M28：2）

3. 陶盒（M29：3）

4. 陶盒（M30：2）

5. 陶鼎（M30：3）

6. 陶釜（M34：1）

墓葬出土器物

1. 壶（M47：1）

2. 壶（M53：2）

3. 盒（M48：6）

4. 奁（M53：1）

5. 方盒（M53：6）

墓葬出土陶器

1. 磨（M55：12）

3. 大壶（M57：6）

2. 盒（M56：5）

4. 盒（M57：8）

5. 鼎（M57：7）

墓葬出土陶器

1. 壶（M60：10）

2. 盒（M65：2）

3. 灶（M65：7）

4. 鼎（M65：5）

5. 鸭（M65：9）

6. 狗（M65：14）

M60、M65出土陶器

1. 仓（M65：10）

2. 猪圈（M65：4）

3. 碓（M68：2）

4. 盒（M69：3）

5. 灶（M78：6）

墓葬出土陶器

1. 磨（M71：4）

2. 盆（M71：1）

3. 器盖（M71：7）

4. 井（M85：1）

5. 鼎（M85：6）

6. 灶（M85：2）

M71、M85出土陶器

1. 壶 （M86：1）

2. 小口瓮 （M88：1）

3. 盖弓帽 （M97：21）

4. 盒 （M103：6）

5. 鼎 （M109：2）

墓葬出土陶器

1. 双耳罐 (M118：3)

2. 双耳罐 (M122：2)

M118、M122出土陶器